Die wunde

Eugen M. Schulak

Die wunderbare Reise des Herrn Maria

Ein philosophischer Roman

Mit Illustrationen von
Bettina Mertz

Amalthea
Verlag

Der Umwelt zuliebe #ohnefolie

Besuchen Sie uns im Internet unter: amalthea.at

Umschlaggestaltung: Johanna Uhrmann
Umschlagabbildung sowie alle Illustrationen im Buch: © Bettina Mertz
Lektorat: Senta Wagner
Herstellung und Satz: VerlagsService Dietmar Schmitz GmbH, Heimstetten
Gesetzt aus der Adonis, Minion Pro und Myriad Pro
Designed in Austria, printed in the EU
ISBN 978-3-99050-208-2

Für Rosemarie

Gebrauchsanweisung

Es ist ein Geschichtenbuch, ein Philosophiebuch und ein Pflanzenbuch und es ist thematisch geordnet. Der Autor empfiehlt, es wie heißen Tee zu trinken, also schluckweise zu lesen, weil er glaubt, dass der/die Leser*in dann mehr davon hat (und sich die Zunge nicht verbrennt). Das Buch ist gehaltvoll und zeigt die Entwicklung eines Menschen über rund fünfzig Tage. Wer jeden zweiten Tag ein Kapitel liest, ist gleichsam live dabei.

Wie man in der Praxis die philosophischen Gedanken nutzen kann? Im Alltag denken wir mal so, mal so, je nachdem, wie wir uns fühlen, ob wir ungestört sind oder nicht, ob in Eile oder einfach nur gedankenverloren, und wir sagen, was wir halt so denken. Das ist an sich nichts Verwerfliches, aber auch nichts Besonderes, vielmehr etwas sehr Gewöhnliches, das jeder und jedem von uns ohne Anstrengung gelingt.

Besser wäre, wenn wir über Weisheiten verfügten, auf die wir uns berufen können, die wir bewusst festgehalten haben und im geeigneten Moment anwenden, um schlichtweg das Richtige zu sagen und zu tun. Anzustreben wären innere Klarheit und auch Stärke und dass man Argumente, plausible Erklärungen und Beweise hat, nicht bloß Meinungen. Meinungen sind uninteressant.

Eben hatte Herr Maria seinen Rucksack auf die große Ladentruhe in seinem Vorhaus gewuchtet, als ihn ein Anruf vom Gesundheitsamt erreichte. Man müsse alle Reisenden, so hieß es, die aus Borneo zurückgekehrt seien, darüber informieren, dass dort ein Virus ausgebrochen sei. Bis auf Weiteres müsse er zu Hause bleiben. Nähere Informationen werde er in Kürze erhalten, man bitte um Geduld, bis bald und vielen Dank.

Eine Zeit lang blieb Herr Maria ruhig stehen und betrachtete seinen Rucksack, auf dem sich noch Spuren des Dschungels befanden. Vor ein paar Tagen erst war er mit einem russischen Guide über steile Berghänge gestiegen und hatte in drückender Hitze nach botanischen Juwelen gesucht. Hunderte Fotos hatte er geschossen, von sich schlingenden und windenden Schönheiten, die unter Kennern als die wunderlichsten ihrer Art gelten. Man hatte ihn an Orte geführt, die kaum noch betreten worden waren und wo er SIE inmitten der dampfenden Wälder dann auch gefunden hatte, mehrmals sogar, auf Baumstämmen, prächtig entwickelt mit pelzig dicken Blättern und üppigen Kannen: *Nepenthes veitchii.*

Manche dieser Kannen, die mit den Blattenden fest verwachsen und mit Verdauungssaft gefüllt waren, hatten eine Höhe von nahezu vierzig Zentimetern. Alle leuchteten in wunderbaren Farben, wie man sie von Orchideen kennt, doch waren es keine Blüten, sondern heimtückische Fallen. Ihr oberer Rand war spiegelglatt und glänzte wie ein frisch polierter Schuh. Wer immer sich dort niederließ, war in Gefahr, den Halt zu verlieren und in die Tiefe des Bauches zu gleiten. Von dort gab es dann kein Entrinnen mehr. Die Innenseite war glitschig und die gesamte Kanne aus einem Material, das sich wie Plastik anfühlte und kaum mit der Hand zu zerreißen war. Dort wartete der Tod, vor allem für Insekten. Doch mehrmals hatte er in den größeren Kannen auch Skelette von kleinen Nagetieren gefunden, deren aufgelöstes Fleisch als Nährstoff langsam aufgesogen worden war, um mehr Kraft für neue Kannen zu gewinnen, um das Spiel zu wiederholen bis zum Ende der Zeit. »Im Grunde eine schlimme Sache«, brummte Herr Maria und streichelte liebevoll seinen Rucksack.

Und wieder läutete das Telefon. Besagtes Virus, so hieß es jetzt, sei eine gefährliche Mutation des Affengrippevirus, Influenza orangutaniensis, die man schon seit Jahrzehnten kenne. Die Inkubationszeit betrage rund vierzig Tage. Die Quarantäne werde demnach auf fünfzig Tage verhängt. Falls die Krankheit ausbreche – und hier gab die Stimme ihr Bedauern kund, was Herr Maria geschmacklos fand –, sei in den meisten Fällen leider mit dem Tod zu rechnen, denn es gebe kein Heilmittel. Doch man könne versichern, und das sei – den Umständen entsprechend – die gute Nachricht, dass er keine Schmerzen zu befürchten habe, bloß müde werde und in einen fieberartigen Schlaf falle, der dann zum Exitus führe. So sei die Sachlage, vernahm er. Bis auf Weiteres sei er deshalb unter gesetzliche Quarantäne gestellt, dürfe das Haus, ohne Ausnahmen, nicht mehr verlassen. Den

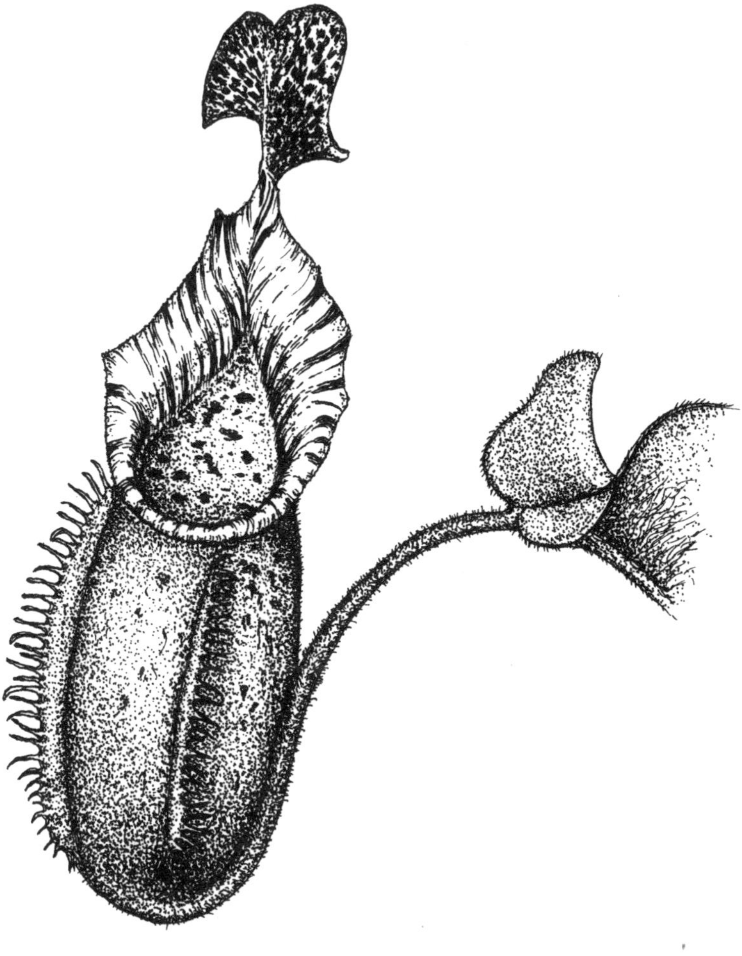

Nepenthes veitchii
Höhe der Kanne: 25 cm

behördlichen Bescheid bekomme er auf dem Postweg zugestellt. Alles Gute!

Orang-Utans haben in der Tat einen gesegneten Schlaf, das hatte ihm der russische Guide erzählt, als sie mit dem Fernglas hoch oben in den Bäumen eine Mutter mit ihrem Jungen entdeckten. Die beiden schliefen so seelenruhig und mit derart friedlichen Mienen, dass Herrn Maria warm ums Herz wurde, als er sich daran erinnerte. So würde es auch ihm ergehen. Friedlich würde er entschlafen, selig träumend sich dem Unvermeidlichen ergeben, zwar nicht in der Astgabel eines Baumes, dafür aber auf dem violetten Sofa, das er von seiner Tante geerbt hatte. Dort hatte er schon öfters hervorragend geschlafen und dort wollte er sich auch zur Ruhe begeben, wenn ihn die große Müdigkeit umfangen würde – absurd.

Herr Maria stand vor seinem Rucksack, sah den Dschungel vor sich, die leuchtenden Kannen, spürte die feuchte Hitze auf seiner Haut und roch den Gestank der Verwesung, den es in solchen Wäldern ebenso gab. Dann entledigte er sich seiner Stiefel und holte aus dem Tiefkühlschrank ein Paar Debreziner und zwei Scheiben schwarzes Brot, auf das er sich schon gefreut hatte, legte es in den Ofen, schubste die Würstel ins kochende Wasser und drückte eine Extraportion englischen Senf auf einen Teller. Gleich nach dem ersten Bissen, nachdem sich die fette Wurst mit dem würzigen Brot und dem Senf wohltuend in seinem Mund vermischt hatten, wurde ihm klar, dass jetzt zwar alles anders war, er aber trotzdem weiterleben wollte wie bisher. Und dafür war einiges zu tun.

Zuerst einmal musste er nach seiner botanischen Sammlung sehen, die in seiner Abwesenheit von einem Gärtner gepflegt worden war, den er für überaus verlässlich hielt. Ruhig stieg er die Treppen hoch zum Dachboden und betrat den großen, lichtdurchfluteten Raum, der bis auf die groben Holzbalken wie ein Glashaus aussah. Dort hatte Herr Maria seine Sammlung untergebracht, bald schon seit dreißig Jahren. Freundlich strich er mit seinen Händen über das eine oder andere Exemplar und war sehr zufrieden. Einige Pflanzen hatten in seiner Abwesenheit geblüht. Auch die vertrocknete Blüte einer *Edithcolea grandis* war dabei, was ihn schmerzte, weil sie bei ihm noch niemals geblüht hatte. Diese Blüten waren die wertvollsten, die es bei den Asklepiaten gab, riesig, aber fein gemustert wie ein persischer Seidenteppich, betörend schön und mit bestialischem Gestank. »Schade«, dachte er, »vielleicht im nächsten Jahr.«

Erst nach einem starken schwarzen Tee, in den er sich reichlich Limettensaft träufelte, trat ihm seine Situation so richtig ins Bewusstsein. Vierzig, vielleicht fünfzig Tage, dann würde er wissen, ob es weiterging. Und was jetzt? Er hatte nichts Dringliches zu tun. Er war ja schon im Ruhestand. Seitdem gab er sich gänzlich seiner botanischen Leidenschaft hin, kannte die besten botanischen Gärten von Zürich über Schönbrunn bis Kew Gardens wie seine Westentasche, hatte namhafte Sammler, Züchter und Gärtnereien in ganz Europa besucht, was zur Folge hatte, dass ihm sein verglaster Dachboden bereits viel zu klein geworden war. Aber ebenso hatte er in seine Tagebücher geschrieben, die er von Jugend an gewohnt war zu führen, und viel gelesen, vor allem klassische Literatur, manchmal auch ein Werk der Philosophie, auch wenn er mit solchen Büchern nur langsam vorankam.

Noch nie war der Tod für Herrn Maria ein Problem gewesen. Zwar hatte er den Tod seiner Frau, die vor vielen Jahren verstorben war, tief bedauern müssen, den eigenen jedoch stets völlig außer Acht gelassen. Aber jetzt, wo er vor der Tür stand? In jedem Fall, so dachte er, müsse die Zeit des Wartens, die vor ihm lag, gut genutzt werden. Sein Leben lang hatte er es so gehalten, der Zeit, die ihm zur Verfügung stand, Inhalt und Sinn verliehen und Werke vollbracht, die kluge Planung erforderten und konsequente Durchführung. Aber jetzt, angesichts dieser Nachricht und beschränkt auf das eigene Haus?

Nachdem er sich ein wenig ausgeruht hatte, ging er wieder hinauf auf den Dachboden und machte sich ans Gießen, wozu er nur entkalktes Wasser verwendete, in das er winzige Mengen Nährstoffe und Mineralien mischte. Die Sammlung war wirklich in einem guten Zustand, das machte ihn glücklich. Die Stapelien trugen samtige Blüten, die Tillandsien, die auf alten Rebstöcken aufgebunden waren und malerisch von der Decke hingen, hatten Knospen getrieben, und sein alter *Cyphostemma juttae* setzte endlich einmal Früchte an, dunkelrot und verführerisch wie Weintrauben, jedoch hochgiftig. Die musste er unbedingt für einen Artikel fotografieren, den er sich für eine botanische Zeitschrift vorgenommen hatte.

»Der Tod ist der Wegweiser der Philosophie«, dachte Herr Maria, als er die verführerischen Beeren noch einmal zurechtrückte, damit er sie besser ablichten konnte. Den Spruch hatte er einst auf einem Kalenderblatt gelesen, das bei seiner Mutter in der Küche hing. Er war ihm auch schon früher in den Sinn gekommen, damals, als er den Tod seiner Frau verschmerzen musste und das »Ägyptische Totenbuch« las. Wenn wahr ist, was auf diesem Blatt geschrieben stand, dann sollte er diesem Wegweiser vielleicht folgen, sollte die ihm verbliebene Zeit dafür verwenden, sich mehr Bewusstheit über sich und die Welt zu verschaffen. Er blieb unschlüssig stehen. Dann zupfte er ein paar welke Blätter ab, stellte geräuschvoll einen großen Tontopf gerade, bewunderte die feinen violetten Härchen an den laternenförmigen Blüten seiner *Ceropegia sandersonii* ...

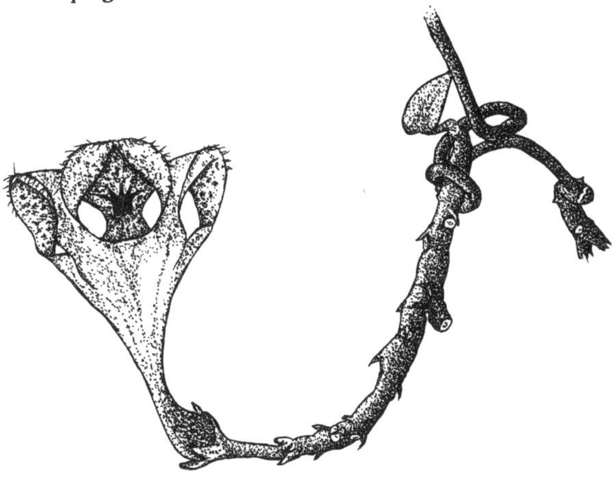

Ceropegia sandersonii
Höhe der Blüte: 6 cm

... und ging schließlich zurück ins Erdgeschoss, wo er noch eine Tasse Tee zu sich nahm. Dann packte er langsam seinen Rucksack aus, steckte die Kamera an den Computer und begab sich unter die heiße Dusche.

Lange ließ er das Wasser über seinen Rücken brausen und genoss die duftende Seife, die ihm von einem liebenden Herz geschenkt worden war. Durch die Glasscheiben hindurch konnte er sehen, dass sich auch in seinem Badezimmer alles prächtig entwickelt hatte. Dieses Zimmer war nichts anderes als ein tropisches Terrarium mit einer kräftigen Heizung, etlichen Ventilatoren und Scheinwerfern, die alles taghell erleuchteten, und wo es, ganz nebenbei, auch eine Dusche, ein Waschbecken und einen Spiegel gab. Dort hatte er neben Bromelien, Orchideen und Farnen auch ein paar Kannenpflanzen untergebracht, die allesamt recht gut gediehen, aber lange nicht so prächtig und riesig wie jene, die er auf Borneo gesehen hatte, auf diesem bemoosten Baumstamm, der ständig tropfte und herrlich nach Moder roch.

Als sich Herr Maria die cremige Seife über die Wangen rieb, fiel ihm ein, dass er einmal von einem Philosophen gehört hatte, der seine Dienste anbot, den man gleichsam anheuern konnte wie einen erfahrenen Skipper, der den Weg durch die Klippen des Denkens kennt.

Psychologischen oder religiösen Beistand hatte er nur sehr selten in Anspruch genommen, obwohl es vielleicht dann und wann notwendig gewesen wäre. Das lag ihm einfach nicht. Für vage oder diffuse Antworten war er viel zu rational, als dass er sich ihnen hingeben konnte. Sein Leben lang hatte er Rechenmaschinen programmiert. Da gab es keine vagen Bereiche, und wenn, dann waren es eindeutig Fehler, die musste er ausmerzen. In dieser Weise war er auch mit eigenen Enttäuschungen und Kränkungen umgegangen, hatte sie einfach weggeschoben. Außerdem hatte er keine Angst, weder vor dem Tod noch vor Schmerzen, die waren ja ohnehin nicht zu befürchten. Viel eher war er darüber verärgert, dass sich sein Leben gegen seinen Willen änderte.

Nachdem Herr Maria alles gut erwogen hatte, traf er schließlich eine Entscheidung. Wenn ihm schon der Tod im Nacken sitze, so dachte er, dann sei es wohl am besten, dem Kalenderblatt zu folgen und sich der Philosophie zu widmen. So wäre die Zeit am sinnvollsten genutzt. Gleich morgen wollte er nach der Adresse suchen und Kontakt aufnehmen.

Sehr geehrter Herr,

eben erst bin ich von einer Forschungsreise zurückgekehrt und befinde mich in Quarantäne. Falls das Virus zum Ausbruch kommt – so wurde mir von Amts wegen mitgeteilt –, hat dies mit hoher Wahrscheinlichkeit meinen raschen Tod zur Folge. Die Inkubationszeit beträgt vierzig bis fünfzig Tage. Da ich diese Zeitspanne sinnvoll nutzen möchte, ersuche ich Sie um philosophischen Beistand und hoffe, dass es Ihnen möglich ist, meinen Fall zu übernehmen.

Mit herzlichem Gruß,
Herr Maria

PS: Da ich vermögend bin, brauchen Sie sich über die Höhe Ihres Honorars keine Sorgen zu machen. Mir ist wichtig, dass ich in der mir verbleibenden Zeit dem philosophischen Denken so nahekomme wie nur irgend möglich und Sie mir jene Zeit zur Verfügung stellen, die dafür notwendig ist.

Bald schon folgte die überaus freundliche Antwort des Philosophen. Dies ließe sich schon machen, doch sei man bei Ausschluss persönlicher Treffen auf die schriftliche Form beschränkt. Freilich könne man auch via Videokonferenz kommunizieren, aber davon rate er eher ab. So wäre es wohl am besten – und das sei eine Empfehlung angesichts der besonderen Lage –, eine Reihe an denkwürdigen Ereignissen aus dem eigenen Leben auszuwählen und schriftlich in Form von kurzen Episoden auf den Punkt zu bringen. Dies sei auch deshalb sinnvoll, weil jedes Nachdenken über den Tod letztlich das eigene Leben zum Inhalt habe, das Philosophieren über den Tod ein Philosophieren über das Leben sei.

Er selbst, so führte der Philosoph weiter aus, werde zu jeder Episode, die er erhalte, innerhalb von vierundzwanzig Stunden einen philosophischen Kommentar abliefern, der Herrn Marias Text vertiefe und auch weiterführend zu denken gebe – dazu verpflichte er sich, angesichts der Notlage, aber auch angesichts des Honorars, das er in diesem Fall verlangen müsse. Als der Philosoph am Ende seines Schreibens sein Honorar nannte, musste Herr Maria lächeln und freute sich, dass dieser alles stehen und liegen ließ und ihm exklusiv zur Verfügung stand.

Mit großer Andacht und Disziplin machte er sich an die Arbeit. Immer schon war er der Meinung gewesen, dass sein Leben aus einer Vielzahl von Geschichten bestand. Akribisch wählte er denkwürdige Ereignisse seiner Entwicklung aus, auch anhand seiner Tagebücher, und begann mit frühen Erinnerungen, die er in gewählte Worte fassen und dem philosophischen Berater zur Deutung vorlegen würde.

Von nun an wollte sich Herr Maria jeden zweiten Tag um halb zehn mit einer Kanne schwarzen Tees und einer quietschgrünen Limette an seinen Schreibtisch setzen, um eine Geschichte zu erzählen und dann zu Mittag weiterzuleiten. Am nächsten Tag erhielte er, ebenso zur Mittagszeit, einen gelehrten Kommentar dazu, den er aufmerksam lesen würde, damit er ihn in seinen Gedanken durch den weiteren Tag begleitete. An den Abenden galt es zu überlegen, welche Geschichte er tags darauf schreiben wollte. Die restliche Zeit würde er seinen Pflanzen widmen, spezielle Erdmischungen zubereiten, zu klein gewordene Töpfe gegen größere austauschen und sich über jedes neue Blatt und jede Blüte freuen.

Der Totengräber oder Die Freundschaft

Im Alter von fünf Jahren, als wir bei meinen Großeltern am Land waren, eröffnete ich meiner Mutter, dass ich nun erwachsen war und schon alleine außer Haus gehen konnte. Wahrscheinlich wollte ich fremde Menschen sehen und mit ihnen reden. Meine Mutter blieb jedenfalls skeptisch und folgte mir in einigem Abstand. Ich ging schnurstracks den Hügel hinunter und bog zielsicher in die dunkle Kellergasse ein, die zum Friedhof führte. Dort sah ich mir die Gräber an, die brennenden Kerzen und üppigen Blumen. Besonders angetan hatten es mir die rot gemusterten Schusterkäfer, die sich in langen Ketten in der Borke der alten Bäume versteckten.

Und dann sah ich ihn, den buckligen kleinen Mann, wie er umringt von Werkzeug sich an einem Grab zu schaffen machte. So wie es meine Art war, sprach ich ihn an, und er begann freundlich von seiner Arbeit als Totengräber zu erzählen, die mich augenblicklich faszinierte. Ich bat ihn helfen zu dürfen. Zuerst wollte er meine Bitte abschlagen, dann aber drückte er mir einen verwelkten Kranz in die Hand und schickte mich damit zum Mistplatz, der sich hinter einer Mauer in einer Ecke befand. Ich kann mich noch gut an die riesige Halde erinnern, wie sie voll von seltsamen Dingen in allen erdenklichen Farben in der Sonne lag. Der kleine Mann lachte, als er meine Begeisterung sah. Eifrig brachte ich auch all die leeren Gießkannen zurück zur Wasserstelle, bis ich meine Mutter bemerkte, die mir vom Friedhofseingang aus zuwinkte.

»Seltsam«, meinte der Totengräber, »was so ein kleiner Junge denn auf einem Friedhof zu finden glaubt?« Meine Mutter, die zu uns getreten war, konnte ihm keine Antwort geben, doch als er von ihr erfuhr, dass ich der Enkel des Schriften-Malers war, streichelte er mir liebevoll über den Kopf. Mein Großvater hatte die große Christusfigur am Kreuz, das Prunkstück, das sich inmitten des neubarocken Friedhofs befand, vergoldet und die meisten der gusseisernen Tafeln beschriftet, die an den Grabkreuzen befestigt waren. Er und mein Großvater waren Freunde und in der Folge durfte auch ich mich zu diesen zählen.

Über mehrere Jahre hinweg war ich fast jedes Wochenende, im Sommer bald täglich auf dem Friedhof und half dem Totengräber ein, zwei Stunden bei der Arbeit. Dabei wurden wir richtig gute Freunde. Er und seine Frau wohnten innerhalb der Friedhofsmauern in einem zauberhaften Häuschen, das über und über mit Rosen bewachsen war. Dort bekam ich beizeiten auch meinen Lohn, meist eine Silbermünze, die er mir herzlich in die Hand drückte. Sein Rücken machte ihm arg zu schaffen, und so war er froh, dass ich das Gießen übernahm. Gerne erzählte er auch Geschichten, wie etwa die, dass er in einem Bleisarg im Zuge einer Exhumierung die Barthaare des Verstorbenen in einer Flüssigkeit hatte schwimmen sehen, oder die, dass einmal, vor langer Zeit, bei einem Begräbnis Klopfgeräusche aus dem Sarg kamen und die scheintote Frau dann erst zwei Wochen später tatsächlich verstorben war.

Er war schon steinalt, als ich ihn zum letzten Mal besuchte. Als er mich sah, begann er zu weinen. Nach seinem Tod erfuhr ich, dass sein Sohn bereits in jungen Jahren in die Großstadt gezogen und dort als Obdachloser früh verstorben war.

VIELEN DANK HERR MARIA,
eine wunderbare Geschichte! Stets ist man vom Tod umgeben, von welken Kränzen und Grablaternen, und doch steht etwas ganz Lebendiges im Zentrum. Es ist der Beginn Ihrer Autonomie. Alles beginnt mit dem Staunen und der Neugier. Entdeckt werden ein stiller, geheimnisvoller Ort und ein besonderer Mensch, der dort für alles zuständig ist. Ihre Neugier für sein Leben eröffnet Ihnen eine neue Welt voller Wunder. Sympathie und Interesse entstehen wie von selbst, und alles entwickelt sich hin zu einer zauberhaften, sehr ungewöhnlichen Freundschaft.

Speziell in jungen Jahren sind Freundschaften – besonders solche, die älteren Menschen gelten – ein optimaler Lernort. Zu dieser Erfahrung ist Ihnen im Nachhinein zu gratulieren. Das ist der Stoff, aus dem der Mensch seine Ideale entwickelt, die Ur-Bilder, denen er lebenslang folgt.

Jede Freundschaft, so lässt sich allgemein behaupten, beruht auf der Freiwilligkeit unserer Wahl und unserer Entscheidung, im Unterschied zu verwandtschaftlichen oder geschlechtlichen Beziehungen, die uns vom Schicksal vorgegeben oder gar aufgenötigt werden. Allein in der Wahl unserer Freundschaften sind wir wirklich frei. Deshalb kommt ihnen auch in der Philosophie eine ganz besondere Bedeutung zu, nämlich als die edelste unter allen menschlichen Beziehungen.

Schon bei den alten Griechen war die *philia*, die Freundschaft, ein wertvolles Gut, wie der Schriftsteller Xenophon, ein Schüler des Sokrates, zu berichten weiß. Die meisten Menschen kümmerten sich vor allem um ihren Besitz: »Und doch, mit welchem anderen Besitztum verglichen sollte ein guter Freund nicht als viel wertvoller erscheinen? Welches Pferd oder welches Stiergespann ist denn so nützlich wie ein wackerer Freund?« (Erinnerungen an Sokrates, II, 4) Ein Freund, so Xenophon, dürfe nicht geizig, habgierig oder streitsüchtig sein und solle sich nicht nur Gutes angedeihen lassen, sondern auch Gutes erwidern. Auch solle er ehrlich sein und kein Schmeichler. Denn wahre Freundschaften würden »um der Tugend willen« geschlossen, nicht zum wechselseitigen Vorteil.

Der Frage geht auch Platon nach, der bekannteste Schüler des Sokrates. Ausschlaggebend für eine Freundschaft sei vor allem das wechselseitige Vertrauen und die Verständigkeit: »Wenn du verständig wirst, dann werden alle dir freund und alle dir zugetan sein: so wirst du für alle brauchbar und gut.« (Lysis, 210d)

Diese Worte erinnern mich sehr an Ihre Geschichte, Herr Maria. Sie hatten Vertrauen zu diesem Mann, haben ihn angesprochen und wie selbstverständlich begonnen ihm zu helfen. Sie müssen wohl, wie Platon es meint, »verständig« gewesen sein, aufnahmebereit und lernfähig. Der Totengräber wiederum hat Ihnen Aufmerksamkeit geschenkt und Aufgaben zugewiesen, die Sie meistern konnten, und alle Ihre Fragen gerne beantwortet. Weil Sie beide verständig und guten Willens waren, konnte Ihre Freundschaft erst eigentlich entstehen.

Aristoteles gibt drei Gründe für eine Freundschaft an: das Nützliche, das Angenehme und das Gute. Ein Mensch wird zum Freund, weil er entweder nützlich, angenehm oder schlechthin gut ist. (Nik. Ethik, 1155b19) Da sich das, was nützlich oder angenehm ist, aber rasch ändern kann und überdies nicht auf den Freund selbst abzielt, sondern eben auf seine Nützlichkeit oder sein angenehmes Wesen, sind solche Freundschaften oft instabil oder hinfällig. Sie sind bloß Mittel zum Zweck. Ganz anders hingegen verhält es sich mit Freundschaften »unter Guten«, bei denen die Freunde einander um ihrer selbst willen lieben. Dass diese Liebe auch nützlich und angenehm ist, so Aristoteles, verstehe sich von selbst.

Epikur, der die Argumente des Aristoteles kennt, sieht den Ursprung der Freundschaft aber trotzdem im wechselseitigen Nutzen begründet. Niemand sei mit jemandem befreundet, von dem er keinerlei Nutzen habe. Ein Nutzen liege bereits dann vor, wenn wir ein gutes Gespräch führten, uns verstanden fühlten, einen Hinweis oder Rat empfingen oder uns bloß ein freundliches Wort zuteilwerde, über das wir uns freuten. Hinsichtlich der Freundschaft immer nur von Uneigennützigkeit und vom Guten zu reden, wie Epikur dies seinen Vorgängern vorhält, sei Heuchelei. Wenn eine Freundschaft durch den wechselseitigen Nutzen aber erst einmal gestiftet sei, so könne ihre Fortdauer durchaus auch von anderen Motiven bestimmt werden und werde es auch, je länger die Freundschaft halte, das heißt, je länger sie sich bewähre.

In der römischen Literatur gibt es sogar ein eigenständiges Werk, das nur dem Thema der Freundschaft gewidmet ist: *Laelius de amicitia* von Cicero. Gemeinsam mit der Weisheit sei sie das wertvollste Geschenk, das wir von den Göttern erhalten hätten. Ihr Ursprung liege in der menschlichen Natur, die gleichsam von selbst das Gefühl der Liebe und des Wohlwollens hervorbringe, und zwar immer dann, wenn sich in einem Menschen ein Anzeichen von Rechtschaffenheit zeige. Wahre Freundschaft ergebe sich demnach nur zwischen guten und rechtschaffenen Menschen, die in ihrem Verhalten verlässlich seien, eine edle Gesinnung hätten und frei seien von Ehrsucht, Zügellosigkeit und Vermessenheit. Es gebe nichts, was liebenswerter sein könne als die Tugend. Nichts könne zwingender zur Hochachtung führen als sie.

Eine Freundschaft lebenslang zu erhalten, so Cicero, sei freilich schwierig: Oft trete der Fall ein, dass Freunde in politischen Angelegenheiten unterschiedlicher Meinung sind. Oft ändere sich der Charakter, bald durch widrige Umstände, bald durch das vorgerückte Alter. Oft komme es gerade bei den Tüchtigsten zu einem Wettstreit um Ämter und Ruhm.

Auch Ihre Freundschaft mit dem Totengräber fand ein Ende, als sie dann älter wurden und anderen Interessen folgten. Schön, dass Sie dieser Erinnerung Bedeutung zumessen. Im Ende der Geschichte liegt viel Wehmut, auch weil Sie zu Lebzeiten des alten Mannes gar nicht wussten, was sein Schicksal war. Aber die Freundschaft hatte ihre Zeit.

In ihrer »Reinigkeit und Vollständigkeit«, schreibt Immanuel Kant, in ihrer idealen Form sei Freundschaft unerreichbar, fernab der Realität, und so vor allem das »Steckenpferd der Romanschreiber«. Trotzdem ist es eine »ehrenvolle Pflicht«, nach diesem Ideal zu streben. Denn der moralische Kern der Freundschaft ist »das völlige Vertrauen zweier Personen in wechselseitiger Eröffnung ihrer geheimen Urteile und Empfindungen, soweit sie mit beiderseitiger Achtung gegeneinander bestehen kann«. (Met. der Sitten, Tugendlehre, § 46) Wer sich auf eine Freundschaft einlasse, nehme eine intime Vertrauensstellung ein und gleichzeitig in Kauf, die Freundschaft des anderen wieder zu verlieren, wenn gewisse Urteile und Empfindungen inkompatibel seien und die Achtung des anderen plötzlich fraglich werde.

Ähnlich dachte auch Søren Kierkegaard, der Weise aus Kopenhagen, wenn er die sentimentalen Freundschaften von notorischen Partylöwen aufs Korn nimmt, die auf »dunklen Gefühlen« und »unerklärlichen Sympathien« beruhen: »Wahre Freundschaft erfordert Bewusstsein und wird dadurch davon erlöst, bloß Schwärmerei zu sein.« (Entweder – Oder, II) Wahre Freundschaft existiere, laut Kierkegaard, nur im Ernst. Und auch im Ernst des spielenden Kindes, Herr Maria, kann sie sich manifestieren. Der Totengräber meinte es ja ebenfalls ernst mit Ihnen, als er Sie nach und nach in sein Reich hineingelassen hat.

Wie auch immer: Freundschaften sind unverzichtbar. Sie geben Halt, machen Mut, spenden Trost und erhöhen generell die Zuversicht. Gerade in Krisenzeiten, in denen wir im Vorgefühl einer Umwandlung stehen und uns unbehaglich fühlen, sind sie ein Hort der Stabilität.

»Ein Hort der Stabilität«, brummte Herr Maria, nachdem er einen leichten Zuwachs bei seiner *Sansevieria pinguicula* bemerkt hatte. Er hatte sie letzten Sommer gut verpackt per Post von einem Hamburger Züchter erworben. »Muss ein komischer Kauz sein, dieser Philosoph«, dachte er, »lebt wohl vergraben in den alten Schriften alter Philosophen. Aber gut so.«

Herrn Marias Freunde – jene, die ihm fraglos am Herzen lagen, sowie die anderen, um die er sich mehr hätte kümmern sollen – waren jetzt weiter weg denn je, zumindest hatte er diesen Eindruck. Von einigen werde er sich noch verabschieden müssen, dachte er, das sei er ihnen schuldig. Aber er war es leid zu telefonieren. Sein ganzes Berufsleben lang hatte er am Telefon seine Geschäfte gemacht. Jetzt wollte er seine Ruhe haben, wollte sich vorbereiten auf das, was ihm bevorstand, er hatte einfach keine Lust zu plaudern oder sich trösten zu lassen. Es kam ihm sehr entgegen, dass er seine philosophischen Termine schriftlich absolvieren konnte. So gab es keine anderen Stimmen, die ihn hätten stören können, keine Ablenkung beim Denken, beim Schreiben und Lesen.

Liebevoll strich er mit den Händen über die steinharten, nadelspitzen Enden seiner kenianischen Schönheit, die unter der Berührung sanft zu wippen begann. »Ein Hort der Stabilität«, das war diese Tonschale ebenso, in der sie sich fest mit ihren Stelzwurzeln verankert hatte. Möglichst steinig musste die Erde sein, nur ein Anflug von Humus sei hinzuzumischen, hatte man ihm geraten. Jedenfalls hatte sie neuen Halt gefunden und einen Liebhaber obendrein.

Sollte er das Virus nicht überleben, war seine Sammlung nicht in Gefahr, da konnte er beruhigt sein. In dieser Sache hatte er bereits mit Professor Sanctarius telefoniert, dem renommierten Raritätenhändler, der sie im Anlassfall zu übernehmen versprochen hatte. Bei ihm würde sie in guten Händen sein. Von seinem Glashaus aus würde sie sich sinnvoll zerstreuen und Stück für Stück neue Liebhaber finden. So hatte alles seine Ordnung und nichts war vergebens.

Sansevieria pinguicula hatte er bei Sanctarius jedenfalls noch nie gesehen. Vor langer Zeit, so wurde ihm berichtet, gab es bei ihm drei schöne Exemplare, später aber nie wieder. In den 60er-Jahren des vorigen Jahrhunderts war sie im tropischen Kenia entdeckt worden und wurde bei Sammlern rasch zur Legende, vor allem ihrer Stelzen wegen, auf denen sie zu schweben scheint. Jeder neue Trieb bildet sich an einem horizontalen oberirdischen Ausläufer. Erst wenn sich die ersten Blätter zeigen und ihre hornigen, scharfen Spitzen bilden, entwickeln sich die arttypischen Stelzen, die dann langsam nach unten in die Erde tauchen und dort Wurzeln treiben. Bis zu diesem Zeitpunkt wird der Trieb ausschließlich von seiner Mutter ernährt.

Jedenfalls war Herr Maria sehr zufrieden. Er hatte seiner *Sansevieria pinguicula* den sonnigsten Platz gegeben und sie im Winter etwas wärmer gestellt, so wie es empfohlen wurde. Und jetzt begann sie zu treiben, was wirklich eine Freude war. In ein paar Jahren würde sie wohl zum ersten Mal blühen, dachte er, weiße, fantastisch duftende Büschel sollen es sein, die aus den tiefen Rosetten der älteren Exemplare in die Höhe schießen und etliche Wochen lang ihre Pracht entfalten. Da musste er tief Luft holen und gleich noch einmal, weil ihm zu Bewusstsein kam,

Sansevieria pinguicula
Höhe: 35 cm
Durchmesser der Schale: 20 cm

dass ihm dieses Ereignis vielleicht gar nicht mehr vergönnt sein würde.

Nachdem er ein paar Töpfe zurechtgerückt hatte, die unter der Last ihrer Bewohner schon gefährlich schief standen, ging er langsam die Treppe hinunter und landete schließlich auf seiner Couch. Die Erde für die Epiphyten war ausgegangen, fiel ihm ein. Das sollte er auf seine Einkaufsliste schreiben. Aber was musste er denn jetzt noch besorgen? Und wieder hatte er seine Freunde vor Augen, gedachte auch jener Freundschaften, die zerbrochen und entsprechend bitter waren. Aber was sollte er jetzt noch daran ändern? Am besten ein wenig schlafen, dachte er und schloss die Augen. Als er wieder erwachte, kam ihm eine weitere Geschichte aus seiner frühesten Jugend in den Sinn. Die würde er morgen aufschreiben und dem Philosophen übermitteln.

Muttersorgen oder Die Dankbarkeit

Gleich zu Beginn meiner Schulzeit wurde klar, dass es mit dem Schreiben wohl nicht so einfach werden würde. Die Buchstaben purzelten wild durcheinander, blieben nicht in der Zeile und hatten auch unterschiedliche Größen, sodass sie entsetzlich anzusehen waren. Auch die Ziffern standen verkehrt herum. Dass ich einmal die rechte Hand, dann wieder die linke zum Schreiben benutzte, machte die Sache nicht besser. Mein Lehrer konnte mir bei diesem Problem nicht helfen. Er hielt mich für einen »Dickschädel«, ein anderes Mal hörte ich ihn von einer »Sonderschule« reden. Dort würde ich leichter »mitkommen« und hätte ein besseres Leben.

Die Sonderschule war für meine Mutter keine Option, denn das Lesen machte mir keine Schwierigkeiten. Am Ende der ersten Klasse las ich fließend jedem, der es hören wollte, mit großer Freude aus meinen Kinderbüchern vor. Fürs Schreiben hingegen entwickelte meine Mutter ein Trainingsprogramm, das ich während der ersten zwei Jahre meiner Schulzeit über mich ergehen lassen musste. Das war damals eine harte Prüfung für mich und hat mir ab und zu die Tränen in die Augen getrieben. Doch meine Mutter blieb standhaft. Mit viel Liebe und Mitgefühl brachte sie mich dazu, das Regelwerk der geschriebenen Sprache langsam zu akzeptieren. Ich sah dann auch ein, dass es besser war, die Schreibhand nicht ständig zu wechseln. Am Ende entschloss ich mich für den ständigen Gebrauch der rechten Hand.

Ergänzend zu diesem Training gab es die Bibliothek meines Vaters, aus der er mir auch später immer wieder Bücher zu lesen gab: *Das Dschungelbuch*, *Die Schatzinsel*, *Robinson Crusoe*, *Ali Baba und die 40 Räuber*, die Geschichte von Dracula und schließlich Sherlock Holmes, die Erzählungen von Edgar Allen Poe und anderes mehr. Freilich waren das keine Kinderbücher, aber sie waren spannend und gut geschrieben, sodass ich sie allesamt zu Ende las. Mit der Zeit konnte ich in der Schule mithalten. Ich durfte meine Aufsätze sogar vor versammelter Klasse vorlesen, was eine große Genugtuung für mich war.

Später haben mich auch ganz andere Sprachen fasziniert, die Quellcodes der ersten Rechenmaschinen, die komplexe Abläufe bestimmen konnten und Zukunft in sich trugen. Bald schon gab es das, was mir aus »Raumschiff Enterprise« geläufig war, für alle zu kaufen, sodass die Entwicklung von eigener Software zu meinem Beruf wurde. Trotzdem ist mir die Liebe zur Alltagssprache und zum Schreiben nie verloren gegangen. Vor allem das Schreiben von Tagebüchern ist bis heute eine liebe Gewohnheit, die aus meinem Leben nicht wegzudenken ist.

SEHR GEEHRTER HERR MARIA,
zweifellos haben Sie Ihrer Mutter zu danken. Sie hat Eigeninitiative und Kreativität ins Spiel gebracht, mit Sicherheit auch große Sorgen gehabt, die wohl alle befällt, wenn der Nachwuchs mit der Schule nicht zurechtkommt. Heute können Sie klar erkennen, wie notwendig und erfolgreich diese Kur gewesen ist. Niemals im Leben hätten Sie ohne diese Unterstützung das erreichen können, was Sie erreicht haben.

Schön, dass Sie dafür Dankbarkeit empfinden. Ich denke, es ist mit ein Stück der Vorbereitung auf den Tod zu rekapitulieren, wem man eigentlich zu Dank verpflichtet ist. Man könnte dies auch als einen Teil der großen Abrechnung sehen, die Sie jetzt schon durchführen können, noch bevor Sie das Jüngste Gericht oder das Rad des Schicksals über den Tisch zieht, wenn Sie mir den philosophischen Scherz gestatten.

Im Altgriechischen bedeutet *eucharistía*, wie auch unser Wort Dankbarkeit, teils dankbare Gesinnung, teils Dankerweisung durch Wort und Tat. Sie beinhaltet ein Wissen, wem und wann man Dank abzustatten hat und wie und von wem man ihn annehmen soll. In der Literatur wird die *eucharistía* erstmals in den Schriften des Hippokrates erwähnt, der als gelehrter Mediziner von der Dankbarkeit der Ärzte gegenüber ihren Lehrern spricht: »Ich werde den, der mich all dieses fachliche Können gelehrt hat, wie meine Eltern ehren und ihm Anteil an meinem Leben geben: Wenn er in Schulden geraten sollte, werde ich ihn unterstützen und seine Söhne meinen Brüdern gleichstellen.«

Von Sokrates wird die Dankbarkeit zu den »ungeschriebenen Gesetzen« gezählt, die uns von den Göttern gegeben wurden und die für alle Menschen gleichermaßen gelten. Demnach könne auch niemand, der sie übertritt, seiner Strafe entkommen, wie bei weltlichen Gesetzen, wo dies möglich ist. Die Götter hätten die ungeschriebenen Gesetze so geschaffen, dass jeder, der sie übertritt, die Strafe deutlich in seiner Seele spüren kann. Sie enthalten die Strafen in sich, weshalb sie besonders bitter sind, womöglich lebenslang. (Xenophon, Erinnerungen an Sokrates, IV, 19 f.)

Die Bürger von Athen, schreibt Aristoteles, versuchten Gutes mit Gutem zu vergelten. Denn falls sie es nicht könnten und ihnen der Ausgleich misslinge, komme keine Gegenseitigkeit zustande. Auf Gegenseitigkeit aber beruhe der Zusammenhalt jeder Gemeinschaft. »Aus diesem Grund errichten sie denn auch ein Heiligtum der Chariten, recht in die Augen fallend, dass man an Gegengabe denke; denn das ist Dankbarkeit: dem, der uns gefällig war, einen Gegendienst leisten und ihm das nächstemal mit einer Gefälligkeit zuvorkommen.« (Nik. Ethik, 1133a)

Die Chariten, deren Heiligtum Aristoteles hier erwähnt, waren ein göttliches Dreigespann, allesamt Töchter des Zeus: Euphrosyne (die Frohsinnige), Thalia (die Blühende) und Aglaia (die Strahlende). Später dann, bei den Römern, wurden sie zu den berühmten drei Grazien umgeformt. Sie bringen uns Anmut, Liebreiz und Frohsinn, alles Gaben, wofür man ihnen, wenn sie uns umfangen, in der Tat zu danken hat.

»Keine Pflicht ist dringender als die, sich dankbar zu erweisen«, schreibt Cicero. Einem anständigen Menschen sei es schlichtweg nicht erlaubt, eine erwiesene Wohltat, die aus der richtigen Gesinnung kam, nicht zu erwidern. Das sei eine Frage der Ehre, denn »wenn wir nicht zögern, denen Dienste zu erweisen, von denen wir uns Nutzen erhoffen, wie müssen wir uns dann gegenüber denen zeigen, die uns schon von Nutzen waren?« Falls man viele Wohltaten erwiesen bekommen habe und vielleicht nicht mehr wisse, welchem der Wohltäter man den größten Dank schulde, so habe man sie im Zweifelsfall in der Familie oder bei echten Freunden zu suchen, denn »am besten wird die Gemeinschaft und

Verbindung der Menschen dann gewahrt, wenn man jeweils demjenigen am meisten Wohlwollen erweist, mit dem man am engsten verbunden ist«. (Über die Pflichten I, 15, 47–50)

Dass es maßgeblich auf die Gesinnung ankommt, aufgrund derer eine Hilfe gewährt oder eine Gabe gereicht wird, findet sich auch bei Seneca, dem stoischen Philosophen, der das große Pech hatte, zum Erzieher des jungen Nero ernannt zu werden. »Die Gesinnung«, schreibt er mit Hinblick auf die Dankbarkeit, »ist bestimmend für das gegenseitige Schuldverhältnis, denn die Gabe wird nicht abgeschätzt nach der Größe, sondern nach dem Willen, aus dem sie hervorgegangen ist.« War die Gesinnung die richtige, so bedeutet *gratiam referre* ein freiwilliges Zurückbringen. Wer Dank abgestattet habe, habe sich selbst dazu aufgefordert. Demnach ist Dankbarkeit auch »ein Teil der Liebe und der Freundschaft (…) ich bin dankbar, nicht damit der andere sich mir um so gefälliger erweise, sondern in dem Bewusstsein, damit etwas unvergleichlich Erfreuliches und Schönes zu tun: ich bin dankbar, nicht weil es nützt, sondern weil es Freude macht«.

Dankbarkeit birgt Freude und Glück, für beide Seiten. Der Undankbare hingegen, schreibt Seneca, »quält und zermartert sich. Was er empfangen hat, ist ihm verhasst, denn er soll es erwidern. Darum setzt er es herab, während er Beleidigungen aufbauscht und aus der Mücke einen Elefanten macht.« Das wird es wohl sein, was Sokrates gemeint hat, wenn er von der Übertretung eines ungeschriebenen Gesetzes spricht, das seine Strafe bereits in sich trägt. Die Strafe ist der Verlust von Glück und Lebensfreude. Der Undankbare »vergisst« die Wohltaten, die er empfangen hat, während er kleine Beleidigungen und missliche Stimmungen, die sich im Verkehr mit seinem Wohltäter ergeben haben, als hinreichenden Grund dafür nimmt, dauerhaft »vergessen«, das heißt undankbar sein zu können. Die Rechnung geht jedoch nicht auf, weil sich die Seele nicht betrügen lässt. (Briefe an Lucilius, 81)

»Dankbarkeit«, schreibt Immanuel Kant, »ist die Verehrung einer Person wegen einer uns erwiesenen Wohltat«, wobei die Form dieser Verehrung als ein »Gefühl der Achtung gegen den Wohltäter« zu bestimmen ist. Dabei ist zwischen einer »tätigen« und einer »bloß affektionellen« Dankbarkeit zu unterscheiden, die in einem »bloß herzlichen Wohlwollen« besteht, in einer dankbaren Gesinnung, die man »Erkenntlichkeit« nennt. In jedem Fall, so Kant, sei Dankbarkeit als eine Pflicht zu betrachten, keineswegs sei sie nur ein Gebot der Klugheit. Sie ist sogar eine »heilige Pflicht«, deren Verletzung als ein skandalöses Beispiel gelten muss. Denn »heilig ist derjenige moralische Gegenstand, in Ansehung dessen die Verbindlichkeit durch keinen ihr gemäßen Akt völlig getilgt werden kann (wobei der Verpflichtete immer noch verpflichtet bleibt)«.

Was den Grad der Verbindlichkeit betrifft, in dem ein Empfänger seinem Wohltäter Dank schuldet, so ist dieser abzuschätzen »nach dem Nutzen, den der Verpflichtete aus der Wohltat gezogen hat, und der Uneigennützigkeit, mit der ihm diese erteilt worden« ist. Der mindeste Grad ist »gleiche Dienstleistungen dem Wohltäter«. Dabei gelte es, die empfangene Wohltat nicht wie eine moralische Last anzusehen, die den Begünstigten auf eine niedrigere Stufe stellt und seinen Stolz kränkt, sondern freudig als einen Akt der Liebe zu betrachten, der echte Dankbarkeit erst möglich macht. In dieser dankbaren Gesinnung, so Kant, werde es dann möglich, mit der »Zärtlichkeit des Wohlwollens (…) die Menschenliebe (weiter) zu kultivieren«. (Metaphysik der Sitten, II, § 32 f.)

Der Nutzen, den Herr Maria aus den Wohltaten seiner Mutter gezogen hatte, war in der Tat überaus hoch einzuschätzen. Darüber gab es keinen Zweifel. Auch die Uneigennützigkeit, mit der ihm die vielen Übungen verordnet worden waren, stand außer Frage, auch wenn sie faktisch bloß die Sorgen und Ängste seiner Mutter vertrieben, nicht die des Kindes, denn er war ja noch ein sehr kleines Kind und dementsprechend uneinsichtig. Hatte er seiner Mutter diesen mindesten Grad an Dankbarkeit überhaupt zufriedenstellend abgestattet, so wie es Kant empfiehlt? Hatte er ihr die »gleiche Dienstleistung« geboten oder zumindest Vergleichbares? Er wusste es nicht, hatte aber zumindest kein schlechtes Gewissen, was ihn beruhigte.

Nachdenklich ging er auf den Dachboden, um nach den Pflanzen zu sehen. Es hatte zu regnen begonnen und er lauschte dem sanften Dröhnen, das von den vielen Fenstern ausging, die sein Dach durchzogen. Eine der Scheiben war schon vor Jahren undicht geworden, darum tropfte es bei Regenwetter an ihrer Unterkante ein wenig herein. Dort hatte er neben ein paar Farnen auch seine *Bowiea volubilis* untergebracht, eines seiner ältesten Stücke.

Vor über drei Jahrzehnten hatte er sie auf einer Raritätenbörse im Botanischen Garten am Afrika-Stand erworben, als kleines, hellgrünes Zwiebelchen. Jedes Jahr hatte es ihm einen fein verzweigten, blattlosen Trieb geschenkt, der sich meterlang reckte, sodass er aufgebunden werden musste, bis er im Winter dann wieder verwelkte. Als aus dem Zwiebelchen eine faustgroße Zwiebel geworden war, begann sie sich zurückzuziehen und mit einer papierartigen Hülle zu umgeben, die aus den oberen Schichten gebildet wurde und bei Berührung derart raschelte, dass man glauben konnte, sie wäre vertrocknet. Doch in Wirklichkeit hatte sie sich geteilt. Und als sie wieder zum Vorschein kam, war sie prächtiger denn je. Ihre Triebe reichten von nun an bis zum Dachstuhl, wo sie wie wogende Korallenäste hingen und reichlich Blüten und Früchte ansetzten. Aus der kleinen *Bowiea* war mit den Jahren eine stattliche Gruppe geworden, prall und gesund, eine richtige Familie, was Herrn Maria tief in seinem Innersten mit Glück erfüllte.

»Ein dankbares Stück«, seufzte er, als er die Leiter holte, um die kleinen schwarzen Samen zu ernten, die sich hoch oben in den vertrockneten Kapseln befanden. Doch er kam wie meist zu spät. Sie waren bereits aufgeplatzt und hatten ihren fruchtbaren Inhalt über alles verstreut, was sich darunter befand. Jener Teil, der auf fruchtbaren Boden fiel und zu keimen begann, bildete einen Halm aus, der wie Schnittlauch aussah und den Herr Maria anfangs wie Unkraut behandelt und achtlos ausgezupft hatte, bis er von einem seiner Bücher darüber belehrt wurde, dass es sich um *Bowiea volubilis* im ersten Stadium handelte. »Was

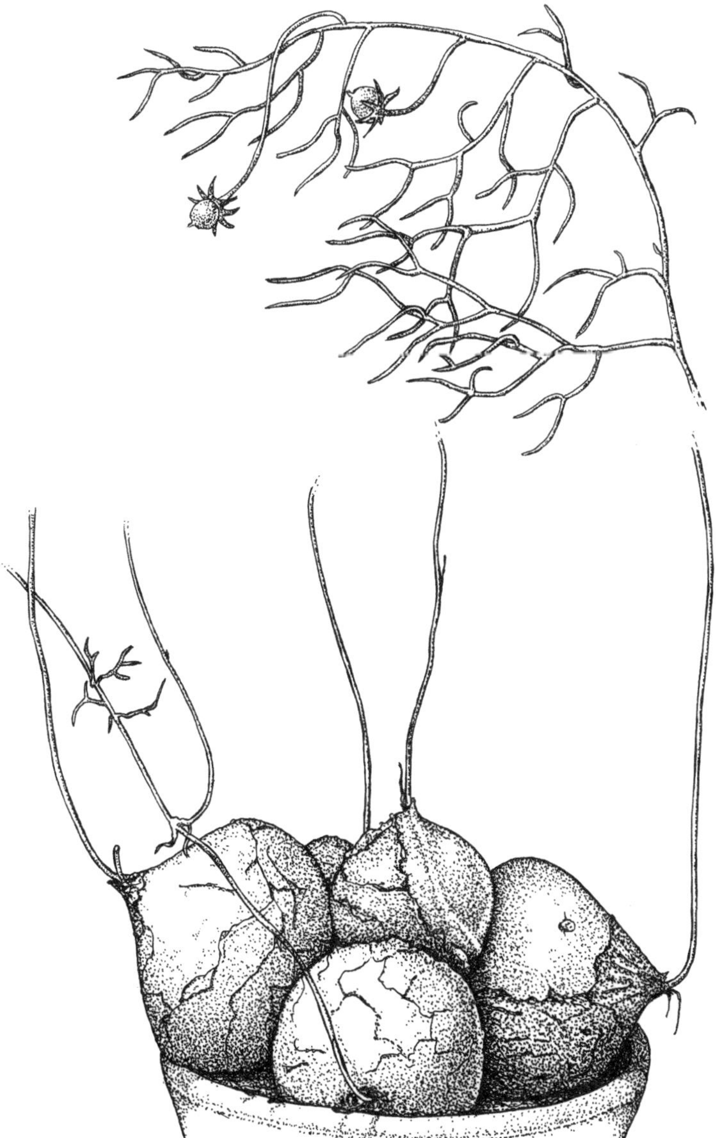

Bowiea volubilis
Zwiebeldurchmesser: 6–12 cm
Rankenlänge: bis 4 m

für ein erstaunlicher Dimorphismus«, dachte er, als er die Leiter wieder hinunterstieg. »Anfangs ein Halm, später eine Zwiebel, die Blütenstände bildet, Samen treibt und wieder zum Grashalm wird. Wer ist hier der Wohltäter? Und wem muss Dank geschuldet sein?«

Herr Maria blieb so lange bei seiner Sammlung, bis er schließlich Hunger verspürte und in die Küche ging. Er war sehr froh, dass der junge Student, der ihm von einem örtlichen Betreuungsdienst vermittelt worden war, zwei Einkaufstaschen mit Lebensmitteln vor die Tür gestellt hatte. Neben den Limetten, von denen er gleich zehn Stück bestellt hatte, weil er sie für seinen schwarzen Tee brauchte, war auch ein ganzes Huhn dabei, das überaus hell und frisch aussah. Lächelnd stellte er einen großen Topf mit Wasser auf den Herd, in das er neben Wurzelgemüse und reichlich Salz auch frische Chilischoten, zerdrückte Kardamomkapseln und ein paar fein gehackte Stücke Ingwer gab. Schön scharf sollte die Suppe werden, sodass man beim Essen gehörig ins Schwitzen kam. So mochte er es.

Nachdem er die Reste seiner Mahlzeit gut verwahrt hatte, ging er zufrieden ins Arbeitszimmer, um noch ein wenig zu lesen. Draußen war schon tiefschwarze Nacht, und man konnte die Grillen hören, die ihre immergleichen Rhythmen schlugen. Auf seinem Schreibtisch lagen noch ein paar ungeöffnete Kuverts, die vor allem botanische Zeitschriften enthielten, die aus der ganzen Welt bei ihm eintrafen. Über die neue Ausgabe von *Asklepios* freute er sich ganz besonders, war doch ihr Herausgeber im vorigen Jahr verstorben und ihr weiteres Erscheinen zweifelhaft gewesen. Die veröffentlichten Fotos waren wie immer von höchster Qualität, selbstredend auch die wissenschaftlichen Beschreibungen und die Pflegehinweise.

Nach etwa einer Stunde vertiefter Lektüre fiel ihm plötzlich ein Erlebnis ein, das indirekt ein weiteres Mal mit seiner Mutter zusammenhing und das er niemals vergessen hatte.

Die Beichte oder Selbstbestimmung

Im Alter von sieben Jahren ergab sich ein innerer Konflikt, der mich für längere Zeit in Anspruch nahm. Jede Woche gingen wir von der Schule aus gemeinsam zur Messe, in eine glanzvoll barocke Kirche, in der es herrlich nach Weihrauch roch und die von einem Orden betrieben wurde. Freilich verstanden wir von dem, was da vor sich ging, so gut wie nichts. Was uns aber rasch ins Auge fiel, war der geheimnisvolle Höhepunkt, die Verteilung der Hostie, zu der wir nicht zugelassen waren. Dazu müsse man, so hieß es, zur Erstkommunion gehen. Und dafür war es wiederum notwendig, eine Beichte abzulegen.

Da es für uns alle die erste Beichte war, erklärte man uns ausführlich den Sinn der Sache und brachte auch viele kindgerechte Beispiele für mögliche Sünden vor. Mir war bald klar, um welchen Vorgang es sich handelte. Mein Problem war nur: Es fielen mir keine Sünden ein, die zu den genannten Beispielen passen wollten. Ich hatte einfach keine Sünden, auch beim besten Willen nicht.

Von Anfang an wurde uns gesagt, dass kein Mensch frei von Sünden ist. Wem also nichts einfalle, der müsse nur gründlicher nachdenken. Also dachte ich nach. Irgendwann kam mir dann die Erinnerung, dass ich einmal die Geldtasche meiner Mutter geöffnet hatte und eine Münze stehlen wollte, es aber dann doch nicht tat und im Nachhinein heilfroh darüber war. Aus dieser Szene, in der mein Gewissen auf die Probe gestellt worden war, erfand ich eine Sünde und gab bei der Beichte an, ich hätte meiner Mutter Geld gestohlen. Das Herz schlug mir dabei bis zum Hals, weil es nicht der Wahrheit entsprach.

Die Folge war, dass mir vergeben wurde und man mich zur Buße vor den Altar schickte, wo ich kniend auf hartem Stein zehn »Vaterunser« und zehn »Gegrüßet seist Du Maria« zu beten hatte. Ich begann ordnungsgemäß. Bald aber kam mir eindringlich zu Bewusstsein, doch gar keine Sünde begangen zu haben. Also war denn auch keine Buße zu tun. Und so stand ich auf und ging. Niemand bemerkte den Vorfall, außer mein Gewissen.

Nach und nach erkannte ich, was eigentlich geschehen war. Ich erwog sogar die Beichte zu wiederholen, da ich ja gelogen hatte. Doch letztlich blieb ich bei meiner Entscheidung. Es war, wie ich meinte, mein gutes Recht, die Buße zu verweigern, da ich zum Beichten gezwungen worden war. Nichts zu beichten oder erst gar nicht beichten zu gehen war unmöglich. Deshalb hatte ich letztlich richtig gehandelt, zumindest in den Augen eines Siebenjährigen. Das Dilemma zu bewältigen, das sich aus all dem ergab, war damals eine große Aufgabe. Aber sie hat dazu beigetragen, mich zu einem selbstbewussten und nachdenklichen Menschen zu machen.

SEHR GEEHRTER HERR MARIA,
vielen Dank für diese eindrucksvolle Erzählung, die ein gutes Beispiel für Selbstbestimmung ist. Zum einen haben Sie sich damals – immerhin im Alter von sieben Jahren – nicht ins Bockshorn jagen lassen, als man Ihnen sagte, dass niemand ohne Sünden ist. Man hat Ihnen Sündenkataloge vorgelegt, sodass Sie wussten, worum es sich handelt. Doch Sie haben sich dort nicht wieder-

gefunden. Sie haben erkannt, dass Sie nichts getan hatten, was Sünde hätte genannt werden können. Ob Sie das richtig oder falsch erkannt haben, tut nichts zur Sache. Allein dass Sie es für notwendig befunden haben, eine Sünde zu erfinden, zeigt ja, dass Sie es hätten einfacher haben können, wenn es möglich gewesen wäre.

Freilich konnten Sie die Folgen dieser Beichte nicht vorhersehen. So kam Ihnen dann angesichts der verhängten Buße erst zu Bewusstsein, dass etwas grundsätzlich faul war. Eine Notlüge hatten Sie bereits auf sich genommen. Eine Zwangsbuße war Ihnen aber dann doch zu viel. Die empfanden Sie als ungerecht und Sie trafen eine Entscheidung. Damit war das Problem freilich noch lange nicht behoben. Aber die Richtung stimmte, in die sich das Denken von nun an bewegen sollte.

Wer in einer religiösen Tradition aufwächst, wird mit Ritualen vertraut gemacht, die einerseits den religiösen Ideen geschuldet sind, andererseits aber auch – und das ist ihr philosophischer Kern – der persönlichen Entwicklung dienen. Im Idealfall kommt es zu einer prägenden Erfahrung, die einen Erkenntnis- und Reifeprozess nach sich zieht. In Ihrem Fall ergab sich ein moralisches Dilemma, das Sie aber selbstbestimmt auflösen konnten, daher gingen Sie gestärkt aus der Situation hervor.

Selbstbestimmung, das Ideal der vernünftigen Verfügung über sich selbst, ist ein Leitmotiv philosophischen Denkens, von Anfang an. Der Mensch soll »nicht Diener, sondern Herr seiner Reden und Taten sein«. Er soll »in Freiheit und Muße« erzogen werden, um sein Leben »mit Einsicht« zu führen. Denn anders wird der Mensch »sich selbst nicht gefallen«, schreibt Platon. (Theaitetos, 173c–177b) Im Gegensatz zu den damaligen Vorstellungen, unser Leben werde von höheren Mächten bestimmt – von den Erinnyen, den Göttinnen des Schicksals, Klotho, Lachesis und Atropos, die den Lebensfaden weben, zuteilen und am Ende dann abschneiden –, schreibt Platon, dass es in Wirklichkeit wir selbst sind, die diesen Weg bestimmen: »Nicht wird ein Daimon euch erlosen, sondern ihr werdet euch einen Daimon (ein Schicksal) wählen, den Lebenslauf wählen, mit dem ihr dann notwendig verbunden bleibt. Schuld hat, wer gewählt hat; Gott ist schuldlos.« (Politeia, 10, 618a)

Freilich stellt sich die Frage, woher man denn, speziell in jungen Jahren, die Lebenserfahrung und das Wissen nehmen soll, um selbstbestimmt die richtige Wahl zu treffen. Was ist es, das selbstbestimmtes Handeln ermöglicht? Die Antwort verweist auf zweierlei, aber wiederum zurück auf das, was unser Schicksal genannt werden kann.

Einerseits ist diese Fähigkeit unseren Eltern zu verdanken. Sind wir »in Freiheit und Muße« erzogen worden, wie Platon meint, so können wir später auch ein Leben »mit Einsicht« führen. Andererseits »muss man gleichsam mit einem Auge geboren sein, das zum richtigen Urteilen befähigt (…) und es gilt der als wohlgeboren, dem diese Fähigkeit in edler Weise von der Natur gegeben ist«, wie Aristoteles vermerkt. (Nik. Ethik, 3, 1114b) Letztlich ist unser Leben also doch von dem bestimmt, was wir üblicherweise Glück nennen, zu dem wir aber, wie es der Glaube der Philosophen ist, maßgeblich beitragen können. Selbst wenn uns vom Schicksal nur ein brüchiger Lebensfaden zugeteilt worden ist, können wir enorm viel daraus weben, wie uns die Lebenswege vieler Menschen zeigen. Und andererseits: Wie viele vom Schicksal Begünstigte haben ihr Leben in den Sand gesetzt!

Wenn wir über Selbstbestimmung philosophieren, ist immer auch Freiheit gemeint, die wohl am besten als Wahlfreiheit verstanden wird. Nur wer selbst bestimmt, was er denkt und glaubt, nur wer sich nicht beirren lässt und letztlich seinem Gewissen folgt, ist frei. Dazu gibt es einen wunderbaren Satz bei Gottfried Wilhelm Leibniz, der dies alles zusammenführt: »Soweit ein Mensch die Möglichkeit hat, in Übereinstimmung mit einer Entscheidung oder Wahl seines eigenen Geistes zu denken oder nicht zu denken, sich zu bewegen oder nicht zu bewegen, insoweit ist er frei.« Freiheit, so Leibniz, bestehe in dem Vermögen, sich selbst zu bestimmen. (Neue Abhandlungen über den menschlichen Verstand, II, 21, § 8)

»Soweit ein Mensch die Möglichkeit hat«, das ist nun wiederum die Einschränkung. Dass Sie, Herr Maria, diese Möglichkeit hatten, ist Ihrer Erziehung, Ihren Genen und vielleicht auch Ihrer Unverschämtheit zu verdanken, die Sie davon ausgehen ließen, gänzlich ohne Sünden zu sein. Aber verstehen Sie mich bitte richtig: Gerade in religiösen oder gar noch mehr in politischen Fragen ist Chuzpe eine der möglichen richtigen Taktiken, wenn man in Bedrängnis kommt. Gerade in diesem Zusammenhang ist sie in höchstem Grad der Freiheit zuzuordnen. Ein Duckmäuser waren Sie mit Sicherheit nie.

Nachdem Herr Maria den Kommentar des Philosophen aufmerksam gelesen und mit einigen Anmerkungen versehen hatte, kochte er, noch tief in Gedanken, starken türkischen Kaffee und nahm ihn mit hinauf zu seinen Pflanzen. Heute war Gießtag und dementsprechend viel zu tun. Oben hatten sich, weil es recht warm war, die Lüftungsklappen bereits weit geöffnet, sodass er die Vögel zwitschern hören konnte und ein angenehm weicher Wind durch den gleißend hellen Dachboden zog. So ließ es sich bestens arbeiten.

Inmitten der Sammlung, exakt in ihrem geometrischen Zentrum, befand sich eine ovale, freie Fläche, die mit Ziegelsteinen bedeckt war und die wie ein kleiner Dorfplatz aussah. Dieser lag Herrn Maria sehr am Herzen, weil man von dort aus alles überblicken konnte. Dort stand ein großer, fast reinweißer und nur leicht gemusterter Mosaiktisch, der wohl mehr als eine halbe Tonne wog und den ihm einst ein tunesischer Kunde geschenkt hatte, sowie acht Stühle aus Teakholz, denen die feuchte Umgebung nichts anhaben konnte. An diesem Ort hatte er schon unzählige Stunden verbracht. Hier fanden auch die legendären Treffen der »Sukkulentenfreunde« statt, zu denen jeder Besucher drei Pflanzen mitzubringen hatte, die lebhaft besprochen wurden und oft auch ihren Besitzer wechselten.

Betäubt von den philosophischen Rätseln, die ihm zugetragen wurden, nahm er seinen angestammten Platz ein und trank seinen Kaffee, zu dem er sich auch eine Tafel Schokolade zurechtgelegt hatte. »Eine Möglichkeit meiner selbst, ich bin eine von vielen«, überlegte er, während er in die Schokolade biss, als wäre sie ein Butterbrot. Doch welche von diesen war frei gewählt? In welche war er bloß hineingeraten? Gut, dass er überhaupt Möglichkeiten hatte. Dafür war er ohnehin stets dankbar gewesen. Doch wie konnte er in Teufels Namen wissen, ob er dabei er selbst geworden war?

Nach der zweiten Tasse musste er dann lauthals lachen, weil ihm die durchaus beachtliche Frechheit wieder einfiel, mit der ihm der Philosoph die seine unterstellt hatte. »Da hat er schon recht«, dachte er und machte sich schmunzelnd an die Arbeit.

Beim Gießen – ein Vorgang, für den er in den wärmeren Monaten bis zu sechs Stunden einplanen musste – war Herr Maria immer sehr aufmerksam, galt es doch, jede Pflanze auch auf ihren Gesundheitszustand zu überprüfen. Darin hatte er große Übung, sodass er geschwächte Exemplare rasch erkannte und ad hoc geeignete Maßnahmen setzen konnte. Manchmal fischte er auch das eine oder andere Stück heraus und stellte es auf den großen Mosaiktisch, um es später gezielt zu behandeln oder überhaupt erst zu bestimmen, was oft ziemlich schwierig war.

Die meisten seiner Kostbarkeiten hatten Namensschilder, auf denen die Gattung, die Spezies, manchmal auch ein Datum oder der Name eines Händlers vermerkt waren. Doch immer wieder fand er auch welche, die noch inkognito lebten, wie jene, die ihm in diesem Moment ins Auge fiel und die er gleich hin zu seinem Tisch trug. Vor ein paar Monaten hatte er sie in blattlosem Zustand gegen eine blühende *Stapelia grandiflora* eingetauscht. Der Caudex war mit Sicherheit an die zwanzig Jahre alt und schon des Öfteren zurückgeschnitten worden, das konnte man deutlich sehen. Und jetzt hatte er wunderbar ausgetrieben, trug samtige, schön genervte Blätter und schien kerngesund zu sein.

Als Herr Maria die Erde befühlte, bekam er mit den Fingerspitzen ein kleines Namensschild zu fassen, das sich tief in den Boden vergraben hatte und auf dem

Phyllanthus mirabilis
Caudexhöhe: 10 cm
Topfdurchmesser: 14 cm

Phyllanthus mirabilis zu lesen war. »Wie schön«, murmelte er und bewegte vorsichtig die Zweige, die allesamt ins Wippen kamen und einen fröhlichen Eindruck machten.

Da war er also, dieser wunderliche Baum aus Thailand, von dem er schon oft gelesen hatte. An einem guten Standort konnte er acht Meter in die Höhe schießen. Deshalb wurde er in Sammlungen auch meist wie ein Bonsai gepflegt. Und er hatte eine höchst ungewöhnliche Eigenschaft, die ihn von allen anderen Bäumen, soweit er wusste, unterschied.

Herr Maria lächelte, ging wieder an die Arbeit und freute sich schon auf die Dämmerung, in der das wunderliche Phänomen, das dem Bäumchen nachgesagt wurde, zu beobachten war. Eine Zeit lang war er noch mit Gießen beschäftigt, sodass sein Hemd schon feuchte Flecken bekam. Doch dann, als es dunkler wurde, setzte er sich wieder an den Tisch, drehte sich genüsslich eine Zigarette und konnte deutlich sehen, wie die Blätter, die streng gegenständig angeordnet waren, vor seinen Augen langsam nach oben klappten und sich passgenau zusammenfalteten, sodass jedes Blattpaar optisch ein einziges Blatt ergab und es ganz so aussah, als würden viele kleine, grüne Schmetterlinge auf den Zweigen sitzen, um dort in aller Ruhe die Nacht zu verbringen.

Als er wieder unten seine immer noch feuchte Kleidung in den Wäschekorb warf, hatte er schon die nächste Geschichte im Kopf, die er morgen zu schreiben gedachte. In seinen Träumen konnte er dann beobachten, wie die Schmetterlinge auf seinem *Phyllanthus mirabilis* ihre Flügel wiederum entfalteten und die morgendliche Sonne begrüßten.

Theater spielen oder Die Angst

Meine Karriere als Schauspieler war kurz. Ich muss wohl acht oder neun Jahre alt gewesen sein, als die dicklichen Damen vom Elternverein die Idee hatten, mit uns Kindern ein Theaterstück aufzuführen. Vielleicht machte es ihnen ja Spaß, drolligen Zwergen dabei zuzusehen, wie sie über die Bühne stolperten oder sich im Vorhang verfingen, wer weiß. Jedenfalls kann ich mich noch gut erinnern, wie mich die Damen lächelnd über den Tisch zogen, meine Widerstände ignorierten und mich mit aller Freundlichkeit dazu brachten, nicht zu murren, sondern mitzuspielen. Mir war von Anfang an unwohl bei der Sache.

Gleich am nächsten Tag kam die erste Niederlage: Ich sollte eine Zahl spielen, nämlich die Zahl 5. Das war mit Abstand die schlechteste Zahl, die niemand bekommen wollte, der Schrecken aller Schüler. Meine Rolle fing damit an, zuerst einmal als 5 verkleidet zu werden. Die Verkleidung war so einfach wie genial: Man klebte mir mit Klebeband einen Zettel auf den Pullover, auf dem mit dickem schwarzem Filzstift ein fetter Fünfer geschrieben stand.

Ich war unglücklich, auch weil das Klebeband auf meinem Pullover nicht kleben blieb, und wenn, dann schief. Geprobt wurde, glaube ich, nur ein einziges Mal. Dazu bekam ich einen Zettel in die Hand gedrückt, auf dem mein Text geschrieben stand. Den durfte ich bei der Probe ablesen und musste ihn dann bis zur Aufführung auswendig lernen. Das Einzige, was ich über den Text heute noch weiß, ist seine Form, dass es ein Vierzeiler war, der sich reimte. Die Reime erschienen mir damals einfach, aber sie verschwammen mir beim Lesen vor den Augen.

Bald kam der Tag der Aufführung. Zuerst schminken, lustig natürlich, mit viel Rot im Gesicht. Dann kam der Zettel mit dem Fünfer, der schon Falten hatte, mit einem frischen Streifen Klebeband. Als ich die Bühne betrat, schwebte der Zettel zu Boden. Und so hob ich ihn auf, hielt ihn mit der Hand vor den Pullover und ging zur vorgesehenen Stelle, um meinen Reim aufzusagen. Bloß – er fiel mir nicht mehr ein. Ich schwieg. Lange, sehr lange, viel zu lange.

Alle versuchten mir einzusagen. Zuerst unser Lehrer, der die Rolle des Regisseurs übernommen hatte. Dann mein Leidenskollege, die 4, die ihren Spruch schon zum Besten gegeben hatte und sich den meinen, zu allem Überdruss, ebenso gemerkt hatte. Aber ich verstand kein Wort. Dann rief mir eine der Damen den Reim vom Publikum aus zu, in einer Lautstärke, dass es jeder hören konnte. Ich schwieg. Was hätte ich auch anderes tun sollen? Hätte ich den Text, den alle schon mehrmals gehört hatten, noch einmal sagen sollen? Das hätte die Sache nur noch schlimmer gemacht. Schweigen war in diesem Fall besser, viel besser.

ACH DU MEINE GÜTE, HERR MARIA,

das war mit Sicherheit bitter für Sie! Aber ich muss ebenso gestehen, dass Ihre Erzählung in ihrer Tragik auch unendlich komisch ist. Heute können auch Sie darüber lachen. Freilich ist die Ironie, mit der Sie schreiben, nicht jene des Kindes, sondern die des Erwachsenen. Damals war viel Leid, viel Unglück und Unwohlsein im

Spiel, auch entsetzliche Angst. Gut, dass Sie darüber hinweggekommen sind! Denn Angst und Scham sind finstere Gesellen, ein richtiges Gesindel, das man schwer wieder loswird, wenn es sich einmal eingeschlichen hat.

Anxein bedeutet im Griechischen so viel wie würgen und drosseln. Der gleiche Stamm steckt auch im Lateinischen *angor* (Würgen, Beklemmung, Angst), *anxietas* (Ängstlichkeit), *angustia* (Enge) und *angere* (die Kehle zuschnüren, das Herz beklemmen).

Die deutsche Sprache stellt diesbezüglich zwei Begriffe zur Verfügung: die frei fließende, schillernde Angst und die gegenstandsgerichtete Furcht. Damit trennen wir eine existenziell oft tief verwurzelte und unbestimmte Angst von einer konkreten Angst, die man Furcht nennt. Wenn sich etwa ein Student für eine Prüfung ungenügend vorbereitet hat, so empfindet er Furcht vor ihr, weil er einen handfesten Grund hat sich zu fürchten. Hat er sich hingegen hinreichend vorbereitet, ist nie durchgefallen und noch dazu talentiert, dann hat er, wenn es ihm beim Betreten des Hörsaals die Kehle zuschnürt, zweifellos Angst und in den seltensten Fällen ist ihm bewusst, woher diese Angst eigentlich stammt.

Es sieht ganz so aus, als beruhte unsere Angst auf einem Instinkt, der nach der passenden Betätigung sucht. Wer Katzen hält, weiß, dass sie angstauslösende Situationen gerne selbst herbeiführen und in Flucht- und Verfolgungsspielen ausleben. Beim Menschen, der seine Instinkte weitgehend verloren hat, ist die Prädisposition zur Angst viel weniger spezifisch als beim Tier. Deshalb kommt ihm auch die Freiheit zu, auf ganz unspezifische Weise ängstlich zu sein oder eine abstrakte, ganz allgemeine Existenzangst zu erleben, für die man bei Tieren keinerlei Anzeichen findet.

Das Phänomen der »Weltangst«, für die es in der Antike keinen Nachweis gibt, tritt mit dem Christentum zutage. Ausgehend von »In der Welt habt ihr Angst, aber seid getrost, ich habe die Welt überwunden« (Johannesevangelium, 16, 33) beginnt im Mittelalter eine umfangreiche Diskussion, die jenes Gefühl zu begreifen versucht. So hält Jakob Böhme, der christliche Mystiker, die Angst für ein Gift, aber zugleich für das Leben selbst, weil niemand gänzlich ohne Angst sein kann. Je tiefer die Angst erfahren wird, desto größer wird aber auch die Kraft, mit der sie zu überwinden ist. Der Mensch muss durch die Angst hindurch. Demnach ist Angst zugleich auch Sehnsucht nach Freiheit.

Dieser Gedanke zieht sich bis zur Existenzphilosophie Søren Kierkegaards, bei dem die Dialektik zwischen Angst und Freiheit im Zentrum steht: »Man kann die Angst mit einem Schwindel vergleichen. Wer in eine gähnende Tiefe hinunterschauen muss, dem wird schwindlig. Doch was ist die Ursache dafür? Es ist in gleicher Weise sein Auge wie der Abgrund, denn was wäre, wenn er nicht hinuntergestarrt hätte? Demgemäß ist die Angst jener Schwindel, der aufkommt, wenn die Freiheit nun hinunter in ihre eigene Möglichkeit schaut. (…) In diesem Schwindel sinkt die Freiheit nieder.« (Der Begriff Angst, 2, § 2)

Angst ist in allen Dingen ein denkbar schlechter Berater. Und sie ist auch keine philosophische Kategorie. Viel eher ist sie eine religiöse, aber mehr noch eine psychologische, gelten doch Angststörungen als die am stärksten wachsenden psychischen Erkrankungen unserer

Zeit. Interessant ist aber trotzdem, dass es ein Philosoph gewesen ist, der diesem Begriff 1844 die erste Monografie gewidmet hat.

Seine Ängste hatte Herr Maria nach und nach verloren, spätestens dann, als er erleben konnte, wie seine Arbeit Früchte trug und man ihn zu schätzen begann für das, was er war und was er konnte. In jungen Jahren hatte er sich oft gehemmt gefühlt in vielem, was das Leben an Anforderungen an ihn stellte, so etwa beim Sprechen in der Öffentlichkeit oder im Umgang mit Frauen. Da war es oft schwierig gewesen, die richtige Gelegenheit zu finden, weil ihm der Weg zur Unmittelbarkeit versperrt blieb, weil er viel zu viel darüber nachdachte, was zu tun war, als dass er einfach getan hätte, was getan werden musste. Und danach hatte er sich stets geärgert über sich selbst und obendrein geschämt. Aber das war vorbei. Darüber war er hinweg. Vergessen konnte er seine Angst jedoch nie.

Deutlich vernahm er jetzt einen leisen Knall, ein Geräusch, das ihm wohlvertraut war und ein Lächeln auf seine Lippen warf. Das konnte nur die »Spuckpalme« gewesen sein, seine *Euphorbia leuconeura*, die gerade einen ihrer Samen verschossen hatte. Normalerweise waren seine Pflanzen ja überaus schweigsam, sie kratzten manchmal, aber sie bellten nicht. Doch diese hier war eine der Ausnahmen. Freilich war es keine Palme im eigentlichen Sinn, sondern eine Euphorbia, die giftig und mit dem allseits bekannten Weihnachtsstern verwandt war. Sie hatte einen eindrucksvollen Stamm, der korkige Narben und an den Kanten harte Bürsten trug und der stolz einen kräftigen Schopf Blätter in die Höhe warf, groß und rötlich genervt, sodass sie durchaus an eine Palme erinnern konnte.

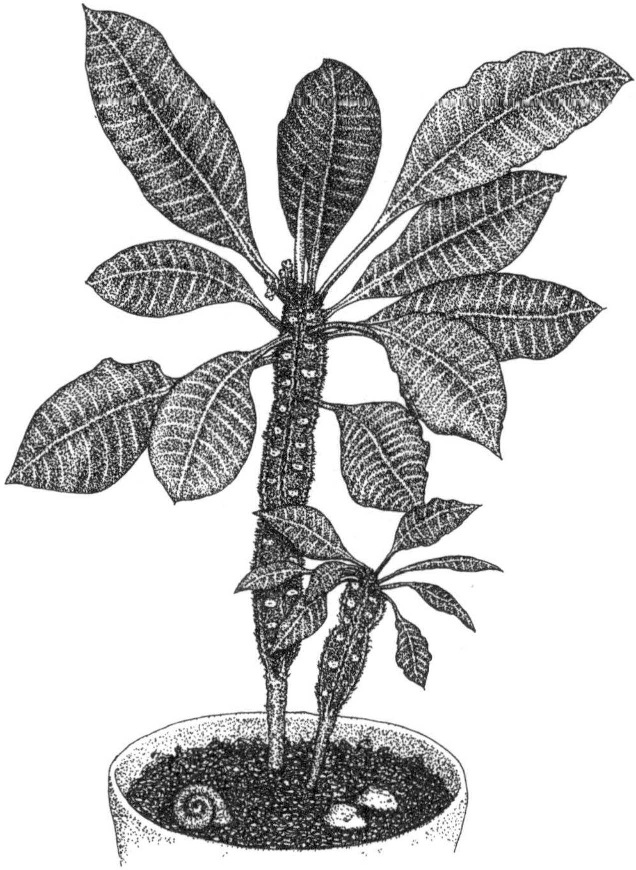

Euphorbia leuconeura
Topfdurchmesser: 12 cm
Höhe des Stammes: 22 cm

Als Herr Maria das gute Stück an sich nahm und etwas grob auf den Tisch stellte, schoss ihm gleich noch eins der Körnchen um die Ohren, weshalb er sich instinktiv duckte. *Euphorbia leuconeura* ist autofertil. Die Blüten müssen also nicht bestäubt werden, um fruchtbar zu sein. Alle Samen sind keimfähig und können überall dort, wo sie auf nahrhaften Boden treffen, neues Leben entwickeln. Wenn er einen der Sämlinge in einem der vielen Tontöpfe entdeckte – sechs Meter war die größte Entfernung von der Mutterpflanze, die er jemals gemessen hatte –, dann grub er ihn vorsichtig aus, um nur ja keine Wurzeln zu verletzen, und verpflanzte ihn in nahrhafte Erde. So hatte er stets kleine Geschenke zur Hand oder etwas zum Tauschen, falls sich die Gelegenheit dazu bot. Mit dem Nachwuchs gab es jedenfalls nie ein Problem.

Probleme gab es bloß mit den Wollläusen, die er leider auch an diesem Exemplar entdeckte, oben am Neutrieb und bei den klebrigen kleinen Blüten, wo es schön saftig war. Dort saßen sie und saugten vor sich hin, so lange, bis die vom Unglück Befallenen jegliche Lebenskraft verloren und schließlich eingingen, wenn man nicht rechtzeitig etwas dagegen unternahm.

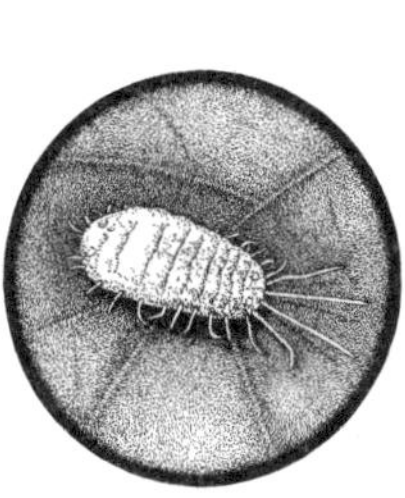

Pseudococcus longispinus
Größe des Tieres: 1–2 mm

Wie oft hatte *Pseudococcus longispinus* seiner Sammlung schon ernsthaften Schaden zugefügt, sodass er wertvolle Exemplare verlor! Was hatte er schon alles versucht, um diese Biester loszuwerden! Zuerst experimentierte er mit öligen Emulsionen, die er versprühte, um ihre Atemwege zu verkleben, was die Pflanzen auf Dauer aber nicht vertrugen, den Läusen hingegen kaum etwas anhaben konnte. Denn diese legten ihre Jungen, die sie zu Tausenden gebaren, bis zu acht Generationen pro Saison, in dichte, wollige Nester, die sie geschickt wie Spinnen aus dünnsten Fäden webten, um ihre Brut vor allem Unheil zu beschützen. Die Nester waren recht groß. Doch sie befanden sich – Herr Maria hatte oft den Eindruck, dass diese Tiere intelligent, ja sogar schlau waren – stets an der den Blicken abgewandten Seite. So musste man jede Pflanze auch von hinten betrachten, was wegen der Größe der Sammlung oft nicht möglich war. Manchmal zogen sie sich auch in die Erde zurück und nagten an den Wurzeln, was ihm besonders bösartig erschien.

Später nahm er Spiritus, den er mit reichlich Salz vermischte und mit dem Pinsel auftrug, was seine Pflanzen zwar meist vertrugen, den Läusen aber ebenso egal war, weil sie sich unglaublich gut verstecken konnten. Dann versuchte er es in aller Freundlichkeit mit Nützlingen, besorgte sich Tütchen mit Eiern von Florfliegen, die nach dem Schlüpfen monatelang in seinem Haus herumschwirrten und denen vor den Wollläusen wahrscheinlich ebenso graute wie ihm selbst. Zumindest konnte er keine deutliche Verbesserung feststellen.

Als er einem freundlichen Gärtner einmal gestand, dass er eine alte und gut gewachsene *Edithcolea grandis* in den Mistkübel hatte werfen müssen, einmal sogar einen recht großen *Pseudolithos migiurtinus*, was ihm damals die Tränen in die Augen trieb, da hatte der Mann Erbarmen mit ihm und verriet ihm ein Geheimnis, mit dem er die Plage rasch in den Griff bekam.

Endgültig losbekommen hatte er *Pseudococcus longispinus* nie. Dazu war die Laus viel zu gerissen. Sie hatte resistente Stämme entwickelt und lebte in kleinen Populationen im Verborgenen weiter wie eh und je. Bloß dass sie keinen nennenswerten Schaden mehr anrichten konnte. Manchmal, wenn Herr Maria einen dieser zartbesaiteten Tage hatte, an denen ihn alles bis ans Herz anrührte, empfand er sogar Mitleid mit ihr. Denn wenn er die Lupe zur Hand nahm und sie näher betrachtete, dann sah er ein kleines, unschuldiges Ding, das eine schweinchenrosa Haut hatte und in ganz entzückender Weise mit weißem Fell überzogen war, noch dazu drollig und recht possierlich aussah, sodass er allen Zorn vergaß und es einfach nur mehr liebhaben konnte.

Fußwaschung oder Die Gemeinschaft

Ich kann mich noch gut erinnern, als einmal frühmorgens – es muss wohl in der zweiten Klasse des Gymnasiums gewesen sein – unser Direktor inmitten der Schulstunde hereinkam und hastig eine Einladung aussprach, die mir damals völlig rätselhaft erschien, mich aber neugierig machte. Wer wolle, meinte er, könne jetzt mitkommen und in der Kapelle der Fußwaschung beiwohnen. Einen weiteren Kommentar gab es nicht. Dementsprechend war auch die Begeisterung, infolgedessen nur sehr wenige seinem Aufruf folgten.

Draußen auf dem Gang spornte er uns zu größter Eile an und nahm die Abkürzung durch die Klausur, einen Bereich, der uns Schülern normalerweise verboten war. Mir schlug das Herz bis zum Hals, weil mich diese große, doppelflügelige Schwenktür, die nur für Mönche bestimmt war, schon lange faszinierte. An Nachmittagen, wenn es im Schulhaus stiller wurde, hatte ich sie schon mehrmals einen Spalt breit geöffnet. Meist war bloß ein leerer Gang zu sehen, von dem viele kleine Türen abgingen. Einmal jedoch konnte ich zwei Patres dabei beobachten, wie sie mit gefalteten Händen und gemessenen Schritts auf und ab gingen. Als mich einer von ihnen entdeckte, lächelte er mir freundlich zu und ging unbeirrt weiter. Das hatte mich sehr beeindruckt.

Als wir in der Kapelle eintrafen, wurden wir mit eindeutigen Gesten zum Schweigen angehalten und sofort auf unsere Plätze verwiesen. Diese befanden sich ganz hinten in einer der letzten Reihen. Da es sehr dunkel war, konnte man anfangs kaum etwas erkennen. Doch dann wurden vorne am Altar die Kerzen entzündet, immer mehr und mehr, und es tat sich eine Szene auf, die mich gleich in ihren Bann zog. In meiner heutigen Erinnerung sah alles wie in einem Gemälde von Rembrandt aus.

Über die gesamte Breite des Altars stand eine lückenlose Reihe an Stühlen, die alle leer waren. Auf einen Glockenton hin traten durch eine Tür rechts vorne die Mönche ein, so viele, wie ich noch nie gesehen hatte. Sie waren allesamt barfuß und trugen einen weißen Umhang. Als sie gemeinsam gesungen und sich hingesetzt hatten, kam durch eben diese Tür ein alter, ebenfalls weiß gekleideter Mann, der einen Schwamm und ein kleines Waschbecken bei sich trug. Nachdem er den anderen etwas mitgeteilt hatte, das mir unverständlich blieb, kniete er nieder und begann jedem der Reihe nach die Füße zu waschen, was wegen seines hohen Alters eine lange Zeit in Anspruch nahm.

Der alte Mann, von dem ich später hörte, dass es der Abt gewesen war, hatte einen Helfer bei sich, der ihm das Wasser zutrug und ihn stützte, wenn er beim Aufstehen und Niederknien ins Wanken kam. Auch andere wollten ihm helfen, als er immer wieder hinzufallen drohte. Doch er winkte ab und hielt durch, bis zum letzten seiner Brüder, was überaus berührend war.

Nie habe ich diese Szene an diesem frühen Vormittag vergessen. Sie hat mir ein Leben lang zu denken gegeben.

SEHR GEEHRTER HERR MARIA,
vielen Dank für diesen stimmungsvollen Eindruck! Das muss wohl ein Gründonnerstag gewesen sein. An diesem Tag, so die Legende, hat Jesus als Zeichen der Demut seinen Jüngern die Füße gewaschen, worüber alle sehr erstaunt waren, besonders Petrus, der später sein Nachfolger wurde, der erste Papst. Ihm war es besonders peinlich. Warum sollte Jesus so etwas tun? Petrus verstand es nicht, so wie auch Sie, Herr Maria, den Vorgang damals nicht verstehen konnten. Gegen Ende des Abendmahls hat Jesus aber dann allen erklärt, was er mit dieser Geste symbolisieren wollte: »Ein neues Gebot gebe ich euch: Liebt einander! Wie ich euch geliebt habe, so sollt auch ihr einander lieben.« (Johannesevangelium, 13, 34)

Ein Kind, das vom mönchischen Leben ohnehin fasziniert ist, wird ohne Vorbereitung mit einem der stärksten Rituale zum Thema Gemeinschaft konfrontiert, noch dazu in einem alten Gemäuer, bei Dunkelheit und Kerzenlicht. Zusätzlich ist alles hochdramatisch, weil der alte Abt am Ende seiner Kräfte ist. Aber er kämpft und siegt in seinem Dienst, den er seinen Brüdern in der Nachfolge Jesu meint schuldig zu sein. Besser könnte man es kaum inszenieren. Ich verstehe gut, dass Ihr Pater Direktor die Schüler damals so zur Eile angetrieben und in die noch finstere Kapelle gesetzt hat. Alles beginnt ja mit dem Licht, das die Botschaft bringt.

Die Botschaft ist die christliche Antwort auf die Frage, wie eine Gemeinde, eine Gemeinschaft leben soll. Auch im Rahmen der Philosophie wurde diese Frage von Anfang an gestellt. Es ist wie immer Sokrates, der eine erste Antwort gibt: »Die weisen Männer behaupten, dass Himmel und Erde, Götter und Menschen durch die Gemeinschaft und die Freundschaft, durch Ordnung, Besonnenheit und Gerechtigkeit zusammengehalten werden.« (Platon, Gorgias 507c) Bemerkenswert ist, dass die Liebe – hier in Form der *philia*, der freundschaftlichen Liebe – bereits Jahrhunderte vor Christus als notwendiges Element jeder Gemeinschaft angesehen wird, weshalb es auch nicht verwundert, dass Sokrates später von vielen gelehrten Christen als einer der Ihren betrachtet wurde.

Was eine Gemeinschaft zusammenhält, freundlich und lebenswert macht, ist eine der Grundfragen der Philosophie. Wer ein gutes Leben haben will, braucht die Gemeinschaft mit seinesgleichen, denn wer sie nie hatte wie jene wilden Kinder, die von Wölfen großgezogen wurden, trägt später kaum mehr menschliche Züge.

Der Mensch, so Aristoteles in einer berühmt gewordenen Definition, ist ein *Zoon politikon*, ein Lebewesen, das den in Herden lebenden Tieren zuzurechnen sei. Von diesen unterscheide er sich jedoch – gemeinsam mit Bienen, Wespen, Ameisen und Kranichen – dadurch, dass er im Zusammenleben auch gemeinschaftliche Leistungen vollbringt, was bereits als »politisch« gewertet werden könne. (Tierkunde, I, 1 f.) Darüber hinaus beschränke sich speziell der Mensch aber nicht bloß auf das schlichte Leben, sondern strebe vielmehr ein gutes Leben an, das glücklich und gelungen sei. Zu diesem Zweck hätten sich einzelne Sippen vorerst zu Dörfern und schließlich zu einer *polis* zusammengeschlossen, worunter man eine autarke Gemeinschaft verstand, etwa eine Stadt mit den umliegenden Dörfern. Außerhalb der *polis* ist der Mensch bloß ein »wildes Tier« und »gierig nach Krieg«. (Politik, I, 1252b)

Zu Beginn des Hellenismus, als die athenische Demokratie nur mehr Raubbau an den Bürgern war und schließlich abgeschafft wurde, kam Aristoteles zu dem Schluss, dass ein starker Mittelstand sowie eine Mischverfassung aus Demokratie und Aristokratie für alle wohl am besten gewesen wäre. Denn dabei dürfte es möglich sein, so schreibt er, dass beide, »sowohl die Angesehenen wie die Menge, erhalten, was sie wünschen. Es ist ja eine demokratische Forderung, dass alle das Recht zum Bekleiden der Ämter haben, während es aristokratisch ist, dass die Angesehenen die Ämter innehaben. Beides wird dann erreicht, wenn man keinen Gewinn aus der Bekleidung von Ämtern zieht. Denn die Armen werden dann nicht den Wunsch haben, ein Amt zu bekleiden, da sie ja nichts dabei gewinnen können, sondern sie werden es vorziehen, sich ihren eigenen Angelegenheiten zu widmen. Die Begüterten werden dagegen in der Lage sein, Ämter zu bekleiden, da sie nicht auf öffentliche Gelder angewiesen sind. Und so wird es dazu kommen, dass die Armen reich werden, da sie sich ganz um ihre Arbeit kümmern können, und die Angesehenen nicht von dem ersten Besten beherrscht werden.« (Politik, V, 1309a)

Die Frage, was eine Gemeinschaft dauerhaft verbindet, wurde auch in der römischen Republik gestellt. Die Antwort war die Entwicklung eines ausgefeilten Rechtswesens, welches das Leben bis ins Detail regelte und von dem alle Bürger profitierten. Zusätzlich bot die Philosophie der Stoa eine dem späteren Christentum recht ähnliche Sicht, die Cicero wie folgt referiert: Da die Menschen von den Göttern geschaffen wurden, um einander nützlich zu sein, »sind wir verpflichtet, das Gemeinwohl *(bonum commune)* in den Mittelpunkt zu stellen, durch unsere Fertigkeiten, unsere Mühen und unsere Talente das einigende Band zu knüpfen, das Menschen miteinander verbindet«. (Über die Pflichten, I, 7, 22)

Das christliche Ideal der Gemeinschaft, das Jesus seinen Jüngern am Vorabend seiner Hinrichtung eindrucksvoll demonstriert hat und das Sie, Herr Maria, in jungen Jahren im Zuge der Fußwaschung miterleben durften, hat die Welt in der Tat verändert. Es waren aber immer auch die menschlichen »Fertigkeiten, Mühen und Talente«, die dieses »einigende Band« knüpften und so das *bonum commune* via Arbeitsteilung herstellen konnten. Die politische Theorie des 18. und 19. Jahrhunderts will ich jetzt nicht erwähnen. Vieles davon hat direkt in den Massenmord geführt, besonders dann im 20. Jahrhundert, dem blutigsten und grausamsten von allen. Fest steht jedenfalls, dass wir heute in einer Welt leben, in der das Gemeinwohl – zumindest was die Vergabe öffentlicher Gelder betrifft – ein historisches Höchstmaß erreicht hat, wobei fraglich bleibt, ob dies tatsächlich zum Wohle der Gemeinschaft ist. Das wird die Zukunft zeigen.

Wenn wir heute darüber philosophieren, wie eine Gemeinschaft sein soll, so ist meist von »Gesellschaft« die Rede, die nach dem deutschen Soziologen Ferdinand Tönnies jedoch etwas grundlegend anderes ist. »Gemeinschaft«, so Tönnies, heißt das »dauernde und echte Zusammenleben«, während »Gesellschaft« ein »vorübergehendes und scheinbares« bezeichnet. Gemeinschaft ist alt, »Gesellschaft ist neu, als Sache und Namen«. (Gemeinschaft und Gesellschaft, Einleitung)

Darauf aufbauend unterscheidet der Wiener Philosoph Friedrich August Hayek noch zwischen Werten und Zielen. »Werte« seien das, was das menschliche Handeln lebenslang leitet und kultureller Überlieferung entstammt, wohingegen »Ziele« das menschliche Handeln nur für gewisse Augenblicke bestimmen. Eine offene und freie Gesellschaft beruhe darauf, dass ihre Mitglieder gemeinsame Werte haben, wohingegen die Möglichkeit der Freiheit schwinde, »wenn wir darauf bestehen, dass es einen einheitlichen Willen zur Erteilung der Befehle geben müsste, welche die Mitglieder auf bestimmte Ziele hin lenken«. (Freiburger Studien)

Wenn wir jetzt zurück zu unseren Mönchen kommen, von denen man heute mehrheitlich meint, sie würden in Unfreiheit leben, so darf man nicht vergessen, dass sie ihr Leben in der Ordensgemeinschaft frei wählten. Die persönliche Freiheit, die sie dafür aufgeben mussten, war einem Leben geschuldet, das ihnen schlichtweg als das bessere erschien. Die Werte, denen sie sich unterordneten, waren über Jahrtausende hin erprobt worden, sodass sie ein »dauerndes und echtes Zusammenleben« möglich machen konnten. Und wenn einer gehen wollte, so stand ihm das ja frei.

Wir anderen, die da draußen in freier Wildbahn leben, werden hingegen mit wechselnden gesellschaftlichen Zielen konfrontiert, die vielfach nur »vorübergehend und scheinbar« sind und die wir uns keineswegs ausgesucht haben, außer man gibt dem Wahlzettel, den man ab und an in eine Urne werfen darf, eine höhere Bedeutung als bloß eine statistische. Im Unterschied zu einer Mönchsgemeinschaft ist es auch nicht mehr möglich, die Gesellschaft zu verlassen, da sie auch jenseits der Staatsgrenzen nahezu unverändert fortbesteht. So gesehen hatten die Mönche, die Sie damals beobachten konnten, mehr Freiheit als heute jeder Einzelne von uns.

Diese Freiheit der Mönche hatte Herr Maria einst gesucht, aber aus völlig falschen Motiven. In seinen frühen Zwanzigern hatte ihn seine Gefährtin verlassen, worauf er für Monate in Depressionen verfallen war. Damals hatte er sich Broschüren von Ordensgemeinschaften besorgt und sich mit dem Gedanken getragen einer von ihnen beizutreten. Er hatte sogar ein Gespräch geführt mit einem alten und weise gewordenen Pater, dem er sein Anliegen vortrug. Doch dieser hatte ihn gleich durchschaut und wieder heimgeschickt, nicht ohne ihn getröstet und ihm von Herzen alles Gute gewünscht zu haben. Schließlich hatte ihm eine Nachbarin mit einem klugen Satz auf die Sprünge geholfen. Andere Mütter hätten auch schöne Töchter, meinte sie, und er solle doch aufhören dieser leidigen Sache nachzuhängen.

Jahre später lernte er seine zukünftige Frau kennen. Von Anfang an hatte er diese Liebe behütet, weil sie ihm unendlich kostbar erschien. Die Jahre vergingen wie im Flug und Langeweile gab es nie. Aber dann, als sich diese Liebes- und Lebensgemeinschaft über Jahre hinweg bewiesen hatte, als sie innig und ehrlich wurde in einem Grad, den er nie für möglich gehalten hätte, sodass ihn der Gedanke mit seiner Frau alt zu werden fröhlich und zufrieden machte, verunglückte sie eines Nachts und alles hatte ein jähes Ende. Das wollte er niemals akzeptieren. Stattdessen stürzte er sich in die Arbeit. Das half ihm seinen Schmerz zu vergessen und brachte ihm Wohlstand ein.

Die Gemeinschaft mit seinen Mitarbeitern – Softwareentwicklung war damals Männersache – war eine Arbeits- und Erwerbsgemeinschaft gewesen, die er stets sachlich betrachtet hatte, korrekt und ohne Sentimentalität. Zweifellos hatte er Glück gehabt. Es war eine Zeit, in der es in seinem Bereich noch wenig Konkurrenz gab. Und er hatte ein Geschick dafür gehabt, potenzielle Kunden anzusprechen und saftige Aufträge an Land zu ziehen. So konnte er, als er sich Mitarbeiter leisten konnte, auch gute Löhne bezahlen.

Später, als er älter wurde, begann er sich zu langweilen, hatte öfters krisenhafte Episoden, in denen er von der digitalen Bildfläche verschwinden und einfach abtauchen wollte in eine andere, bessere Welt. Sein Traum, »irgendetwas mit Computern« zu machen, hatte sich längst erfüllt, sodass auch sein Ehrgeiz verschwunden war. Den hatte er an Jüngere delegiert. Darüber hinaus war er sich erstmals der Gefahren bewusst geworden, die mit der Digitalisierung einhergingen. Die Zukunft sah er lange nicht mehr so rosig wie noch vor zwanzig Jahren. Und so nahm er, um nicht trübsinnig zu werden, manchmal ein Taxi, ließ sich zum Flughafen führen und blieb eine Woche lang fort.

Die andere Welt, die Herr Maria suchte, fand er vorerst in London, Zürich, Heidelberg, Kapstadt, Kiel, Hamburg und Wien. Die Städte selbst interessierten ihn nur am Rande. Es waren die botanischen Gärten, auf die er es abgesehen hatte. Dort nistete er sich ein, machte tägliche Rundgänge und kam aus dem Staunen nicht heraus. Warum er diese Sehnsucht verspürte, konnte er nicht sagen. Aber er gab ihr nach und folgte ihr um die Welt. Nach und nach wurde ihm klar, dass es eigentlich Pilgerfahrten waren, die er unternahm, und dass seine Frömmigkeit nicht mehr der Rechenmaschine, sondern nun der Göttin Flora galt, er also »Heide« geworden war.

In den ehrwürdigen Glashäusern gab es Schönheit, die er nie für möglich gehalten hatte, Wunder, die ihn so tief berührten, dass er den schönsten Algorithmus darüber vergaß. An dieser Vielfalt an Erscheinungsformen konnten sich seine vom Bildschirm geplagten Augen endlich sattsehen, sodass er sie abends zufrieden zumachen und auch besser schlafen konnte. Als er irgendwann einmal alle maßgeblichen Sammlungen von Kew bis Kirstenbosch besucht hatte, seine Lieblingspflanzen beim Vornamen kannte und auch mit so manchen Gärtnern dort ins Gespräch gekommen war, hatte er zum ersten Mal das Gefühl, unter seinesgleichen zu sein. In diesem Umfeld konnte er Gemeinschaft erst eigentlich erleben. Am Ende war sie alles, was ihm noch geblieben war, nachdem er seine Unternehmungen verkauft hatte. Doch das war mehr, als er sich wünschen konnte.

Unter den Lebensmitteln, die ihm der junge Student frühmorgens vor die Tür gestellt hatte, befanden sich auch zwei Süßkartoffeln, *Ipomoea batatas*, von denen er anfangs meinte, sie würden eine schmackhafte Suppe ergeben. Doch dann, als er schon das Messer angesetzt hatte, taten sie ihm leid, weitaus mehr als das köstliche Huhn, das er unlängst verkocht hatte. Überhaupt aß er, seit seine botanischen Eskapaden ihren Lauf genommen hatten, weitaus mehr Fleisch als früher, nicht weil es ihm sonderlich schmeckte, sondern weil er ein fanatischer Pflanzenliebhaber geworden war.

Die weltweite Jahresernte an Süßkartoffeln, das wusste er, betrug rund 100 Millionen Tonnen. Wie vielen dieser Lebewesen wurde in eben diesem Moment die Haut abgeschält! Wie viele wurden brutal zerschnitten, gekocht oder gar in siedendes Öl geworfen! Dabei konnte jedes Exemplar, wenn man ihm nur ein wenig Erde, Sonne und Wasser gab, meterlange Ranken treiben, mit herzförmigen Blättern und kelchförmigen rosa Blüten.

Nachdem sich Herr Maria ein großes Stück Speck abgeschnitten hatte, nahm er seine Kartoffeln, steckte sie in die Hosentasche und ging hinauf unters Dach zu seiner Sammlung. Dort war alles in gleißendes Sonnenlicht getaucht. Für seine Pflanzen war das gerade recht. Ohne diese Energie konnten sie nicht überleben. Trotzdem musste er gerade im Sommer auf der Hut sein und manchmal auch schattieren. Stauhitze in einem Glashaus konnte gefährlich werden. Temperaturen über 45 Grad vertrugen selbst Wüstenpflanzen nicht.

Seine afrikanischen Sukkulenten, besonders jene aus den heißesten Gegenden, hatte er auf zwei eigenen Tischen untergebracht, die völlig frei und ohne Schatten standen. In der Natur waren diese botanischen Juwelen, die zur Gruppe der Aizoaceae zählten, nur schwer zu finden. Über die Jahrtausende hinweg hatten sie sich perfekt an das sie umgebende Gestein angepasst. Auch waren sie meist in den Boden versenkt oder steckten in Spalten, um der sengenden Sonne zu entgehen. Einige von ihnen hatten sogar starke Alkaloide entwickelt, um die Ziegen abzuhalten. Das war den Ziegen aber herzlich egal, wie er sich mehrmals vor Ort überzeugen konnte. Für sie waren es saftige Leckerbissen, von denen sie nicht lassen wollten, auch wenn sie dann Schaum vor dem Mund hatten, etwas schief standen und entsetzlich schielten.

Sein viel geliebtes *Conophytum bilobum* aus dem nördlichen, in Südafrika gelegenen Namaqualand stand in voller Blüte. Die Blütenblätter strahlten in hellem Gelb, die Staubgefäße in gedecktem Rot, was reizvoll wirkte und ihn mit Genugtuung erfüllte. Vorsichtig betastete er die kleinen blaugrünen Körperchen, die spiegelglatt und prall in der Sonne lagen.

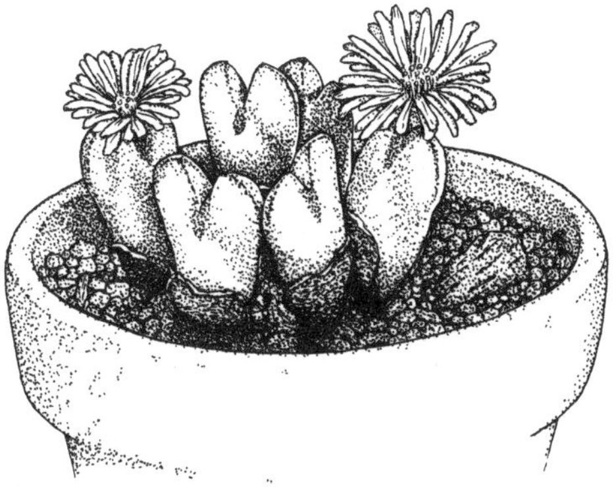

Conophytum bilobum
Pflanzenhöhe: 3 cm

Hereroa teretifolia
Pflanzenhöhe: 13 cm

Hereroa teretifolia, die aus dem Tanqua-Karoo-Nationalpark stammte, einer Region, in der es nur im Winter regnete, befand sich gerade in Ruhezeit. Deshalb hatte er sie auch etwas schattiger gestellt, damit sie in der Sonne nicht vertrocknete. Gießen durfte er sie jetzt keinesfalls. Im letzten Winter hatte sie zum ersten Mal geblüht, in Weiß und nur eine Nacht. Damals war er aufgeblieben und hatte gewartet, weil er gelesen hatte, dass die Blüten besonders gut duften sollten. Das war in der Tat der Fall und ein unvergessliches Erlebnis gewesen. Am nächsten Tag hatte er dann Schnupfen, weil er die halbe Nacht lang bei zwölf Grad am Dachboden ausgeharrt hatte.

Auch *Glottiphyllum depressum* stand in voller Blüte. Als »Winterwachser« hätte es sich eigentlich ebenfalls in Ruhezeit befinden müssen. Vielleicht hatte Herr Maria es zu viel gedüngt. Die Blüte war jedenfalls riesig, samtig und sonnengelb, wie die des Gewöhnlichen Löwenzahns, den er als Kind schon gemocht hatte. Die Pflanze zeigte hellgrüne, fleischige Blätter, die an den Spitzen gedreht und hakenförmig aufgebogen waren. An ihrem Naturstandort, dem Western Cape, wie die Kleine Karoo in Südafrika auch genannt wird, bildet sie dekorative Samenkapseln aus, die einen feuchtigkeitsgesteuerten Öffnungs- und Schließmechanismus haben. Auf seinem Dachboden gab es diese Kapseln leider nur selten zu sehen.

Glottiphyllum depressum
Topfdurchmesser: 10 cm

Ein ganz spezieller Fall war *Lapidaria margaretae.* Sie gehörte einer monotypischen Gattung an, von der es nur eine einzige Art gab. Geblüht hatte sie leider noch nie, obwohl sie sich schon lange in seiner Sammlung befand und stets gesund aussah. Zu finden war sie auf Quarzkieselhügeln in der südafrikanischen Nama-Karoo, zwischen Pofadder und Springbok. Aber auch in der Knersvlakte, einer mit kleinen Steinen übersäten Halbwüste, wurden Populationen gesichtet. Jungpflanzen leuchten stahlblau mit einer leichten Beimengung von Grün, die älteren gelb oder rot, je nach Witterung und Mineralgehalt des Bodens.

Lapidaria margaretae
Pflanzenhöhe: 4 cm

Besondere Freude hatte Herr Maria mit *Pleiospilos nelii*, ein von der Evolution geformter glatter, lebender Stein, der die Farbe von Granit hat und recht groß werden kann. Er stammt aus der südöstlichen Nama-Karoo, wo er zwischen scharfkantigen Stücken von Beaufort-Schiefern nur äußerst schwer zu finden ist

Pleiospilos nelii
Pflanzenhöhe: 5 cm

und die Ziegen sich die Mäuler blutig wetzen müssen, wollen sie ihn erreichen. Von den einheimischen Volksgruppen wird *Pleiospilos nelii* gerne als Rauschdroge benutzt. Das Beste aber war – Herr Maria konnte es bereits deutlich sehen –, dass dieses wunderliche Wesen eine Knospe getrieben hatte, die er in den nächsten Tagen als Blüte zu Gesicht bekommen würde.

Leichenreden oder Der Humor

Ich muss wohl zehn Jahre alt gewesen sein, als mein Großvater starb. Schon zu Lebzeiten war er eine Legende gewesen. Er hatte nicht nur zwei Weltkriege überlebt, sondern war auch ein hervorragender Restaurator, Vergolder und Schriftenmaler gewesen, und ein großer Spitzbub obendrein. Zu seinem Begräbnis waren so viele Leute gekommen, dass sie über den Friedhof verteilt in großen Gruppen zusammenstanden und lebhaft miteinander plauderten.

In einer dieser Runden, in der auch ich mich befand, wurde viel gelacht, weil der beste Freund meines Großvaters Geschichten aus dessen Jugend erzählte. Wie in einem Film mit Jacques Tati oder Louis de Funès scheint das damals gewesen zu sein, so um 1910. Da gab es einen dienstbeflissenen, unbeholfenen und doch recht gutmütigen Gendarmen, der meist mit seinem Fahrrad unterwegs war, aber auch etliche schlimme Buben, die ihn ständig ärgerten.

Einer dieser Buben war mein Großvater, der schnellste Läufer in der Schule. Alles hatte damit begonnen, dass sie dem Gendarmen die Luft aus den Reifen ließen, einmal vorne, ein andermal hinten und dann von einem sicheren Ort aus zusahen, wie er beim Aufpumpen fluchte und schwitzte. Ein Bravourstück war es, als mein Großvater sich in einer Kirschbaumkrone versteckte und es ihm gelang, dem armen Mann in voller Fahrt mit einem Drahthaken die Kappe vom Kopf zu fischen. Sie hing dann oben in den Ästen, und die Kinder sahen kichernd zu, wie er die große Holzleiter heranschleppen musste, um sie wieder herunterzuholen.

Nahezu genial war die Idee, dem Gendarmen einen Ölmützer Quargel unter seinen Schreibtisch zu nageln. Als der bemerkenswerte Geruch immer mehr und mehr zunahm, musste der Kammerjäger geholt werden, und es dauerte angeblich Tage, bis die Quelle des Übels entdeckt war. Bei all diesen Streichen hatte der Gendarm auch meinen Großvater im Visier, konnte ihn aber nie dingfest machen. Der lief nämlich so schnell wie ein Feldhase und war bald da, bald dort hinter offenen Kellertüren oder in Erdlöchern verschwunden.

Ein andermal ging die Jagd Richtung Bach. Der Gendarm war ihm so dicht gefolgt, dass sich mein Großvater nur mit einem Sprung ins Wasser retten konnte. Dann tauchte er durch bis zu den Weiden, deren Blätter in dichten Büscheln ins Wasser hingen. Dort hielt er sich versteckt. So konnte er sehen, wie der Gendarm aufgeregt nach ihm rief, mit einer Stange im Bach herumstocherte und verzweifelte Selbstgespräche führte, weil er ihn für ertrunken hielt.

Schluchzend und voller Schuldgefühle ging schließlich der arme Mann zu meinem Urgroßvater, der die Geschichte nicht glauben konnte, weil sein Sohn ja ohnehin bereits daheim war. Doch als er sah, wie diesem immer noch das Bachwasser aus der Hose troff, verabreichte er ihm vor den Augen des Gendarmen eine fürchterliche Tracht Prügel. Dieser war erleichtert, dass der Bub noch am Leben war. Als er ihn jedoch so jämmerlich schreien hörte, bat er immer noch weinend meinen Urgroßvater um Schonung.

Als nun sein Begräbnis endlich begann und der Pfarrer in seiner Predigt den großen Christus am Kreuz erwähnte, unter dem er selbst in diesem Augenblick stand und den mein Großvater mit Blattgold so schön überzogen hatte, begannen viele Menschen zu weinen, ich ebenso. Doch als nach ihm ein alter Mann auf die Stufen stieg, um die Leichenrede zu halten, begann sich die Stimmung zu ändern. Ich kann mich noch gut erinnern, wie ein Lachen durch die Reihen ging, das gar nicht verebben wollte, dass selbst meine Mutter davon erfasst wurde.

Der Grund blieb mir damals verborgen, denn es gab nichts Lustiges, das ich seiner Rede hätte entnehmen können. Später wurde mir berichtet, dass mein Großvater die Angewohnheit gehabt hatte, in launigen Momenten bei größeren Geselligkeiten hinter dem Wirtshaustisch zu stehen, um vor Publikum seine eigene Leichenrede zu halten. Die war, der Form nach, stets eine Persiflage auf den örtlichen Leichenredner, dessen »Mucken« jeder kannte, seine Wortwahl, seine Mimik und andere Seltsamkeiten. Angeblich konnte mein Großvater ihm sprachlich wie mimisch derart gleichkommen, dass dies bei seinem Begräbnis für alle unendlich komisch gewesen sein muss, denn eben derselbe war es ja auch, der die Leichenrede für meinen Großvater hielt.

SEHR GEEHRTER HERR MARIA,
grandios, dieser letzte Streich Ihres Großvaters, vielleicht gar von langer Hand geplant und posthum durchgeführt, ein seltenes Schelmenstück und auch ein schönes Beispiel für das, was man in der Poetik die dramatische Ironie nennt. Sie ergibt sich aus dem Wissensdefizit der handelnden Personen gegenüber den wissenden

Zuschauern, ein Kunstgriff der Verwechslungs- oder Boulevardkomödie. Der örtliche Leichenredner wird bei den launigen Vorstellungen Ihres Großvaters wohl kaum mit dabei gewesen sein. So war er seinem Publikum, das überwiegend Bescheid wusste, unterlegen, ja regelrecht ausgeliefert, was dann die komische Wirkung nach sich zog.

Allgemein betrachtet entstammt der Humor der paradoxen Situation, dass zwei Ereignisse sich nicht vernünftig zusammenfügen lassen, zwei Dinge nicht gleichzeitig sein können oder einander widersprechen. Diese Absurdität, die das Denken nicht aufzulösen versteht, lässt sich im Lachen dann leichter ertragen. Das sind die »poetischen Möglichkeiten«, von denen Søren Kierkegaard spricht. Im Humor können wir die Absurdität des Daseins, die oft harte Realität ist, auf eine höhere Ebene bringen, auf der wir uns entspannen und erfreuen können. Insofern wirkt das Lachen auch entlastend, besonders in Situationen, die schwierig, ernst oder gar aussichtslos erscheinen. Mit Humor können wir immer dann, wenn wir keine vernünftige Antwort mehr finden, auf Distanz gehen, was Trost und Erleichterung bringt, gerade auch in Not- und Krisenzeiten.

Humor scheint überwiegend eine Sache des Charakters oder des Temperaments zu sein. Folgt man dem Wortstamm, so lässt das lateinische *(h)umor* (Feuchtigkeit, Flüssigkeit) die spätere Bedeutung noch kaum erahnen. Die Verwandlung erfolgte erst im Mittelalter, als man *umor* zur Übersetzung von *chymos* heranzog, dem altgriechischen Wort für »Saft«. So wurde *umor* zum medizinischen Terminus technicus der hippokratischen »Lehre von den vier Säften«.

Diese besagt, dass die Gesundheit unseres Körpers von Blut, Schleim sowie gelber und schwarzer Galle bestimmt wird. Im Idealfall, so Hippokrates, befänden sich diese Säfte im Gleichgewicht. Krankheit entstehe erst dann, wenn sie aus dem Gleichgewicht geraten würden. Darüber hinaus entspreche ein permanentes Überwiegen eines dieser Säfte auch einer gewissen Stimmung oder seelisch-geistigen Verfasstheit, die er als Typus des Sanguinikers (Blut), Phlegmatikers (Schleim), Cholerikers (gelbe Galle) oder Melancholikers (schwarze Galle) bestimmt.

Der letzte Schritt in der Entwicklung des Begriffs vollzog sich in England. Nachweislich seit dem 16. Jahrhundert meint *humour* im Englischen so viel wie Stimmung, Laune, Gemütszustand sowie ein von den Normen und Konventionen abweichendes, exzentrisches Verhalten, »a singular and unavoidable manner of doing or saying any thing, peculiar and natural to one man only, by which his speech and actions are distinguished from those of other men«. (William Congreve, Concerning Humour in Comedy)

William Congreve war einer der beliebtesten Komödiendichter des Barock, eine Ikone des Humors, wie sie auch Ihr Großvater in seiner dörflichen Gemeinschaft gewesen sein muss. Congreves Publikum, das sich trotz »Immorality and Profaneness«, die ihm die Kritik vorwarf, bestens amüsierte, hielt ihm zeitlebens die Treue. So konnte er noch im Alter, als ihn die Gicht plagte, gute Tantiemen beziehen. In seinem Äußeren wird er den Figuren seiner Bühnenstücke wohl recht ähnlich gewesen sein. Er trug Perücken, in denen er wie der König aller Königspudel aussah, dazu bunte Jacken und Stöckelschuhe. Sein Witz war legendär, sodass sogar Voltaire nach London kam, um ihm seine Aufwartung zu machen.

Und so möchte ich es diesmal kurz machen und mit dem Philosophieren gut sein lassen. In meiner Rolle als Ihr Seelsorger bin ich der Meinung, dass uns theoretische Betrachtungen hier nicht weiterbringen, zumal sie in weiten Zügen, wie etwa in der deutschen Romantik, völlig humorlos und viel zu abgehoben sind. Deshalb empfehle ich eine praktische Übung und möchte, weil wir schon bei den Engländern sind, Ihnen den englischen Humor ans Herz legen. Empfehlen kann ich zwei Serien, und zwar abwechselnd »Monty Python's Flying Circus« und »Shaun The Sheep«, das Ganze zwei, drei Stunden lang *en bloc*. Alles ist im Internet leicht greifbar. Dies würde unser Thema praktisch vertiefen und hätte auch, angesichts Ihrer Situation, eine erfrischende Wirkung, quasi einen therapeutischen Effekt. Lachen ist gesund. Ich habe über die Streiche Ihres Großvaters sehr lachen müssen, vielen Dank für diese Geschichten!

Den Humor hatte Herr Maria beileibe nicht verloren, doch sonderlich viel zu lachen hatte er ebenso nicht gehabt. Sein Leben war anstrengend gewesen. Warum hatte er die Geschichte über seinen Großvater überhaupt geschrieben? Vielleicht weil er einer seiner »Helden« war? Jedenfalls hatte er es stets bedauert, ihn nicht näher kennengelernt zu haben, diesen hageren, großen Mann, der ein guter Erzähler war und Kinder über alles liebte.

Nachdenklich ging er in die Küche, um sich ein Mittagessen zuzubereiten. Vor ein paar Tagen hatte er den freundlichen Studenten gebeten, ihm die Zutaten für ein böhmisches Paprikahendl zu besorgen. Dieses Gericht, das für ihn stets ein Seelentröster gewesen war, hatte er von seiner Großtante bekommen, der kinderlos gebliebenen Schwester seines Großvaters: 1 Kilo Zwiebeln und eine Lauchstange klein schneiden und in Öl langsam anschwitzen lassen. Zwei rote und zwei grüne Paprika in kleine Würfel schneiden und mitrösten. 1 Kilo Hühnerfleisch in Stücke schneiden, salzen und andünsten lassen. Nach einiger Zeit mit etwas Wasser aufgießen, reichlich Majoran dazugeben und kochen lassen. Währenddessen einen halben Liter Sauerrahm mit rosenscharfem Paprika und einem Esslöffel Mehl verrühren. Wenn das Fleisch durchgekocht ist, das Sauerrahmgemisch dazugeben, aufkochen lassen und fertig! Dazu Fusilli, wie die Italiener zu den Teigspiralen sagen.

Nachdem er zwei Teller davon gegessen und seiner Großtante im Stillen gedankt hatte, machte er sich einen starken türkischen Kaffee und ging hinauf auf den Dachboden. Es gab Samen zu ernten, die er einem Freund versprochen hatte. Die musste er in kleine Papiertüten füllen und beschriften. Außerdem hatte er von den alten Mutterpflanzen Stecklinge geschnitten, die er mit Wurzelhormon bepudert und zum Trocknen in den Schatten gelegt hatte. Um diese einzusetzen, musste er Tontöpfe holen und die passende Erde mischen. Die Töpfe standen säuberlich nach Größen geordnet in einem Holzregal, das sich unter der Last schon gefährlich zu biegen begann. Substrate, wie mineralische Kakteenerde, Caudex-

oder Epiphytenerde, befanden sich in Kübeln unter einer Holzschütte, in der alles vermischt wurde. Wertvolle Zuschlagstoffe wie Quarzsand, Bimskies, Ziegelsplitt, Holzkohle oder die wundervollen Mykorrhiza-Pilze, die als Symbionten das Volumen der Wurzeln vergrößern konnten, standen griffbereit in Gläsern an der Wand.

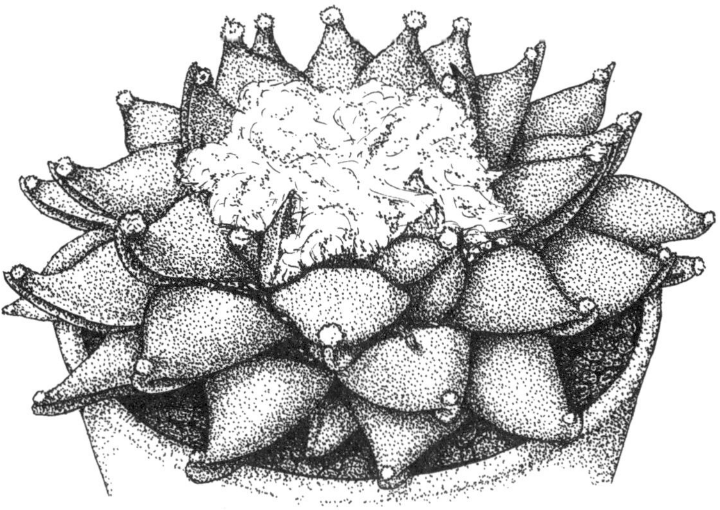

Ariocarpus retusus
Durchmesser: 16 cm

Direkt am Fenster bei der Schütte stand ein gut gewachsener und schon recht alter *Ariocarpus retusus*, eines der Prunkstücke seiner Sammlung. Die weiche Wolle, die den heiklen Wachstumspunkt in seiner Mitte verdeckte und den Herr Maria gerne berührte, glänzte matt in der Sonne. Die graugrünen Blätter, die sich im Laufe der Jahre durch die Wolle geschoben hatten, waren steinhart und makellos, was auf eine hervorragende Gesundheit schließen ließ. Mit diesem stachellosen Kaktus hatte Herr Maria schon sein halbes Leben verbracht, hatte ihn gehegt und gepflegt und ihn sogar einmal umgetopft, nicht ohne vorher den Rat von Experten eingeholt zu haben. Kakteen waren nicht sein Spezialgebiet. In seiner Sammlung gab es nur wenige und ausschließlich solche, die keine Stacheln hatten.

An seinem Naturstandort in Mexiko ist *Ariocarpus retusus* oft in Gemeinschaft mit *Lophophora williamsii*, dem Peyote-Kaktus, zu finden. Die wichtigsten Fundstellen dieser Pflanzen, die auf dem Schwarzmarkt enorme Preise erzielen, sind bereits vor Jahrzehnten den indigenen Volksgruppen zur Bewachung übertragen worden, die in der Folge das alleinige Nutzungsrecht haben. So können sie weiterhin kleine Ernten erzielen, da die alten Mutterpflanzen erhalten bleiben. Wie Peyote, der des Meskalins wegen gesammelt wird, besitzt auch *Ariocarpus retusus* psychoaktive Substanzen, die jedoch als dunkel und unberechenbar gelten. Von den Huicholen wird *Ariocarpus* aufgrund seiner Gefährlichkeit gänzlich gemieden. Andere Stämme benutzen ihn in kleinen Mengen. Ein paar amerikanische Hippies, die etwas Besonderes erleben wollten, waren daran gestorben.

Nachdem Herr Maria seine Stecklinge sorgfältig eingetopft und die Töpfe beschriftet hatte, warf er noch einen Blick zur Fensterbank. In sechs, sieben Monaten würden die blassrosa Blüten zu sehen sein. Dann würden sie groß und dick aus der Wolle auftauchen, so wie jedes Jahr. Konnte er sich noch darauf freuen? In sechs, sieben Monaten ... da würde er vielleicht ...

schon tot sein? Nein, das konnte er nicht glauben! Vielleicht war das alles nur ein Irrtum, die ganze Aufregung umsonst, ja mit Sicherheit!

Ein Glas Wasser und ein paar Bissen Schokolade konnten die Angst, die ihn augenblicklich überfallen hatte, wieder vertreiben. Trotzdem blieb seine Stimmung trüb und ihm war übel, sodass er zornig nach unten ging und fluchte. In der Küche fiel ihm die praktische Übung des Philosophen ein. Vielleicht konnte sie Ablenkung bringen. Und so kam es, dass Herr Maria, dem der englische Humor zusagte, wie er es nie vermutet hätte, sich die ganze Nacht um die Ohren schlug und schließlich erschöpft vor Lachen in einen tiefen Schlaf fiel.

Ohrfeigen oder Die Verdrängung

Es war in der vierten Klasse des Gymnasiums, als unser Geografielehrer, einem alten Schulbrauch folgend, eine Landschulwoche organisierte. Wir sollten Bergwerke und Industriestandorte besuchen, uns aber auch körperlich ertüchtigen, beim Wandern und Fußballspielen. Über die näheren Umstände war uns von den höheren Jahrgängen bereits berichtet worden, die das alles schon erlebt hatten, die schmierigen Landgasthöfe mit den wackeligen Stockbetten, das miserabel gekochte Essen und die kräftigen Bauernkinder, vor denen man auf der Hut sein musste.

Und so kam es dann auch. Die Exkursionen waren überaus spannend, gar keine Frage, so etwa der Besuch eines großen Stahlwerks, wo wir sogar beim Anstich eines Hochofens dabei sein durften. Der Rest jedoch war eine absolute Katastrophe. Die bäuerlichen Gastgeber setzten uns Kindern ein Essen vor, von dem sich viele mehrmals erbrechen mussten. Das war auch dem entsetzlichen Gärgeruch geschuldet, der von den Futtersilos herüberwehte. So lebten wir von Wurstsemmeln und süßen Schnitten, die wir uns im Dorf besorgten, sowie von Marillenschnaps, den es in Literflaschen gab und den man uns grinsend verkaufte. Am Abend waren wir alle betrunken, wie auch unser Geografielehrer, der sich gemeinsam mit dem Turnlehrer und den Bauersleuten im Extrazimmer betrank.

Für mich wurde diese Katastrophe über ihr allgemeines Ausmaß hinaus noch zu einem persönlichen Drama, das seinen Lauf auf einem Fußballplatz nahm.

Die dortige Stimmung war vom Anfang an gereizt. Unser Turnlehrer hatte die Trainingsstunden genau zu jener Zeit angesetzt, in der auch die örtliche Mannschaft trainierte. So gab es Streit, bei dem er zwei einheimische Burschen mit rüden Worten vom Platz verwies. Doch bald kamen sie wieder, mitsamt ihren Freunden, wollten uns zusehen, was unseren Turnlehrer ziemlich nervös machte.

Auch uns war unwohl bei der Sache. Sie beobachteten unser Spiel und waren still. Ich hockte auf der Reservebank, die nahe bei den Bänken der Burschen stand. Von dort aus konnte ich alle gut sehen. Auch ein Jüngerer war dabei, vielleicht zwei Jahre jünger als ich. Er saß inmitten der anderen, die leise lachten, während der Jüngere mich unverwandt ansah und grinste. Als ich ein zweites Mal hinsah, war er verschwunden. Dafür durchschoss es mich wie einen Blitz, als mir eben derselbe eine kräftige Ohrfeige versetzte. Im Nu war er wieder drüben bei den Burschen und grinste weiter, als wäre nichts gewesen.

Ich war fassungslos, über den schmerzhaften Schlag und dass ihn niemand von meinen Leuten bemerkt hatte. So gab es auch keine Möglichkeit, mich sinnvoll zu beschweren. Alleine hinüberzugehen zu den Burschen, sie vielleicht herauszufordern, damit hätte ich nicht die geringste Chance gehabt. So hockte ich da, hielt mir die Wange und war zornig wie noch nie. Doch dann geschah das Unfassbare. Der Vorfall wiederholte sich, wie ein Déjà-vu. Wieder war der Bub verschwunden und wieder bekam ich eine Ohrfeige, die noch stärker als die erste war, sodass es mich von der Sitzbank warf. Und dann saß der gleiche

Junge wieder da drüben bei seinen Brüdern, grinste, war ein Held, und ich konnte nichts tun, als vor Ohnmacht und Scham im Boden zu versinken.

Mehr als zwanzig Jahre später war ich mit einer Freundin im Kaffeehaus verabredet. Nach einer Stunde angeregter Plauderei erzählte sie mir lebhaft von ihrem jüngsten Bruder, der unlängst am Fußballplatz in eine Prügelei verwickelt worden war. Als sie von Ohrfeigen sprach, die er bekommen hatte, konnte ich mich plötzlich wieder erinnern, zum ersten Mal, sah alles vor mir, genau wie es damals gewesen war. Nie mehr hatte ich an diesen Vorfall gedacht. In diesem Moment spritzten mir ein paar Tränen aus den Augenwinkeln. Als die Freundin dies erschrocken bemerkte, erzählte ich ihr mein Erlebnis von damals.

SEHR GEEHRTER HERR MARIA,
eine erstaunliche Geschichte! Eben habe ich in meinen Manuskripten gekramt und einen alten Text von mir gefunden, der das Phänomen der Verdrängung beschreibt, aber eher nach Art eines Märchens. Er stammt aus meiner Studienzeit.

Die gute Seele und der Geist
Wie freundlich doch unsre Seele ist. Sie schließt das Unfassbare ein und nimmt uns die Erinnerung. Der Geist hingegen, der nichts vergessen kann, kämpft gegen die Denkverbote an. Zwar kann er sich nicht durchsetzen, verursacht der Seele jedoch Blähungen, die sich in unangemessenen Emotionen und selbstschädigendem Verhalten dann geräuschvoll entladen. Irgendwann jedoch, wenn die Gelegenheit günstig ist

und die Seele den Eindruck hat, dass ihr keine Gefahr mehr droht, kann sie die versteckte Erinnerung freigeben, sodass sie dann auch der Geist wieder fassen und entsprechend verarbeiten kann. Das verursacht der Seele kurzfristig Schmerzen. Aber dann ist der Spuk vorbei.

Die Seele, könnte man sagen, hat es ja nur gut gemeint. So ist es sinnvoll, ein Kind vor den Folgen traumatischer Erfahrung zu beschützen. Dieser Schutz kann jedoch nie von Dauer sein. Das weiß die gute Seele aber nicht, weil sie gewissermaßen immer ein Kind bleibt, das sich einfach nur verstecken will. Der Geist hingegen ist unerbittlich. Er sucht nach Erkenntnis, die Seele aber bloß den Trost.

Am Tempel des Apoll in Delphi, dem zentralen Heiligtum der Griechen, war ein markanter Spruch zu lesen: *Gnṓthi seautón!* (»Erkenne dich selbst!«). An diesem Spruch kam niemand vorbei. Ob König oder Schweinehirt, jeder hatte ihn vor Augen. Die Gelehrten fühlten sich besonders angesprochen. Ihre Antwort war der freie Gebrauch der Vernunft, der an ihren Akademien wissenschaftlich kultiviert wurde. Das war die Schulung für den Geist. Zur Reinigung der Seele gab es Weihefeste und das Theater. Bei den Festen konnten Männer wie Frauen alles ausagieren, was persönlich für sie nötig war. Bei den Tragödien hatten sie die Chance, ihrem eigenen Selbst in all seinen Schmerzen szenisch zu begegnen. Akademien, Feste und Theater, das musste für die Selbsterkenntnis reichen.

2700 Jahre später wurde das antike Projekt der Selbsterkenntnis neu durchdacht. Vorreiter ist Arthur Schopenhauer. In krassem Gegensatz zur philosophischen Tradition ist die Vernunft für ihn bloß »ein Sekundäres«.

(Preisschrift über die Grundlage der Moral, § 6) In Wirklichkeit seien wir keineswegs jene Vernunftwesen und Lichtgestalten, für die wir uns gewöhnlich hielten. Viel eher seien wir getrieben von dunklen, uns unbekannten Motiven, die jeden Gebrauch der Vernunft zuschanden fahren. Nicht in der Vernunft, sondern in seiner Willenskraft hat der Mensch »den Grund seines Bewusstseins, sein eigentliches Selbst«. Nur der Wille ist »schlechthin gegeben und vorhanden«. Die Gründe unseres Wollens aber liegen im Verborgenen: »Da draußen«, so Schopenhauer, »liegt große Helle und Klarheit. Aber innen ist es finster, wie ein gut geschwärztes Fernrohr. Kein Satz a priori erhellt die Nacht seines eigenen Innern, sondern diese Leuchttürme strahlen nur nach außen.« (Preisschrift über die Freiheit des Willens, Kap. 2)

Freiheit beginne, laut Schopenhauer, mit einem wachen Blick nach innen. Sie ziele auf etwas Persönliches, Privates, ja Intimes ab. Ihr Fundament sei das Wissen um die stärksten Handlungsmotive, ihr Sprungbrett die Selbsterkenntnis. Der Mensch ist nur insofern frei, als er zuerst einmal sich selbst erforscht. Weiß er einmal, was er wirklich will und auch zu leisten im Stande ist, so kann er schließlich auch bei vollem Bewusstsein verwirklichen, was seinem Charakter und seinen Talenten entspricht. Freiheit ist somit Selbstwahl, Kenntnis und Bejahung der eigenen Individualität.

Für Sigmund Freud, den Begründer der Tiefenpsychologie, war die Philosophie Schopenhauers von zentraler Bedeutung. Als praktizierender Arzt war er vor allem an solchen Fällen interessiert, die klinisch nicht erklärt werden konnten und bei denen er einen psychischen Hintergrund vermutete. Freud wollte verstehen, was diese

Menschen psychisch und eventuell auch körperlich krank gemacht hatte. Dazu musste er sie befragen und zum Sprechen bringen. Seine These war, dass all das, was dem klaren Ich-Bewusstsein entzogen ist, mit Hilfe der Psychoanalyse, der unterstützten Selbstreflexion ans Licht gebracht werden kann. Dass es »innen finster wie in einem gut geschwärzten Fernrohr« ist, wollte er als Mediziner nicht akzeptieren.

Bemerkenswert ist, dass Freud nie von Heilung spricht, sondern immer nur von Erkenntnis, dem delphischen *Gnôthi seautón*. Selbsterkenntnis sollte seinen Patienten Gesundheit und Wohlbefinden bringen, so wie es vielleicht auch die alten Griechen im Sinn hatten. Die Psychoanalyse war das Instrument, seelisch Leidende und Verwirrte auf ihrem Erkenntnisweg zu begleiten. Dieser Weg war mehr ein magischer als ein philosophischer, weil er über Träume und freie Assoziationen beschritten wurde. Aber er hatte auch ein magisches Ziel, nämlich den tiefsten Grund des Bewusstseins, das eigentliche Selbst, das der Vernunft entzogen war, ans Licht zu bringen.

Diesen tiefsten Grund, den Freud das Unbewusste nennt, unterscheidet er vom Bewussten dadurch, dass seine Inhalte nur mit erheblicher Mühe fassbar sind. Freud nahm an, dass unerwünschte, peinliche und unerträgliche Erlebnisse aus dem Bewussten verdrängt und ins Unbewusste abgeschoben werden. Von den verdrängten Inhalten gebe es dann kein Wissen mehr, bloß eine dunkle, vage Ahnung. Problematisch sei dies insofern, als aus dem Bewusstsein verdrängte Gefühle oder Wünsche die Ursachen psychischer Störungen sein könnten, die dauerhaft belasten und zur Krankheit führten.

Interessant ist, dass Freud die Verdrängung für einen angeborenen Mechanismus hält, gleichsam für ein biologisch angelegtes, psychisch wirksames Notfallprogramm, das uns die Erinnerung löscht, wenn ein Erlebnis als »schädlich« oder »nicht verkraftbar« eingestuft wird. Alles läuft ohne unser Zutun im Hintergrund ab, wie eine Firewall, die den zentralen Rechner vor schädlichen Programmen schützt. Wenn die Abwehr dauerhaft gelingt, ist das Erlebnis in der Tat vergessen. Das ist bei traumatischen Erfahrungen aber nur selten der Fall. In extremen Fällen können solche Erfahrungen verheerende Folgen haben, die aber Ihnen, Herr Maria, so wie es sich darstellt, erspart geblieben sind.

Herr Maria ging lächelnd in die Küche. Die liebenswürdige Art des Philosophen gefiel ihm gut. Tatsächlich war dieser Vorfall keine große Sache gewesen. Seine spontane Wiederentdeckung war aber dann doch erstaunlich. Noch nie war ihm der tiefste Grund seines Bewusstseins so anschaulich vor Augen geführt worden. Dieses Erlebnis hatte ihn damals tief beeindruckt, sodass er es nie vergaß. Ob er von den üblen Folgen tatsächlich verschont wurde, wie der Philosoph behauptete, in diesem Punkt war er sich nicht sicher.

Oben in seiner Sammlung fiel ihm gleich *Opuntia strobiliformis* ins Auge, die gefährlich schräg stand und abzustürzen drohte. Sie war ein Klon aus den Royal Botanic Gardens in Kew, von einer uralten und

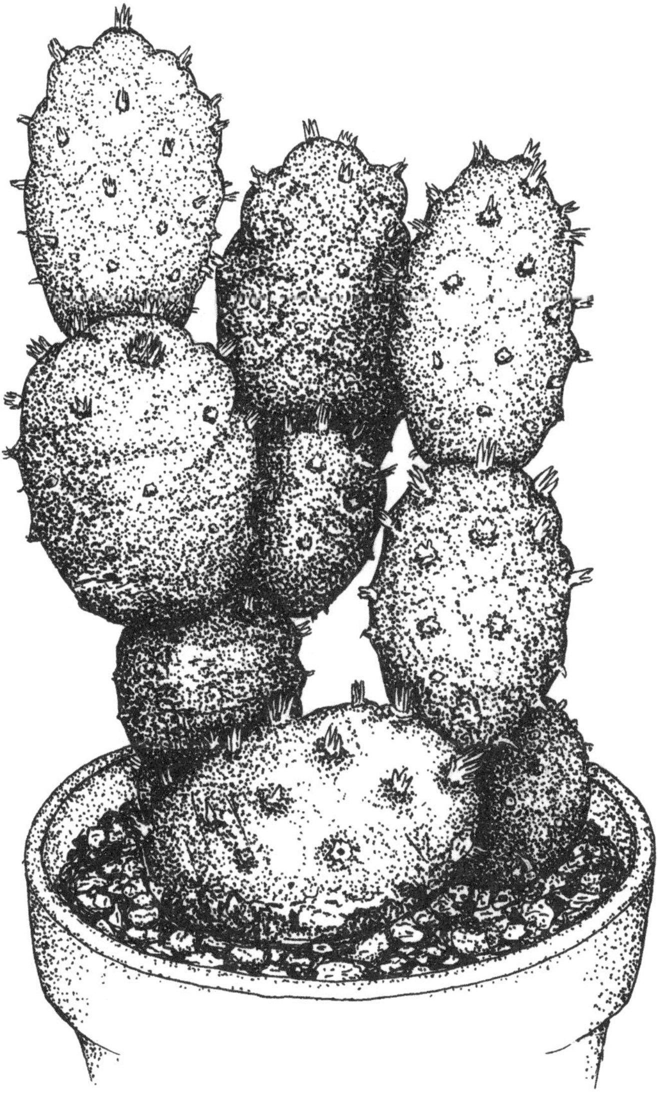

Opuntia strobiliformis
Pflanzenhöhe: 17 cm

prächtig gewachsenen Gruppe, von der durch eine Unachtsamkeit ein kleines Stück abgebrochen war, das dann traurig am Boden lag und mitgenommen werden wollte. Allein deshalb, weil er sie damals mit Herzklopfen durch den Haupteingang geschleust hatte, war Herr Maria ihr immer besonders zugetan. Deshalb hatte er ihr auch einen der besten Plätze gegeben, am Rand eines großen Tisches, wo sie besonders viel Licht erhielt. Dort hatte sie sich gut entwickelt. Bloß bekam sie immer wieder Übergewicht, weil sie ungewöhnlich schwer war.

Ruhig betrachtete Herr Maria ihre hellgrauen, gerunzelten Glieder, die matt in der Sonne glänzten. Die schneeweißen, winzigen und weitgehend ungefährlichen, weil kaum brüchigen Stacheln, die in kleinen Gruppen verteilt auf der Oberfläche standen, sandten kleine Lichtblitze aus, sodass er die filigranen Details ohne Brille kaum erkennen konnte. *Opuntia strobiliformis* war eines der wenigen Kakteengewächse, die sich in seiner Sammlung befanden, eine Hochgebirgspflanze aus dem westlichen Argentinien, die zwischen Felsen in praller Sonne wuchs. Wenn es lange nicht geregnet hatte und sie auf die Hälfte geschrumpft war, konnten ihre Glieder an Kiefernzapfen erinnern, woraus sich auch der Name ihrer Spezies ergab, von *strobilus*, dem Samenzapfen der Nadelhölzer. Das hatte Herr Maria in einem seiner botanischen Bücher gelesen, damals, als er das kleine Ding topfte und dabei hoffte, dass es sich gut entwickeln würde.

Mit den Jahren war dieser Berggeist, den es kalt und trocken zu überwintern galt, zu einem kräftigen Exemplar herangewachsen, was auch der guten Düngung zu verdanken war, die Herr Maria allen Pflanzen im Sommer angedeihen ließ. Zweimal schon hatte seine *Opuntia strobiliformis* geblüht, in strahlendem Weiß, was ihr besonders gut stand, weil es mit dem hellen Grau ihrer Glieder ganz wunderbar harmonierte. Wenn es in Europa im Winter nicht so viel regnen würde, hätte er sie auch draußen im Freien überwintern lassen können, was ihr wohl am besten gefallen hätte. Dann wären die Blüten um so reichlicher erschienen.

Während der Arbeit gewann Herr Maria den Eindruck, dass er auf seinem Weg der Selbsterkenntnis gut vorangekommen war. Der Philosoph konnte ihm tatsächlich dabei helfen, die Gedanken und Erlebnisse, die sich über seine Jugend hinweg angestaut hatten, sinnvoll zu ordnen. Im Grunde konnte er sich den Vorgang, in den er verwickelt war, nicht recht erklären, weil der Philosoph seine Gedanken ja gar nicht kannte, sondern ihm bloß eine Vielzahl anderer Gedanken schickte, die er selbst erst kennenlernen musste. Doch in dieser Wolke des Wissens waren die seinen, das konnte er deutlich fühlen, gut aufgehoben. Jedenfalls war er mit der Arbeit des Philosophen sehr zufrieden.

Für den Abend legte sich Herr Maria ein Buch zurecht, das ihm einst sein Vater geschenkt hatte und in dem sich eine schöne, persönliche Widmung befand. Wenn er gleich damit beginnen würde, könnte er die 120 Seiten bis Mitternacht zu Ende lesen. Es war der *Candide* von Voltaire, eine abenteuerliche Geschichte aus der Zeit des Rokokos, eine bissige Satire und philosophische Streitschrift zugleich, die ihm damals gut gefallen hatte. Als er gegen Mitternacht auf der letzten Seite angekommen war und den Schlusssatz las, konnte er sich wieder erinnern, dass er ihn einst auf einen kleinen Zettel geschrieben hatte, der lange über seinem Schreibtisch hing: »Das ist wohl gesprochen«, sagte Candide, »aber wir müssen unseren Garten bestellen.«

Bevor er sich zur Ruhe begab, ging Herr Maria noch in die Küche, um seine Limetten zu zählen. Fürs Schreiben benötigte er jeweils eine ganze, die er sich nach und nach in den schwarzen Tee träufelte. Das ersparte ihm den Zucker und hielt seinen Magen gesund. Beim Einschlafen hatte er das gute Gefühl, dass seine Gärten, der sichtbare und der unsichtbare, in bester Ordnung waren.

Der Landstreicher oder Der Genuss

Den Sommer über verbrachte ich meist bei meinen Großeltern, wo man vom Garten aus die Dächer des Dorfes und dahinter die mit Wein bebauten Hügel sah, die sich wie riesige Ozeanwellen über die Landschaft zogen. Auch waren Straßen zu erkennen, die jäh in den Wellentälern verschwanden und anderswo unvermutet wieder auftauchten. Je älter ich wurde, desto mehr zog es mich zu diesen Straßen hin.

Im Alter von dreizehn Jahren vertraute mir meine Tante ihr Dreigang-Fahrrad an. Damit ließen sich die steilen Hügel einigermaßen bewältigen. So konnte ich auch die Bauern am Feld beobachten und kam in andere Dörfer, wo es immer etwas zu entdecken gab. Von den höchsten Hügeln aus unternahm ich traumhafte Abfahrten, die mich durch luftige Kirschalleen und finstere Kellergassen führten, was mir ein herrliches Gefühl von Freiheit gab.

An einem besonders heißen Tag hatte ich mir eine Tour vorgenommen, die über den steilsten der Hügel gehen sollte. Dort musste man absteigen und schieben. Doch diesmal packte mich der Ehrgeiz. Ich trat so lange in die Pedale, bis mir schwarz vor den Augen wurde. Als ich wieder zu Bewusstsein kam, lag ich im Straßengraben. Verletzt war ich nicht, aber sehr verwundert. Auch war mir enorm schwindlig. Eine Zeit lang blieb ich liegen. Dann fuhr ich langsam weiter bis zu einem schönen Weingarten, in dem ich mich ausruhen wollte.

Mitten im Garten stand ein zauberhafter kleiner

Pfirsichbaum, der ein wenig Schatten bot und auch Früchte trug. Da mir noch übel war, griff ich zu. Es waren vollreife Weingartenpfirsiche, eine alte Sorte, wie man mir später erzählte. Sie waren klein und hatten eine überaus pelzige Haut, sodass ich im ersten Moment zurückschreckte. Aber dann, als die Zähne das schneeweiße Fleisch erreichten, entfaltete sich ein Aroma, das so fantastisch war, dass sich meine Übelkeit augenblicklich legte und in Heißhunger verwan delte.

Nach dem dritten Pfirsich holte ich die Tafel Schokolade aus dem Rucksack, die meine Tante mir zugesteckt hatte. Die hatte sich zur Gänze verflüssigt und tropfte aus dem Papier. Doch als ich sie kostete und sich ihre Süße mit dem Pfirsicharoma vermischte, entstand eine kulinarische Sensation, wie ich sie noch nie erlebt hatte und die wie die Entdeckung einer Wunderformel war. Ohne jegliche Skrupel und wie in Trance aß ich den gesamten Pfirsichbaum leer, Zug um Zug gemeinsam mit der flüssigen Schokolade. Dann saß ich zufrieden unter dem Baum, zählte die Kerne und verfiel schließlich in einen tiefen Schlaf.

Als ich erwachte, stand die Sonne schon am Horizont. Immer noch hatte ich das wundervolle Aroma am Gaumen. Alle Übelkeit war vergessen und ich verspürte ein tiefes Glücksgefühl. Mit klebrigen Händen nahm ich mein Fahrrad und schob es schnell zur Straße hin. Glücklicherweise hatte mich niemand bemerkt.

LIEBER HERR MARIA,
was für ein Stimmungsbild! Leider wurden leibliche Genüsse wie Pfirsiche mit Schokolade in der Philosophie meist verachtet. Gehandelt werden sollte aus Gründen der Vernunft und der Moral. Aus Lust zu handeln war verpönt. Platon hätte Ihnen die Ohren lang gezogen, ebenso Augustinus und Thomas von Aquin, Kant und Wittgenstein. Sie alle hätten in Ihrer Geschichte bloß Ihre Unbeherrschtheit und Ihren Diebstahl bemerkt.

Der Einzige, der ihren tieferen Sinn hätte fassen können, wäre wohl Epikur gewesen. Er war der Erste, der das Phänomen Genuss real beschreiben und in eine glaubhafte Philosophie integrieren konnte: »Jedes Lebewesen erstrebt, sobald es geboren ist, die Lust und freut sich an ihr als an dem höchsten Gute und flieht den Schmerz als das größte Übel. Und zwar tut es dies, während es noch nicht verdorben ist und die Natur selbst noch unverdorben und unverfälscht urteilt.« (Brief an Menoikeus)

Diese Einsicht lasse sich am Verhalten des Säuglings klar erkennen, weshalb sie keines weiteren Beweises mehr bedarf. Sie verstehe sich von selbst, sei evident, »so wie man spürt, dass das Feuer wärmt, der Schnee weiß ist und der Honig süß«. Demnach sei die Lust auch der erste und zentrale Wert, der das ganze Leben lang erhalten bleibe. Der Mensch könne sich diesbezüglich nicht verändern: »Ursprung und Wurzel alles Guten ist die Lust des Bauches, denn selbst das Weise und Feine beziehen sich darauf zurück.« Das heißt, alle Handlungen, selbst die weisen und feinen, werden letztlich um der Lust oder des Vorteils willen begangen.

Seine Aussage brachte Epikur enorm viel Kritik ein. Aber er ließ sich nicht beirren: »Ich spucke auf das Edle und auch auf jene, die es in nichtiger Weise anstaunen, wenn es keine Lust erzeugt.« Heuchelei war ihm zutiefst zuwider.

Nach Epikur hatten die Denker es verabsäumt, der Lust auf den Grund zu gehen. In ihren Augen war sie Angelegenheit des Pöbels und des Viehs. Ein Weiser hatte stets »Höheres« im Sinn zu haben. Solche »Weisheiten« beruhten aber bloß auf einem Missverständnis, denn »kein Mensch verachtet die Lust, bloß weil sie Lust ist, oder hasst sie oder flieht sie deshalb, sondern nur, weil auf sie große Schmerzen folgen, und zwar für jene, die nicht mit Überlegung der Lust nachzugehen verstehen«. (Fragmente)

In Wirklichkeit, so Epikur, würden die Verächter der Lust schlichtweg nicht wissen, wie sie unbeschadet zu erfahren und zu bewahren sei. Der Grund dafür liege in ihrer falschen Vorstellung von der Lust als etwas Grenzenloses und niemals zu Befriedigendes. Dies habe zu einer weiteren falschen Vorstellung geführt, nämlich dass die Lust keinen tieferen Wert besitze und so auch kein Gegenstand der Philosophie sein könne. Und in der Tat: Wie sollte man etwas als den höchsten Wert verstehen können, das unermesslich und nicht fassbar ist? Wie kann das, was kein Maß und Ende findet, je ein Telos, ein erstrebenswertes Endziel sein?

Diesem Einwand begegnet Epikur mit der These, dass »die oberste Grenze der Lust die Befreiung von allem Schmerz« bedeutet, die Lust sich über diese Grenze hinaus zwar »wandeln und differenzieren kann, nicht aber vermehrt oder bereichert zu werden vermag«. (Fragmente) Die größte Lust sei demnach jene, die nach der Beseitigung alles Schmerzenden empfunden wird. Das sei ihre Grenze, ihr verständliches Maß und ihre Endlichkeit. Alles darüber hinaus, alles Streben nach Quantität, nach noch mehr Lust müsse jedoch scheitern, weil die Qualität der Lust – die im schmerzlosen Zustand die höchste ist – durch nichts mehr vermehrt oder bereichert werden kann.

Wenn wir uns, so Epikur, verbissen und mit heiligem Ernst um Geld, Ämter, Macht und Ruhm bemühten, so zielten wir auf einen erhofften, zukünftigen Lustgewinn ab. Dieser sei jedoch immer ungewiss und ziehe seelische Unruhe nach sich: »Wir sind nur einmal geboren. Zweimal geboren zu werden ist nicht möglich, und eine Ewigkeit dürfen wir nicht mehr sein. Du aber, der du nicht Herr über den morgigen Tag bist, schiebst die Freude auf. Das Leben verrinnt, während wir zaudern, und jeder einzelne von uns stirbt mitten aus rastloser Tätigkeit heraus«. (Spruchsammlung)

Epikurs Reden bedenken das, was er die »Seelenruhe« nennt. Dafür unerlässlich sind seinem Rat nach ein sorgsam gewählter Freundeskreis, politische Nichteinmischung, vorteilhafte Ernährung und ein zurückgezogenes Leben. Und generell von Vorteil ist es, immer und überall das Maß zu bewahren. Indem wir sowohl unsere Talente und Fähigkeiten als auch unsere finanziellen Mittel adäquat einschätzen und einsetzen, bleiben uns niederschmetternde Enttäuschungen und Abhängigkeiten erspart.

Was an Schmerzen unvermeidlich ist, so Epikur, wird gezielt bekämpft. Körperlichem Schmerz gegenüber wird Haltung bewahrt, falls er im Rahmen des Erträglichen bleibt. Bei unerträglichem und anhaltendem Schmerz hingegen empfiehlt Epikur den Freitod. Denn wurde das Wesen der Lust zu Lebzeiten durchschaut und somit lustvoll gelebt, kann auch beruhigt gestorben werden. Man hat alles gehabt und nichts versäumt. Das, was zählt, ist allemal die Qualität. Der Tod schließlich ist nicht zu fürchten, denn der Körper zerfällt und hat keinerlei Empfindung mehr. Was aber keinerlei Empfindung hat, geht uns nichts an.

Auch dem seelischen Schmerz, so Epikur, sollten wir stets nüchtern und illusionslos begegnen. Denn für den Weisen wird das Maß der Lust letztendlich überwiegen. Um dieses Vorteils willen wird schließlich philosophiert. Denn man würde »die Weisheit, welche die Kunst des Lebens ist, nicht erstreben, wenn sie kein Ergebnis hervorbrächte. Nun wird sie aber erstrebt, weil sie gewissermaßen Künstler ist im Aufsuchen und Erwerben der Lust«. So wird selbst psychische Labilität besiegbar, »denn es ist nur die Weisheit, die aus der Seele die Traurigkeit vertreibt und die uns daran hindert, vor Angst zu erstarren«. (Diogenes Laertius, Epikuros, 10)

Von seinen Schülern wurde Epikur der »Göttliche« genannt. Und Sie, Herr Maria, Sie hatten einfach Glück. Zum einen, weil Ihnen dieser himmlische Baum über den Weg lief, zum anderen, weil Sie nicht erwischt wurden!

Nachdem Herr Maria den Kommentar des Philosophen aufmerksam gelesen hatte, schloss er die Augen und versuchte sich bildhaft vorzustellen, wie viele Pfirsichkerne er damals im Schatten und an den Baum gelehnt gezählt hatte. Es mussten wohl dreizehn oder vierzehn gewesen sein, was damals den Jahren seines Alters entsprach.

Gefräßig war er schon immer gewesen, auch späterhin. Wie oft hatte ihm seine Frau bei Einladungen oder Empfängen vorwurfsvolle Blicke zugeworfen, weil er sich unverschämt viel auf den Teller geladen hatte. Aufgegessen hatte er immer. Herr Maria musste lachen. Den ganzen Baum hatte er leer gefressen. Nicht ein einziges der pelzigen, süßen Früchtchen hatte er übrig gelassen. Mit Sicherheit hatte sich die Bäuerin auf die guten Pfirsiche gefreut, wollte sie vielleicht schon am nächsten Tag ernten. Also das war wahrlich keine Heldentat.

Wären es fünfundzwanzig Pfirsiche gewesen, dann hätte er sie wahrscheinlich ebenso alle gegessen. Dann wäre ihm aber übel geworden und alles Glück wäre dahin gewesen. Allein die Größe des Baumes, der rein zufällig eine Anzahl von Früchten trug, die nach ihrem Verzehr jegliches »Schmerzgefühl« beseitigten, hatte sein rechtes Maß bestimmt, keineswegs seine Vernunft. Somit war der Philosoph wieder einmal sehr freundlich gewesen.

Als Herr Maria – halb belustigt, halb beschämt – schwungvoll die Tür zu seiner Sammlung auf dem Dachboden öffnete, kam ihm ein grauenvoller Gestank entgegen. Das konnte nur *Stapelia gigantea* sein!

Seit Tagen schon hatte er der Knospe beim Wachsen zugesehen. Heute war sie endlich aufgeblüht. *Stapelia gigantea*, die Aasblume, ist schnellwüchsig und im südlichen Afrika weit verbreitet. Sie hat aufrechte, dunkelgrüne, samtig behaarte Triebe bis zu fünfundzwanzig Zentimetern Länge. Als größte Spezies ihrer Gattung kann sie am Naturstandort umfangreiche Gruppen bilden, auf denen dann von Frühjahr bis

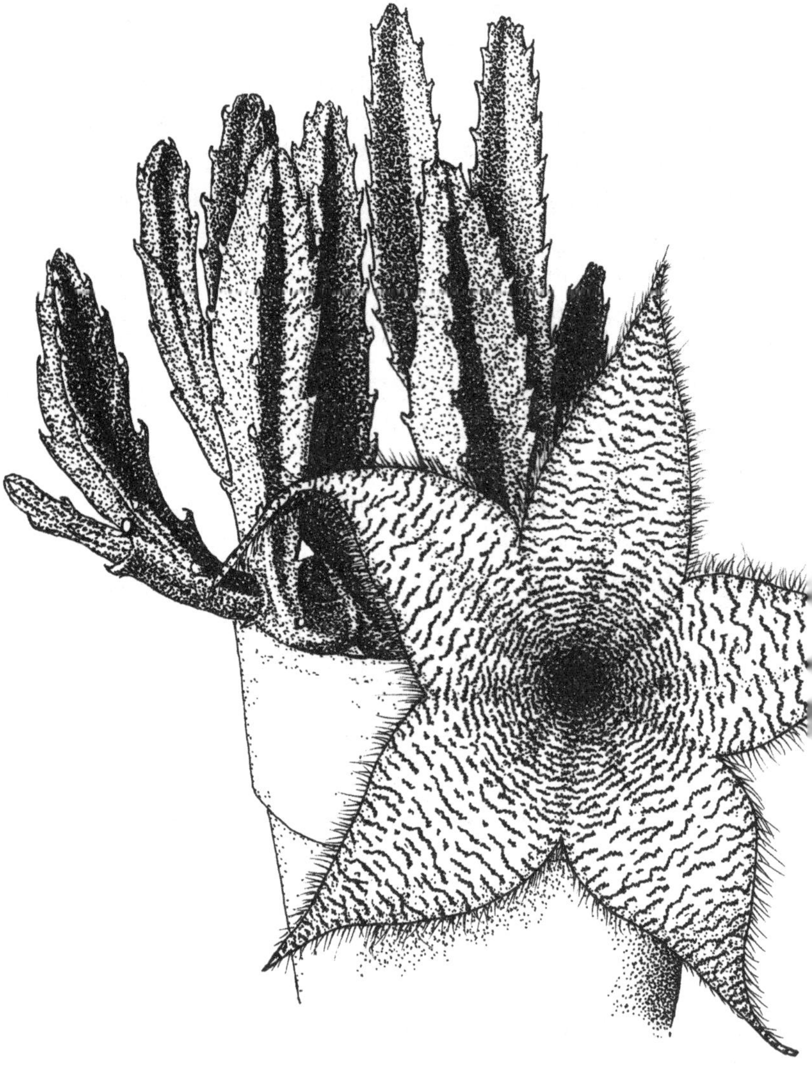

Stapelia gigantea
Blütendurchmesser: 24 cm

Herbst zahlreiche Blüten erscheinen. Die fünfzipfeligen, gelbrot gesprenkelten Blüten sind flaumig behaart und haben einen Durchmesser von bis zu vierzig Zentimetern, sind also wirklich gigantisch, meist größer als die Pflanze selbst. Und sie verbreiten einen kräftigen Aasgeruch, daher unternehmen nicht Bienen, sondern Fliegen die Bestäubung.

Nachdem Herr Maria ein paar schöne Fotos gemacht hatte, ging er hinunter in die Küche, um eine Kleinigkeit zu essen. Heute sollten es Spaghetti Bolognese sein. Dafür hatte er sich eines der letzten Gläser eines Sugos reserviert, der zum Besten zählte, das die italienische Industrie herstellen konnte. Hier konnte man getrost zur Konserve greifen. Herr Maria hatte einfach keine Lust zu kochen. Aber er hatte einen Vorrat an Konserven, die er bei seinen Reisen aus der ganzen Welt zusammengetragen hatte. Da waren sogar gekochte Schlangen dabei, auch die weißen, langen Würmer, die in der Rinde des Eukalyptusbaumes lebten, in Tomatensauce. Diese Dose hatte er aus Südafrika mitgebracht. Sie stand schon seit Jahren in Augenhöhe im Regal. Er hatte das Etikett immer sorgfältig nach vorne gedreht, weil es ihm gefiel, wie sie da so gewunden und leblos in der Sauce lagen, so realistisch dargestellt.

Als er den gehäuften Teller genussvoll und in erheblichem Tempo leer gegessen hatte, packte er die Lebensmittel aus, die ihm der freundliche Student vor die Tür gestellt hatte. Auch Pfirsiche waren dabei. »Das kommt nie wieder«, dachte Herr Maria, als er einen von ihnen kostete. Manche Dinge gab es nur einmal im Leben.

Dann ging er ins Wohnzimmer und setzte sich vor den Bildschirm. Unter Verwendung der Fotos von seiner blühenden *Stapelia* verfasste er einen Newsletter für den örtlichen Sukkulentenverein, der auch eine kurze Pflegeanleitung enthielt:

Wer das Glück hat, einen kräftigen und gut eingewurzelten Steckling von *Stapelia gigantea* zu erwerben, dem sei Folgendes ans Herz gelegt: Nicht von oben gießen, sondern ins Wasser stellen, bis sich die Oberfläche leicht feucht anfühlt. Dazwischen kurze Trockenperioden. Vernässtes Substrat führt zu Fäulnis. In der winterlichen Ruhezeit bei zwölf bis fünfzehn Grad halten und alle zwei, drei Wochen kurz ins Wasser stellen, aber so, dass die Erde oben im Topf völlig trocken bleibt.
Vermehrung durch Kopf- oder Triebstecklinge, die man im Frühjahr schneidet und vor dem Topfen zwei Tage trocknen lässt. *Stapelia gigantea* braucht bis zu fünf Jahre, bis sie zu blühen beginnt. Die Blüten sind – ich denke, ihr habt alle schon mal blühende Exemplare in euren Sammlungen gehabt – atemberaubend!
Alles in allem: sehr hell stellen und beim Wässern das Augenmaß bewahren. Sei der Mangel einmal behoben, schreibt Epikur, sei dem Menschen (wie auch der Pflanze) völlig wohl! Alles darüber hinaus, alles Streben nach Quantität, nach noch mehr Wasser muss scheitern, weil die Qualität – die im gewässerten Zustand die höchste ist – durch nichts mehr vermehrt oder bereichert werden kann!

Der Golddukaten oder Die Hoffnung

Wohl Dutzende Male erzählte mein Großvater diese Geschichte, die für ihn ein Jahrhundertereignis war. Mitten in einer Sommernacht im Jahr 1914 rüttelte jemand wie wild ans Tor und trommelte aufgeregt an die ebenerdig gelegenen Fenster. Es war der Mesner, der meinen Urgroßvater inständig darum bat, seinen Sohn zu wecken. Jetzt gleich müsse eine Messe gelesen werden. Dafür würde der Pfarrer seinen besten Ministranten brauchen.

Mein Großvater, damals neun Jahre alt, sprang wie ein Wirbelwind in seine Hosen und war gleich zur Stelle. Er war der Einzige der Buben, der sich die lateinischen Sätze merken und sie zur richtigen Zeit fehlerlos hersagen konnte. Geschwinder noch als der Mesner lief er durch das finstere Dorf, wo unter der alten Linde eine riesige Kutsche mit schwarzen Pferden stand. In der schwach beleuchteten Sakristei hatte der Pfarrer dem Buben schon das Messgewand zurechtgelegt. »Ein hoher Gast«, flüsterte er, »von größter Wichtigkeit!«

Das große, leere Kirchenschiff lag im Dunkeln, nur die Altarkerzen brannten. Der Mesner nahm seinen hohen Stab mit dem silbernen Kreuz und ging voran. Auf einen Wink des Pfarrers schüttelte mein Großvater die Altarschellen und die Messe nahm ihren Lauf. Nach einiger Zeit konnte er dann im Chorgestühl einen Mann erkennen, kniend und beide Hände vor dem Gesicht, in tiefer Andacht. Als der Pfarrer später zu diesem hinüberging, um ihm die Kommunion zu reichen, stand der Mann auf und helle Tränen waren in seinen Augen zu sehen.

Als die Messfeier zu Ende war, mein Großvater sein Messgewand abgelegt hatte und mit einer ihm extra aufgetragenen Verbeugung in die Sakristei kam, stand der schwarz gekleidete, elegante Herr bereits vor dem Pfarrer, bedankte und verabschiedete sich von diesem und drückte meinem Großvater einen glänzenden Golddukaten in die Hand, den der Bub gleich mit Verbeugung in seinem Hosensack verschwinden ließ. Auch vom Pfarrer gab es Lob und ein Säckchen mit Zuckerwerk obendrein.

»Du sollst wissen, von wem du das Goldstück hast«, sagte der Pfarrer, nachdem sie den Gast bis zur schwarzen Kutsche begleitet hatten, wo schon ein Diener wartete, der rasch die vier Rappen antrieb und mit seinem Herrn davonfuhr. »Das war der König von Bulgarien! Aber geh jetzt heim, möge Gott dich behüten!« Also machte mein Großvater sich auf den Weg und legte den Golddukaten in die Hände der Mutter.

Erst viele Jahrzehnte später, als er schon ein alter Mann war, konnte er in einem Erinnerungsbuch lesen, dass Ferdinand I., Prinz von Sachsen-Coburg, der bulgarische König, in eigenständig beschlossener, höchst persönlicher Sache kurz nach dem Attentat von Sarajevo nach Wien gereist war, um dort Kaiser Franz Joseph zu bitten, von eventuellen Kriegsplänen Abstand zu nehmen. Dann war er inkognito – nachdem er im Heimatort meines Großvaters Halt gemacht hatte – weiter zum russischen Zaren Nikolaus II. nach St. Petersburg gefahren, um dort ebenfalls um Frieden zu bitten. Er hatte ihn angefleht! Vergebens! Nur kurze Zeit danach brach der Erste Weltkrieg aus.

DANKE FÜR DIESE BERÜHRENDE EPISODE, HERR MARIA! Der sichtlich tief religiöse König gibt die Hoffnung nicht auf. Verzweifelt lässt er in der Nacht eine Messe lesen, in der er auf Knien Gott um Frieden bittet. Doch seine Hoffnung wird enttäuscht.

Eben habe ich in Goethes *Gott und die Welt* nachgeschlagen, weil ich mich erinnern konnte, dass dort ebenfalls von Hoffnung die Rede ist. Aus der fünften Stanze seiner *Urworte. Orphisch* möchte ich Ihnen die letzten Zeilen wiedergeben.

Hoffnung
Ein Wesen regt sich leicht und ungezügelt:
Aus Wolkendecke, Nebel, Regenschauer
Erhebt sie uns, mit ihr, durch sie beflügelt,
Ihr kennt sie wohl, sie schwärmt durch alle Zonen –
Ein Flügelschlag – und hinter uns Äonen!

Ihnen, Herr Maria, wünsche ich von Herzen, dass Ihnen dieses Virus nicht schadet. Sie schreiben so wundervolle Geschichten, weshalb ich nicht glauben mag, dass es mit Ihnen zu Ende gehen soll. Freilich hat man Ihnen den Tod sozusagen amtlich angekündigt. Doch es besteht berechtigte Hoffnung. Im Unterschied zur Physik ist die Medizin keine strenge Wissenschaft. Jeder Mensch ist ein Unikat, medizinisch betrachtet ein Einzelfall.

Hoffnung beflügelt, das heißt, sie gibt Kraft, das Zukünftige nicht bloß zu erwarten, sondern zum Positiven hin zu verändern. Das gilt für Körper, Seele und Geist gleichermaßen. Letzterer wird durch unseren philosophischen Dialog dazu ermuntert, das Leben zu durchdenken, damit es, im Fall des Falles, auch beruhigt beendet werden kann. Die Seele hingegen braucht einen Ort der Muße, an dem sie sich entspannen und erfreuen darf. Diesen Ort haben Sie bereits. Er liegt in Ihrer Sammlung, bei Ihren Pflanzen, von denen Sie mir fotografische Eindrücke zugesandt haben, sodass ich mir alles vorstellen kann. Vielen Dank für diese schönen Bilder. Da sind viel Liebe und Hingabe am Werk!

Was nun den Körper betrifft, so bin ich freilich kein Virologe. Doch meine Frau, die von Ihrer Sammlung ebenso begeistert ist wie ich, stellt seit Jahrzehnten ein Pulver her, das als bewährtes Hausmittel gilt und von dem ich meine, dass es uns schon so manche Erkrankung erfolgreich vom Leib gehalten hat. Es ist rein pflanzlich und besteht vor allem aus Kapuzinerkresse-Kraut und Meerrettichwurzel. Meine Frau hat stets große Mengen davon vorrätig, für die ganze Familie und alle Freunde. Sie wird Ihnen morgen eine gute Portion schicken, gemeinsam mit einer Anleitung zur Einnahme und Dosierung. Da dieses Mittel schon vielen Menschen in meinem Umfeld geholfen hat, kann ich es vorbehaltlos und guten Gewissens auch Ihnen empfehlen!

Das Thema Hoffnung hat in der Antike keine sonderliche Rolle gespielt. Dies liegt daran, dass *elpis* im Griechischen ein unbestimmter Begriff ist, der am besten mit »Erwartung« übersetzt wird. Je nachdem, ob es die Erwartung des Guten oder Unheilvollen ist, übersetzen wir *elpis* mit »Hoffnung« oder »Befürchtung«. Meist war es die unheilvolle Erwartung, die gemeint war, ein

Schaudern vor dem unentrinnbaren Schicksal, das die griechischen Dichter in ihren Tragödien meisterhaft dargestellt haben. Auch das lateinische Wort *spes* ist, wie das griechische *elpis*, in erster Linie als neutraler Begriff zu verstehen.

Ganz anders verhält es sich in der jüdisch-christlichen Tradition. Im Unterschied zur Antike bedeutet Hoffnung im Alten und Neuen Testament ausschließlich die Erwartung einer guten Zukunft. Hoffnung ist Verheißung, des gelobten Landes oder des Reich Gottes. Die bekannte Trias von »Glaube, Hoffnung, Liebe«, die sich im ersten Brief an die Korinther findet, im Kapitel 13, könnte der Pfarrer bei seiner nächtlichen Messe durchaus verwendet haben. Vielleicht hat er die Passage dem glücklosen König sogar vorgelesen.

In der Philosophie der Neuzeit misst man der Hoffnung kaum Bedeutung zu. Man betrachtet sie als einen irrationalen und weitgehend sinnlosen Affekt. Erst mit Kants Frage »Was darf ich hoffen?« entsteht eine neue Perspektive, die das Schicksal des Einzelnen ins Zentrum stellt. Es ist vor allem dann die Existenzphilosophie, die der Hoffnung philosophische Bedeutung gibt.

Das Phänomen Hoffnung als »gehobene, besser hebende Stimmung« wurde von Heidegger wie folgt auf den Punkt gebracht: »Man hat die Hoffnung im Unterschied von der Furcht, die sich auf ein malum futurum bezieht, als Erwartung eines bonum futurum charakterisiert. Entscheidend für die Struktur des Phänomens ist aber nicht so sehr der ›zukünftige‹ Charakter dessen, worauf sich die Hoffnung bezieht, als vielmehr der existenziale Sinn des Hoffens selbst. Der Stimmungscharakter liegt auch hier primär im Hoffen als einem Für-sich-Erhoffen. Der Hoffende nimmt sich gleichsam mit in die Hoffnung hinein und bringt sich dem Erhofften entgegen. Das aber setzt ein Sich-gewonnen-Haben voraus.«

Wer sich verloren hat, ein Verlorener ist, hat auch keine Hoffnung mehr. Er kann sich weder in die Hoffnung mit hineinnehmen noch dem Erhofften entgegenbringen.

Die menschliche Leistung des Hoffens, so Heidegger, liegt in ihrem »ekstatisch-zeitlichen Bezug« zum Geworfensein in die Welt. Dieser Geworfenheit will sich der hoffende Mensch nicht überlassen. Er will nicht bloß dahinleben, warten, vergessen oder gleichgültig sein, sondern sich schon im Hier und Jetzt ekstatisch, das heißt schwärmerisch-rauschhaft vorstellen, wie es ist, wenn also doch alles gut geht. Das bringt Erleichterung. Und wenn es das Gewünschte auch nicht hervorbringen kann, so lähmt es doch zumindest nicht die Tatkraft und den Mut.

Herr Maria konnte befreit aufatmen. Die Hoffnung hatte er beim Schreiben seiner Geschichte über den Golddukaten gar nicht im Sinn gehabt. Aber es war passend, sie ins Spiel zu bringen. Er konnte sie in der Tat gut gebrauchen und es war wohltuend, dass ihn der Philosoph in ihr bestärkte.

Als er die Bibel zur Hand nahm und 1. Kor. 13 aufschlug, war er sehr gerührt, weil er diese schöne Passage seit seiner Schulzeit nicht mehr gehört hatte:

»Die Liebe ist langmütig, die Liebe ist gütig. Sie ereifert sich nicht, sie prahlt nicht, sie bläht sich nicht auf. Sie handelt nicht ungehörig, sucht nicht ihren Vorteil, läßt sich nicht zum Zorn reizen, trägt das Böse nicht nach. Sie freut sich nicht über das Unrecht, sondern freut sich an der Wahrheit. Sie erträgt alles, glaubt alles, hofft alles, hält allem stand. (...) Für jetzt bleiben Glaube, Hoffnung, Liebe, diese drei; doch am größten unter ihnen ist die Liebe.«

Als seine Frau verstorben war, hatte er viele Jahre lang den Eindruck gehabt, der Liebe entfremdet worden zu sein. Er konnte sie für nichts und niemanden mehr empfinden. Was blieb, war sein Ehrgeiz. Den konnte er in seiner Arbeit hinreichend befriedigen. Immerhin, das hatte ihn weitergebracht. Doch er fühlte sich innerlich leer und etwas verloren. Nicht dass er sonderlich darunter gelitten hätte, aber es war eine stete Unruhe in ihm, die erst mit seinen Reisen und mit dem Staunen in den großen Glashäusern zu schwinden begann.

All seine Liebe, so hatte er jedenfalls den Eindruck, galt jetzt den vielen kleinen und größeren Lebewesen, die unter seinem Dach lebten und völlig von ihm abhängig waren. Um diese kümmerte er sich hingebungsvoll, sodass es ihnen an nichts fehlte. Und in diese setzte er auch seine höchsten Hoffnungen, auf dass sie eines Tages ... ja, eines Tages ... jetzt konnte jeder Tag der letzte sein. Wirklich sehr aufmerksam, dachte er, dass der Philosoph ihm die Medizin seiner Frau empfohlen hatte. Vielleicht würde sie ihm helfen all das zu überstehen.

Nachdem er sich einen starken türkischen Kaffee zubereitet hatte, in den er reichlich Kardamom und etwas Salz streute, nahm er ihn mit hinauf in seine Sammlung und machte sich an seinen Pflanzen zu schaffen. *Gasteria pillansii var. ernesti-ruschii* hatte Samen angesetzt. Diese klein bleibende, etwas raublättrige Sukkulente aus dem südlichen Namibia kommt an schattigen Plätzen vor, unter Büschen oder Felsen, wo die Sonne nicht so sengend ist. Ihre rosa- bis orangefarbenen Blüten hängen vor allem im Winter wie schmale Glöckchen auf hohen Rispen und bleiben ungewöhnlich lange frisch.

Vorsichtig schob er die verdorrte Rispe in eine kleine Papiertüte, verschloss diese mit seinen Fingern und schnitt die Rispe dann mit der Schere ab. So konnten die kleinen Körnchen nicht aus den Hüllen springen und sich am Boden verlieren. Sie waren für einen Freund bestimmt, der ein Meister in der Aufzucht von Sämlingen war.

Gasteria pillansii var. ernesti-ruschii war die Einzige ihrer Gattung, die es vorzog, im Spätherbst zu blühen, dann über den Winter zu wachsen und im Frühjahr Samen anzusetzen. Im Sommer hielt sie Herr Maria weitgehend trocken. Es war erstaunlich: Fast alle seine Pflanzen hatten ihren natürlichen Standort auf der südlichen Halbkugel, jenseits des Äquators, wo in unserem Sommer Winter ist. Ein Großteil von ihnen konnte sich an die Bedingungen auf der Nordhalbkugel anpassen. Es gab jedoch Gattungen – und oft nur einzelne Spezies innerhalb einer Gattung –, welche die Umstellung konsequent verweigerten. Diese wurden dann »Winterwachser« genannt, was Herr

Gasteria pillansii var. ernesti-ruschii
Pflanzenhöhe: 12 cm

Maria auf deren Namensschildern mit einem orangen Punkt vermerkt hatte, um es beim Gießen nur ja nicht zu vergessen.

Gerade dabei musste er sich gut konzentrieren. Wurde eine Pflanze zur falschen Jahreszeit gegossen, musste er sie auf eine lauwarme Heizung stellen und dabei manchmal sogar aus dem Topf nehmen, damit die Erde wieder abtrocknen konnte. Diese Tortur hielten die Wurzeln jedoch oft nicht aus, sodass die Pflanzen dann nicht mehr zu retten waren. Deshalb hatte er die orangen Punkte eingeführt, um solche Fehler nicht wieder zu begehen.

Nach dem Abendessen sah er auch nochmals vor die Eingangstür. Dort stand schon das Päckchen mit der Medizin, das der Student freundlicherweise beim Philosophen und seiner Frau abgeholt und ihm per Kurznachricht bereits angekündigt hatte. Beigelegt war ein handgeschriebener Text, in dem die Frau des Philosophen ihm unter anderem den Rat gab, angesichts der Schärfe des Präparats – um sich nur ja nicht den Magen zu ruinieren – recht viele Reisgerichte zu essen sowie reichlich Bananen mit Camembert.

Der Dieb oder Die Gerechtigkeit

Es war zu jener Zeit, als auf den Straßen die ersten Geldautomaten installiert wurden. Von der eigenen Bank erhielt man eine Kontokarte, der ein Zahlencode zugeordnet war. Meine Mutter war gleich von Anfang an dabei. Und da sie es praktisch fand, schrieb sie den Code auf einen Zettel und steckte ihn in ihre Geldbörse, gleich neben die neue Karte.

Verwendet hat sie diese Karte nie, weil mein Vater, der Finanzminister der Familie, immer genug Geld für alle bereitstellte. Und so wurde die Karte schlichtweg vergessen, bis ein Anruf von der Bank kam. Mein Vater nahm die Botschaft entgegen: Man habe das Konto sperren müssen, weil es maximal belastet worden sei. Die Mutter habe, so die Bank zu meinem Vater, über mehrere Wochen hinweg insgesamt mehr als den möglichen Maximalbetrag abgehoben, was zu dieser Misere geführt habe. Der Schuldenstand sei ehestmöglich zu begleichen.

Rasch wurde klar, dass die Karte nebst dem Zettelchen mit dem Code nicht mehr in der Geldbörse meiner Mutter war und dass sie die Karte auch nicht verloren haben konnte, weil sie niemals benutzt worden war. Demnach war sie vermutlich gestohlen worden. Meine Mutter weinte und bereute ihren Leichtsinn. Dann ging sie zur Polizei.

Der Dieb wurde gesucht und auch rasch gefunden. Die Fahndung ergab, dass es ein Schüler meiner Mutter gewesen war. Er gab zu, die Karte und den Code in ihrer Abwesenheit aus der Geldbörse entwendet zu haben, und gestand weiters, dass er nicht mehr im

Besitz des Geldes sei. Er habe damit eine Reise gemacht, eine Wohnung gemietet und auch eingerichtet, denn seine Freundin sei schwanger und er wolle für die künftige Familie sorgen. Beide waren minderjährig.

Nach ein paar Monaten wurde meinen Eltern mitgeteilt, dass sie bei der Sache wohl das Nachsehen haben würden. Besagter junger Mann sei zwar zweifellos ein Dieb, aber da nach aktuellem Bestreben das Mädchen und das Kind geschützt werden sollten, könne der Dieb nicht gezwungen werden, das Geld ad hoc zurückzubezahlen. Seine Schuld sei freilich nicht beglichen, man müsse zuwarten, wie sich die Sache entwickle, und mit Rückzahlungsraten zufrieden sein.

Drei Monate später absolvierte ich meine Führerscheinprüfung. Und eines Abends bäumte sich plötzlich der Gerechtigkeitssinn meines Vaters auf und er sagte: »Wenn dieser Herr Dieb, dieser unglückselige Junge uns ungestraft so viel Geld stehlen kann, dann kaufe ich unserem Buben um eben denselben Betrag ein Auto!« Gesagt, getan. Ich bekam einen fast neuen VW-Bus geschenkt. Meine Mutter war sehr gerührt und mein Vater konnte stolz auf sich sein. Die Familienstimmung war wieder bestens.

SEHR GEEHRTER HERR MARIA,
die Reaktion Ihres Vaters war wirklich erstaunlich. Angesichts der Aussichtslosigkeit, das gestohlene Geld zurückzubekommen, hätte vielleicht ein anderer zu drastischen Sparmaßnahmen gegriffen. Nicht so Ihr Vater! Er hat den Fehlbetrag sogar verdoppelt! Seine spontane Eingebung war ein emotionaler Kunstgriff, ein

kreativer Akt, der alles wieder ins Lot brachte, sodass man die leidige Sache rasch vergessen konnte. Indem er Hand an die Waage der Gerechtigkeit legte, überlistete er das Schicksal gewissermaßen.

Im fünften Buch seiner »Nikomachischen Ethik« nennt Aristoteles drei Tugenden, die sich auf Einkommen und Vermögen beziehen: Freigebigkeit, Hochherzigkeit und Gerechtigkeit. Letztere unterscheide sich von den beiden Ersteren wie folgt: Wenn jemand einem anderen etwas schuldet, darf das Gesetz eingreifen, andernfalls nicht. Das heißt, dass ein Mangel an Freigebigkeit und Hochherzigkeit nicht eingeklagt werden kann, Ungerechtigkeit aber sehr wohl. So könnte man vielleicht sagen, dass Freigebigkeit und Hochherzigkeit eine Art Notfallprogramm sind, um Ungerechtigkeiten aller Art, die auf dem Rechtsweg keinen Ausgleich finden, durch Eigeninitiative zu beseitigen.

In besagtem Fall wurde der Klage zwar stattgegeben, das verübte Unrecht jedoch nicht beglichen, weil zu Gunsten des Diebes entschieden wurde. Diesem wurde zugestanden, mit dem Diebesgut eine Familie zu gründen, was – angesichts seiner Minderjährigkeit und zum Schutz des noch ungeborenen Kindes – vom Gericht als wesentlicher erachtet worden war, als das Opfer des Diebstahls zu entschädigen. So wurde die Gerechtigkeit, klassisch verstanden, de facto außer Kraft gesetzt, weil ihr eine andere, als höherwertig erachtete Gerechtigkeit, die man vielleicht als eine moderne Form der Freigebigkeit und Hochherzigkeit betrachten könnte, übergeordnet wurde. Bedenklich freilich ist, dass die Kosten, die jene Tugenden verursachten, von den Opfern getragen werden mussten und nicht von jenen, die sie juristisch ins Spiel brachten.

Vergleichbare Fälle, Herr Maria, gab es immer schon. So unterscheidet Aristoteles zwischen dem abstrakten, schlechthin Gerechten, der Gerechtigkeit als Tugend – *dikaiosyne* –, und dem konkret Gerechten – *dikaion* –, das sich in Form von Gesetzen äußert.

Dikaiosyne sei weder eine Wissenschaft noch eine Fähigkeit, sondern eine Haltung, aufgrund derer man a.) zum Gerechtsein fähig ist, b.) gerecht handelt und c.) es auch will. *Dikaiosyne* ziele auf das Gerechte um seiner selbst willen ab. Für diese Haltung reiche es nicht, bloß die Gesetze zu kennen. Vielmehr müsse man in den konkreten Fällen auch gerecht handeln. Zu erwerben sei diese Haltung durch ständiges Üben, was für Aristoteles der springende Punkt jedweder Ethik war.

Dikaion, das sich in geschriebenen wie ungeschriebenen Gesetzen äußert, unterscheide sich von der *dikaiosyne* insofern, als das Gesetz nur Werke der Gerechtigkeit verlangen kann, nicht die entsprechende Haltung selbst. Darüber hinaus würden sich Gesetze mit Verboten begnügen und hätten nicht auch Gebote im Sinn, was die Haltung oder Tugend der Gerechtigkeit jedoch sehr wohl bezweckt.

Des Weiteren, so Aristoteles, befasse sich die auf das Gesetz bezogene Gerechtigkeit (*dikaion*) auch mit all jenen äußeren Gütern, die im Rahmen des öffentlichen Lebens notwendig und für dieses eine Vorbedingung sind. Gemeint seien a.) die Ehre, das heißt Ämter und Würden, b.) das Einkommen oder Geld sowie c.) Gesundheit und Sicherheit. Vielleicht war es Letzteres, was der Richter in besagtem Fall im Sinn hatte, wenn er zu Gunsten des Diebes und seiner künftigen Familie entschied.

Was den gesetzlich geregelten Bereich öffentlicher

Zuteilungen betreffe, so Aristoteles, vor allem der Zuteilung von Ehre und Geld, so sei stets nach Würdigkeit und Verdienst zu urteilen: Je würdiger die Person sei, desto mehr Güter stünden ihr zu. Ich kann mir gut vorstellen, Herr Maria, dass dies genau der Punkt war, der Ihren Vater dazu brachte, den Urteilsspruch mit einem überaus liebenswürdigen, aber völlig irrationalen Akt einer erneuten Zuteilung – diesmal aus eigenen Gnaden – gewissermaßen auszuhebeln und so wieder ins Lot zu bringen. Denn dass der Dieb von Rechts wegen für würdiger befunden wurde als die unfreiwillige Geldgeberin und demnach das Geld in ungewissen Raten bezahlen sollte, ist in der Tat schwer zu verkraften.

Am Ende des fünften Buches seiner Ethik nennt Aristoteles drei Tugenden, die in ihrer Anwendung imstande sind, das gesetzlich Geforderte dem jeweiligen Einzelfall anzupassen: Billigkeit (angemessene Anwendung gesetzlicher Bestimmungen), Klugheit und freundschaftliche Gesinnung.

Billigkeit erfordere Urteilskraft und werde durch die Fähigkeit zur Klugheit ergänzt. Ob es von Seiten des Richters tatsächlich klug war, das gestohlene Geld beim Gesetzesbrecher zu belassen, sei dahingestellt. Wir wissen nicht, wie sich die auf Basis eines Diebstahls gegründete Familie in der Folge entwickelt hat. Wie ich Ihrer Geschichte jedoch entnehmen kann, Herr Maria, hat der Dieb nur sehr wenig vom gestohlenen Geld zurückbezahlt, es also als seinen Besitz, womöglich gar als sein Eigentum betrachtet. Insofern ist anzuzweifeln, ob das Urteil pädagogisch sinnvoll war.

Letztlich, laut Aristoteles, sei im Zweifelsfall aber erst freundschaftliche Gesinnung imstande, den Sinn der

Gerechtigkeit zu erfüllen. So betrachtet hat Ihr Vater mit einem Akt freundschaftlicher Liebe, die seiner Familie und im Speziellen Ihnen galt, der Gerechtigkeit letztlich Genüge getan.

Nachdem Herr Maria die Ausführungen des Philosophen studiert hatte, konnte er sich wieder an den Gesichtsausdruck seines Vaters erinnern, als dieser damals beim Abendessen zu reden begann. Eigentlich waren es zwei Gesichter, die er plötzlich vor Augen hatte. In dem einen war Aufregung zu lesen und wilde Entschlossenheit. In dem anderen stand große Verwunderung über das, was der Vater eben gesagt und beschlossen, was ungeplant aus ihm herausgesprudelt war.

Es war eine überaus erstaunliche Szene gewesen. Seine Mutter hatte Tränen in den Augen gehabt. Herr Maria selbst konnte es damals kaum fassen. Nie hätte er sich in jungen Jahren ein Fahrzeug leisten können. Auch war sein Vater keineswegs ein reicher Mann, der solcherlei Gaben aus dem Ärmel schütteln konnte. Jedenfalls hatte ihm das Fahrzeug, das er unverhofft erhalten hatte, ein feines Gefühl von Freiheit gegeben. Und da es ein Kleinbus war, konnte er obendrein noch durch Transporte aller Art Geld verdienen, das erste Mal in seinem Leben. Von diesem Geld hatte er sich seinen ersten Rechner gekauft.

Gedankenverloren ging Herr Maria in die Küche und sah nach den Lebensmitteln, die er geliefert bekommen hatte. Es waren die Zutaten für »Ghormeh Sabzi« dabei, eines der beliebtesten Gerichte der persischen Küche. Das Rezept hatte ihm einst die Mutter eines Freundes verraten.

Dazu galt es, ein halbes Kilo Lammfleisch in mittelgroße Würfel zu schneiden und gemeinsam mit zwei zerhackten Zwiebeln bei starker Hitze anzubraten. Dann war eine spezielle Kräutermischung unterzurühren, die aus Petersilie, Schnittlauch und Bockshornklee bestand und die es fixfertig aus der Dose gab. Die Kräuter waren kurz mit anzubraten und anschließend mit drei Tassen Wasser aufzugießen. Nach dem Aufkochen gab man einen Teelöffel Curry und ein Viertelkilo Schwarzaugenbohnen hinzu sowie fünf Limo Amani, getrocknete Limetten, die es leicht zu zerdrücken galt, damit sich ihr Geschmack besser entfalten konnte. Das Ganze war dann bei schwacher Hitze und in einem geschlossenen Topf zwei Stunden lang am Kochen zu halten. Erst am Ende, wenn die Bohnen weich waren, wurde mit Salz und Pfeffer abgeschmeckt. Salz wurde deshalb erst am Ende hinzugefügt, weil sonst die Gefahr bestand, dass die Bohnen trotz stundenlanger Kochzeit hart und ungenießbar blieben.

Für Herrn Maria war das köstliche Aroma, das sich aus den Kräutern und dem Geschmack der Limetten ergab, stets eine Art Fernreise. Hinzu kam noch der Duft von Basmatireis sowie die ätzende Schärfe indischer Mixed Pickles, die er sich in kleinen Mengen auf den Tellerrand legte. Nach dem ersten Bissen huschte er noch geschwind ins Wohnzimmer, um einen seiner liebsten Bildbände und einen Buchständer zu holen.

So war er beim Essen nicht allein. Es war eine üppige Monografie über die Flora von Socotra, einer zu Arabien gehörigen Insel, die im Golf von Aden liegt und zum Staatsgebiet des Jemen gehört.

Socotra war vor dreißig Millionen Jahren vom Festland abgetrennt worden und in eine Gegend gedriftet, in der sich dank kräftiger Monsune die Flora der Kreidezeit erhalten hatte. Weit über zweihundert endemische Pflanzenarten waren dort zu finden, die es nirgendwo auf der Welt mehr gab, wie etwa die flaschenförmige Wüstenrose, *Adenium socotranum*, deren Stamm einen Umfang von acht Metern erreichen kann und die nach starken Regenfällen tausende Blüten trägt. Socotra ist auch die Heimat von *Dorstenia gigas*, einer botanischen Rarität, die auf einschlägigen Sukkulentenbörsen wie Gold gehandelt wird, sowie des legendären und bizarren Drachenblutbaums, *Dracaena cinnabari*. Die ältesten Exemplare sind weit über tausend Jahre alt und sehen wie gigantische Pilze aus. Auf dieser abgelegenen Insel konnte man außerdem durch Wälder von uralten Weihrauchbäumen gehen.

Nach dem Essen nahm Herr Maria dankbar die empfohlene Medizin und machte sich diesmal einen besonders starken türkischen Kaffee, den er gemeinsam mit dem botanischen Bildband mit hinauf auf den Dachboden transportierte. Dort setzte er sich gleich an seinen Mosaiktisch, um gemütlich weiterzuschmökern. Auch ein Foto von *Cynanchum socotranum* war zu sehen, ein erst 1972 entdeckter Endemit, der in seiner Sammlung noch unter dem alten Namen *Sarcostemma socotranum* gelistet war.

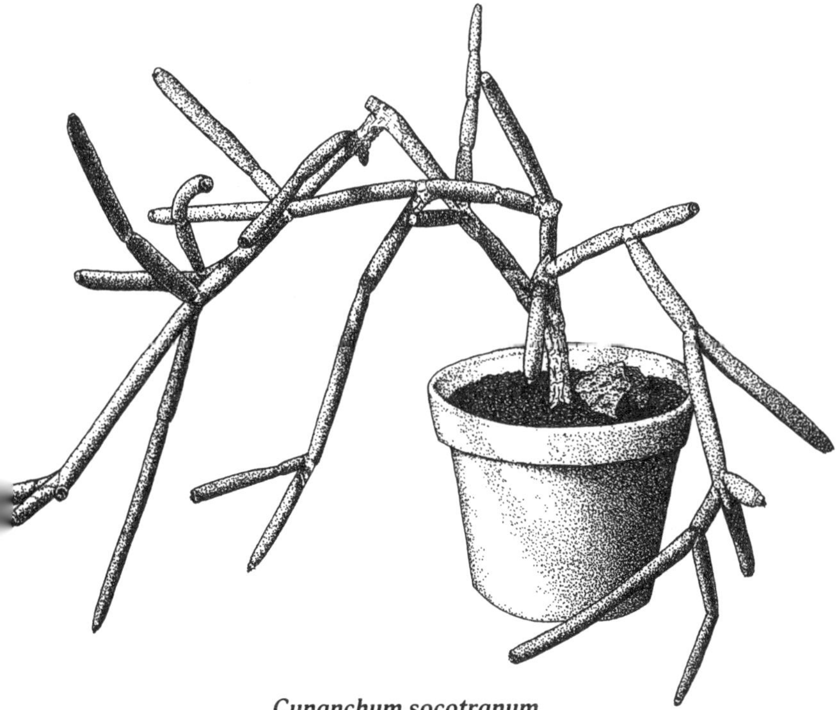

Cynanchum socotranum
Pflanze: 20 x 40 cm

Er hatte dieses ungewöhnliche Lebewesen, das wie die technische Zeichnung einer chemischen Formel wirkte, einst im Tausch gegen einen seltenen tropischen Farn erworben. Mehrmals schon hatte er Stecklinge geschnitten, damit die Pflanze in Form blieb und nicht allzu groß werden konnte. An den hellen, graugrünen Stämmchen, die nie Blätter trugen, dafür aber selbst Photosynthese betreiben konnten, zeigten sich ab und zu bräunliche Blüten, die ungewöhnlich süß dufteten. Das gab Herrn Maria zu verstehen, dass sich *Cynanchum socotranum* auch fernab der Heimat sehr wohl fühlte.

Der Vorfall oder Schuldgefühle

Es war in meinen frühen Zwanzigern, als es noch die Stadtbahn mit den holzgetäfelten Waggons gab, aber schon längst keine Schaffner mehr. Diese hatten die Aufgabe gehabt, in den Stationen für Sicherheit zu sorgen. Wenn alle eingestiegen waren, gaben sie dem Lokführer mit der Signaltafel ein Zeichen, sodass dieser die Türen schließen und abfahren konnte.

Ich kann mich noch gut erinnern, als ich eines Mittags einen dieser schaffnerlosen Züge bestieg, wo es bei den Türen weder Lichtschranken noch Kameras gab, so wie heute. Wer das akustische Warnsignal überhörte, unachtsam oder zu langsam war, wurde eingezwickt und geriet dabei zwischen zwei Hartgummileisten, aus denen es nur mit großer Kraft ein Entkommen gab. Dass diese Türen gefährlich waren, hatte sich schon herumgesprochen. Etliche Fahrgäste, die sich nicht mehr rechtzeitig befreien konnten, waren mitgeschleift und verletzt worden. Deshalb gab es überall Notbremsen mit leuchtend roten Griffen.

Und dann kam dieses kleine Mädchen, ein Kind von vielleicht acht Jahren, das noch einsteigen wollte. Es hatte die Hand auf den Griff im Waggon gelegt, als die Tür plötzlich zuschnappte und der Zug auch schon losfuhr. Die Hand blieb drinnen und das Mädchen lief draußen mit. Aber dann stürzte es, sodass nur mehr seine Hand zu sehen war, die zwischen den Hartgummileisten hinuntergezogen wurde und verschwand. Im gleichen Moment gab es ein lautes Poltern, das von der Unterseite des Waggons herkam. Sekunden später stand der Zug still.

Es waren etwa zehn Personen, die diesen Vorfall beobachtet hatten. Direkt über der Tür befand sich einer der roten Griffe, den man nur hätte ziehen müssen. Aber niemand tat es. Alle schauten gebannt zu, wie das Mädchen draußen stand, mit aufgerissenen Augen mitlief und dann schließlich unter die Räder kam. Ich konnte nicht sagen, wie lange das Mädchen mitgeschleift wurde. Aber die Stadtbahn war vielleicht zehn, fünfzehn Meter weit gefahren.

Uns allen standen die Haare zu Berge, mir jedenfalls. Jeder hatte die schrecklichen Geräusche gehört und wusste, was da unten bei den Schienen geschehen war. Die Blicke, die wir uns zuwarfen, gaben zu erkennen, dass wir uns alle entsetzlich schämten. Ich kann mich gut erinnern, wie ich gebannt auf die kleine Hand starrte, wie sie langsam nach unten rutschte. Ebenso erinnere ich mich, dass ich die Notbremse sah. Aber dass ich sie gezogen hätte, dazu kam es nicht.

Einige Zeit später gingen die Türen auf. Zwischen der Kante des Bahnsteigs und dem Waggon war nur ein enger Spalt, sodass ich beim Aussteigen nichts erkennen konnte. Entsetzt blieb ich noch eine Zeit lang stehen, so lange, bis die Feuerwehrleute kamen. Als diese den Waggon zu heben begannen, ging ich schnell fort, weil ich nicht sehen wollte, was dort zum Vorschein kam. In der Zeitung war dann zu lesen, dass das Mädchen wie durch ein Wunder nahezu unverletzt geblieben war. Sie war so klein und leicht gewesen, dass ihr der enge Spalt und die scharfen Räder nichts anhaben konnten.

VIELEN DANK, HERR MARIA,
dass Sie diese Erfahrung mit mir geteilt haben. In diesem Fall fragt sich, ob tatsächlich schuldhaftes Verhalten vorliegt, ob Schuldgefühle berechtigt sind oder nicht.

Angesichts Ihrer damaligen Eindrücke und den Ihnen erinnerlichen Blicken der Fahrgäste muss es wohl irgendeine Form von Schuld gewesen sein. Gewissensregungen wie Scham oder Reue, die unmittelbar nach Geschehnissen auftreten, kommen einem Geständnis gleich. Der wesentliche Punkt ist, welchen Charakter diese Schuld hat, wie sie sich von anderen schuldhaften Verhaltensweisen abgrenzen lässt und insgesamt zu bewerten ist.

Juristisch betrachtet scheint keine Straftat vorgelegen zu haben, sonst hätten Sie sich gemeinsam mit allen anderen vor Gericht verantworten müssen. Aber es gab einen inneren Richter, der von der Schuldlosigkeit nicht völlig überzeugt war und es bis heute noch nicht ist. Philosophisch betrachtet befinden wir uns damit im Bereich der Ethik.

Das griechische Wort *amarthia*, das mit »Schuld« übersetzt wird, meint eine menschliche Verfehlung, die Verfehlung eines als normativ verstandenen Handlungsziels. Dieses kann faktisch oder sittlich sein. Faktische Verfehlungen, wie das Verfehlen des Zieles mit dem Speer oder auch das Verfehlen der richtigen Worte im Gespräch, haben ihre Ursache in der Unvollkommenheit der menschlichen Natur. Sittliche Verfehlungen hingegen haben ihre Ursache im Willen, der aus freien Stücken eine Norm verletzt. Als *amarthia* gilt beides.

Die Frage nach der Ursache der Schuld und aller menschlichen Verfehlung wurde in der Philosophie gestellt. Die

Antwort Demokrits ist, dass die »Ursache jedes Vergehens (…) die Unkenntnis des Besseren« ist, der sich Vergehende also nicht gewusst habe, was er hätte besser machen können. (Fragment 83) Diesen Gedanken greift auch Platon auf und kommt zur Einsicht, dass niemand freiwillig böse sei, dass es eine Verfehlung wider besseres Wissen gar nicht geben könne: »Keiner ist nämlich absichtlich schlecht, sondern nur infolge eines üblen Zustandes seines Leibes und infolge einer mangelhaften Erziehung wird der Schlechte schlecht, und das ist für jeden etwas Verhasstes und geschieht nur gegen seinen Willen.« (Timaios, 86d)

Wenn wir diesen Gedanken für unseren Fall heranziehen, so könnten wir den »üblen Zustand des Leibes« oder die »mangelhafte Erziehung« dahingehend interpretieren, dass wenn Sie, Herr Maria, etwa einige Jahre Dienst bei der Freiwilligen Feuerwehr gemacht hätten, Ihre Reaktionsfähigkeit auf einem viel höheren Niveau gewesen wäre, sodass Sie vielleicht rechtzeitig die Notbremse gezogen hätten. Insofern waren Sie auch nicht »absichtlich schlecht«, sondern schlecht in Ihrer Reaktionsfähigkeit. Trotzdem war – und ist – Ihnen Ihr Verhalten »etwas Verhasstes«, wie es Platon formuliert, und entsprach keinesfalls Ihrem Willen.

Im römischen Recht kannte man anfangs nur die »Erfolgshaftung«, das heißt, jeder Mensch war für den äußeren Erfolg seiner Handlungen voll verantwortlich und haftbar. Der sagenumwobene Numa Pompilius, der zweite König von Rom, soll dann erstmals zwischen vorsätzlichen und nicht vorsätzlichen Handlungen unterschieden haben, je nachdem, ob sie auf *dolus* (widerrechtlichem Willen, Betrug, vorsätzliche Täuschung) beruhten oder nicht. *Dolus* setzte einen Täter voraus, dem die Tat zuzuschreiben war. In der Republik kam später noch der Begriff *culpa* (Schuld) hinzu. Dieser meinte vorsätzliches Verschulden und unwissentliche Schuld gleichermaßen. Unter Letzterer war die Fahrlässigkeit zu verstehen, die man damals aber nur als fahrlässiges Handeln, nicht auch als fahrlässiges Unterlassen kannte.

In Folge abertausender Prozesse, die von den römischen Gelehrten festgehalten und analysiert wurden, kannte das römische Recht am Ende dann nur mehr *culpa* als Schuld schlechthin. *Culpa* liege dann vor, wenn man jemandem eine Handlung vorwerfen könne. Vorzuwerfen seien auch fahrlässige Unterlassungen, wenn etwa eine Gefahr oder ein Schaden von einem sorgfältigeren Menschen hätte vorhergesehen und verhütet werden können.

Thomas von Aquin, der bedeutendste Gelehrte des Hochmittelalters, operiert in Fragen der Schuld mit den Begriffen *malum*, *peccatum* und *culpa*. *Malum* (Übel) sei ein schwerer Mangel an Ordnung und Form im Täter selbst oder in seinen Handlungsweisen, sodass ihm die Tat nicht als willentlich ausgelegt werden könne. *Peccatum* (Vergehen, Fehler) hingegen meine solche Handlungen, die einer geschuldeten Ordnung und Form aufgrund eines körperlichen Gebrechens, eines handwerklichen Fehlers oder eines sittlichen Vergehens nicht nachkommen könnten. Hier sei der Bereich des Willentlichen, so Thomas, schon deutlich mehr im Spiel. *Culpa* (Schuld) jedoch liege im eigentlichen Sinn nur dann vor, wenn es tatsächlich auch in der Macht des Handelnden hätte stehen können anders zu handeln: »Ubi minus de voluntario, ibi minus de culpa.« (Wo weniger an Willentlichem, dort weniger an Schuld) (Quaestiones Disputatae, De malo 2, 2)

Für die Gerichtsbarkeit ist es in der Praxis freilich schwierig, den Anteil an Willentlichem korrekt zu erkennen. Deshalb geht Immanuel Kant in seiner »Kritik der praktischen Vernunft« auch davon aus, dass der maßgebende Richterspruch aus dem je eigenen Gewissen komme und den Betreffenden in der Regel härter treffe als jedes äußere Gesetz: »Ein Mensch mag künsteln, soviel er will, um ein gesetzwidriges Betragen, dessen er sich erinnert, sich als unvorsätzliches Versehen, als bloße Unbehutsamkeit, die man niemals gänzlich vermeiden kann, folglich als etwas, worin er vom Strom der Naturnotwendigkeit fortgerissen wäre, vorzumalen und sich darüber für schuldfrei zu erklären, so findet er doch, dass der Advokat, der zu seinem Vorteil spricht, den Ankläger in ihm keinesweges zum Verstummen bringen könne (…).« (Kritik der praktischen Vernunft, A 176)

Befragt man Kants berühmten Kategorischen Imperativ in dieser Sache – »Ich soll niemals anders verfahren, als so, dass ich auch wollen könne, meine Maxime solle ein allgemeines Gesetz werden« (Grundlegung zur Metaphysik der Sitten, BA 17) –, so lässt sich leicht erkennen, dass man in der Tat nicht wollen kann, dass ein derartiges Verhalten wie jenes, das Sie in Ihrer Geschichte geschildert haben, verallgemeinerbar oder gar zur Regel wird. Die Sache ist nur, dass Sie, Herr Maria, gar keine Handlungsmaxime hatten, der Sie hätten folgen können, sondern schlichtweg überfordert waren. Was freilich immer noch im Raum steht, ist, dass es besser gewesen wäre, Sie hätten schneller reagiert. Freilich wäre es besser gewesen, wenn Sie bei der Freiwilligen Feuerwehr trainiert hätten. Es wäre sehr verdienstvoll und durchaus zumutbar gewesen, wenn Sie anders gehandelt hätten.

Doch wäre es überhaupt möglich gewesen? Folgt man der Philosophie Arthur Schopenhauers, welche die Freiheit des Willens für eine Illusion hält, so muss diese Frage verneint werden. Denn was zähle, sei bloß das stärkste Motiv, das den Willen im Moment erfasst. Das wäre in Ihrem Fall die dramatische Szene, die sich da vor Ihren Augen auftat und der Sie gebannt zugesehen haben. »Ich kann tun, was ich will«, schreibt Schopenhauer, »ich kann, wenn ich will, alles, was ich habe, den Armen geben und dadurch selbst einer werden – wenn ich will! – Aber ich vermag nicht, es zu wollen: weil die entgegenstehenden Motive viel zuviel Gewalt über mich haben, als daß ich es könnte.« (Preisschrift über die Freiheit des Willens, 3) Das soll freilich keine Entschuldigung sein, aber es wäre zumindest eine Erklärung.

Wie auch immer: Allein, dass Sie dieses Ereignis zu Papier gebracht haben, zeigt, dass Ihr Gewissen in dieser Sache nicht zur Ruhe gekommen ist. Was bleibt, ist das Schuldgefühl. Wesentlich ist aber jetzt noch, welchen Charakter dieses Schuldgefühl hat.

Die Tiefenpsychologie Sigmund Freuds unterscheidet normale von krankhaften Schuldgefühlen: »Das normale, bewußte Schuldgefühl (Gewissen) bietet der Deutung keine Schwierigkeiten, es beruht auf der Spannung zwischen dem Ich und dem Ichideal, ist der Ausdruck einer Verurteilung des Ichs durch seine kritische Instanz. (…) Bei der Zwangsneurose (…) ist das Schuldgefühl überlaut, kann sich aber vor dem Ich nicht rechtfertigen. Das Ich des Kranken sträubt sich daher gegen die Zumutung, schuldig zu sein, und verlangt vom Arzt, in seiner Ablehnung dieser Schuldgefühle bestärkt zu werden.« (Das Ich und das Es)

Alles spricht dafür, dass es sich in Ihrem Fall um ein bewusstes Schuldgefühl handelt, das nicht – im Unterschied zu Ihrem Erlebnis am Fußballplatz – verdrängt worden ist. Außerdem ist Ihrem Text nicht zu entnehmen, dass es Ihnen um eine Bestärkung der Ablehnung Ihrer Schuldgefühle meinerseits gegangen wäre. Der Vorfall stand Ihnen seit jeher klar vor Augen, die »Spannung zwischen dem Ich und dem Ichideal« hat sich nie gelegt. Das heißt, dass Sie all die Jahre moralisch sensibel geblieben sind. »Der Mensch ist das Wesen, das fähig ist, schuldig zu werden, und fähig ist, seine Schuld zu erhellen.« (Martin Buber, Schuld und Schuldgefühle)

Unter anderem war es auch sein Voyeurismus gewesen, dieser unheimliche Zwang zum Schauen, der Herrn Maria stets beunruhigt hatte. Was war damals in ihm vorgegangen? Im Grunde nichts. Er war bloß Auge gewesen, das Kind das Opfer. Gleich nach dem Unfall hatte er blutige Bilder im Kopf gehabt, die er nie vergessen konnte. Sie kamen immer wieder zum Vorschein, wie Szenen eines Films.

»Das Grauen …«, das waren auch die letzten Worte Marlon Brandos in *Apocalypse Now*, einem Film von Francis Ford Coppola, den Herr Maria einst im Kino gesehen hatte. Als er an die unheimliche Schlussszene und die entsetzliche Atmosphäre im Dschungel dachte, empfand er noch einmal große Unruhe wegen des Vorfalls in der Stadtbahn.

Seufzend stand er auf und ging hinüber zu seinem Bücherregal. Dieser Unruhe wollte er sich stellen. Und so nahm er sich gleich für den Abend Joseph Conrads *Heart of Darkness* vor. Damals im Kino – es war Marlon Brandos letzte Rolle, kurz vor seinem Tod – war im Nachspann zu erfahren, dass es die Verfilmung eben dieses Romans von 1902 war. Diesen hatte er sich dann gleich besorgt. Die tropische Hitze, der Wahnsinn und der massenhafte Tod ... »This is the end, beautiful friend, the end«, hatte Jim Morrison von den Doors in diesem Film gesungen.

Das Grauen, das ihm eben noch im Nacken gesessen war, hatte sich merklich verflüchtigt, als er es als filmische Inszenierung vor sich sah. So konnte er sich beruhigen und empfand auch Vorfreude auf seine abendliche Lektüre.

Nach einem großen Stück Schokolade und zwei Bananen nahm er seine Medizin und ging hinauf in seine Sammlung. Für heute hatte er sich vorgenommen einige Pflanzen umzutopfen. Spätestens nach drei, vier Jahren war das Substrat verbraucht und musste getauscht werden. Dazu galt es, zunächst die Gläser mit den Zuschlagstoffen nachzufüllen, die sich im Regal über der großen Holzschütte befanden. Mit diesen mineralischen und biologischen Substanzen, die zu den Erden in kleinen Mengen beigemischt wurden, konnten heikle Pflanzen erst artgerecht wachsen und auch reichlich blühen.

Das Umtopfen hatte am besten kurz vor oder zu Beginn der Wachstumszeit zu geschehen. So konnten sich die Wurzeln rasch erholen. Manche Pflanzen hatten derart empfindliche Wurzeln, dass ein Umsetzen nie zu empfehlen war. Wer eine *Welwitschia mirabilis* in einem zu kleinen Topf großgezogen hatte, konnte das wertvolle Stück sehr leicht wieder verlieren. In solchen Fällen war es ratsam, von vornherein größere Pflanzgefäße zu wählen. Bei vielen Pflanzen konnte man die besten Resultate erst dann erzielen, wenn man sie in einem Grundbeet frei auspflanzte und sich die Wurzeln nach Belieben entwickeln konnten. Dazu hätte Herr Maria aber ein echtes Glashaus gebraucht. Diese Möglichkeit hatte er auf seinem Dachboden leider nicht.

Sansevieria kirkii, die ihm gleich ins Auge fiel, gehörte zu jenen Sukkulenten, die er möglichst lange im selben Topf beließ. So wie alle Sansevierien gedieh auch sie viel besser, wenn die Wurzeln eingeengt waren. Vor allem die unterirdischen Rhizome, aus denen die neuen Blätter sprossen, nahmen mit der Zeit gewaltige Ausmaße an, weshalb sie imstande waren, dickwandige Tontöpfe und selbst glasierte Bonsai-Schalen zu sprengen.

Was Herrn Maria an *Sansevieria kirkii* immer schon verwundert hatte, war ihr enormes Gewicht. Sie war, in Relation zu ihrer Größe, mit Abstand die schwerste Pflanze, die er besaß. Ihr Wachstumsverhalten war ebenfalls recht eigenartig. Wenn ein neues Blatt hinzukam, was selten der Fall war, entstand es in vielleicht ein, zwei Wochen. Dann war oft das ganze Jahr über keinerlei Veränderung mehr zu bemerken.

Ihre Heimat hatte *Sansevieria kirkii* in Gabun, Kenia, Tansania, Malawi, Mosambik, Sambia und Simbabwe, also in jenen Regionen Afrikas, in denen das Klima überwiegend subtropisch oder tropisch ist. Deshalb musste Herr Maria sie auch im Winter etwas wärmer stellen. Sein Exemplar war etwa fünfzehn bis achtzehn Jahre alt und noch vergleichsweise klein. In freier Wildbahn können die Blätter jedoch weit über zwei Meter lang werden und armdick.

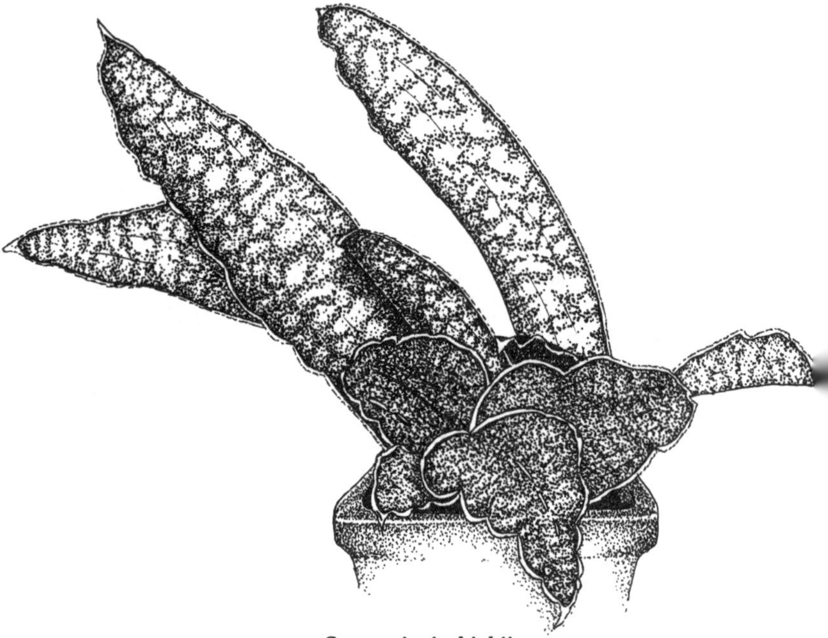

Sansevieria kirkii
Pflanze: 20 x 30 cm

Staunend blieb er noch eine Zeit lang stehen. Dann begann er umzutopfen. Dreiunddreißig Pflanzen bekamen frisches Substrat mit reichlich Mineralstoffen, sodass sie für die nächsten Jahre versorgt waren.

Als es zu dämmern begann, wusch Herr Maria sich den Staub von den Händen und zog sich wieder unten im Wohnzimmer in den Lehnstuhl zurück, wo schon Joseph Conrads *Heart of Darkness* auf ihn wartete. Vor dem Schlafengehen fiel ihm ein, dass er nur mehr eine einzige Limette im Kühlschrank hatte, woraufhin er dem freundlichen Studenten noch eine Kurznachricht schickte. Die Geschichte für den morgigen Tag hatte er bereits im Kopf – und schwarzer Tee ohne Limettensaft kam nicht in Frage.

Ich war noch keine dreißig Jahre alt, als ein Schulfreund mir einen seiner Nachbarn vorstellte, den er für witzig und besonders brillant hielt. Wir kamen rasch ins Gespräch. Bald wurde klar, dass uns das Wissen des jeweils anderen faszinierte. Voll brennender Neugier wollte dieser Mensch alles über die Welt der Rechner und Maschinensprachen erfahren. Er selbst hingegen war ein Meister der alten Welt, konnte Latein in Wort und Schrift, Altgriechisch und Hebräisch, sogar etwas Sanskrit.

Da wir einander sympathisch waren, kam es zu einer Reihe von Gesprächen, bei denen wir unser Wissen teilten. Wie ein wandelndes Lexikon hatte er den Geist von Jahrtausenden in sich, dass es eine Freude war ihm zuzuhören. Er hingegen lauschte andächtig meinen technischen Erläuterungen und zog sich dabei in eine Traumwelt zurück, die mir anfangs verschlossen blieb.

Die Gespräche fanden an seinem Arbeitsplatz statt, in einer unterirdischen Passage der Stadt, gleich neben den öffentlichen Toiletten. Dort hatte er sein Kämmerchen und saß an einem Holztisch, von dem aus er die Monitore überblicken konnte, welche die Rolltreppen überwachten. Sein Dienst betrug zwölf Stunden, von sechs Uhr abends bis sechs Uhr früh. Ich kam meist einmal die Woche gegen neun und blieb bis nach Mitternacht.

Ich musste ihm alle Produkte, die ich bereits entwickelt hatte, bis ins Detail erklären, was mir im Umgang mit Kunden später sehr zugutekam. Er konnte durchaus folgen und stellte verblüffende Fragen, die mich öfters zu neuen Lösungen führten. Zwischendurch rezitierte er Passagen aus berühmten Büchern, die er anregend kommentierte, oder er brachte mich zum Lachen, was unsere Freundschaft noch vertiefte.

Manchmal trug er auch eigenwillige Thesen vor, so wie jene, dass die Biologie und damit das Leben ein logischer Fehler sei. Eins und eins ergeben zwei, meinte er, das sei logisch und klar. In der Biologie hingegen sei etwas schiefgelaufen. Dort würde eins (ein Mann) und eins (eine Frau) drei ergeben, was logisch falsch und auch der Grund der gesamten Misere sei. Und so habe er auch niemals Vater werden wollen, um diesem Fehler nicht noch Vorschub zu leisten. Bei solchen Worten, die ich oftmals hörte und bei denen ich stets ratlos war, begann er nach Luft zu ringen und einen roten Kopf zu bekommen.

Später begann er auch von seinem Leben zu erzählen, besonders in den letzten Jahren, als er schon krank war und nicht zum Arzt gehen wollte. Am Ende zog er sich völlig zurück und wollte niemanden mehr sehen. Ich schrieb ihm noch zwei Briefe, die er nicht beantwortete. Dann kam die Nachricht, dass er verstorben und erst Wochen später aufgefunden worden war. Nach dem Begräbnis, das mir ungemein zu Herzen ging, konnte ich gemeinsam mit seinem Nachbar sein schwieriges Leben rekonstruieren.

Der Vater unseres verstorbenen Freundes, ein gelehrter Dichter, war aus seiner Heimat, einem unserer Nachbarländer, vertrieben worden. Seine Mutter, die mit der Familie nachkommen wollte, hatte ihn, ihren jüngsten Sohn, im Alter von noch weniger als einem Jahr zu einem befreundeten Ehepaar gegeben, ihn also zurücklassen müssen. Etliche Jahre später erst kam er wieder zu seinen leiblichen Eltern, die ihm aber völlig fremd blieben. Diese schickten ihn ins beste Gymnasium der Stadt und danach wieder zurück in die alte Heimat, wo er seinem Wunsch gemäß Altgriechisch und Latein studieren durfte. In dieser Zeit musste er auch zwei Jahre lang Wehrdienst leisten. Vor allem waren das Aufräumungsarbeiten in einem ehemaligen Kriegsgebiet.

Gegen Ende seines Studiums wurde er – da er mit Abstand der Beste seines Jahrgangs war – von Jesuiten an die Vatikanische Universität nach Rom geholt, wo er gemeinsam mit zukünftigen Kirchenfürsten die bestmögliche Ausbildung und obendrein ein stattliches Stipendium erhielt. Kurz vor der Priesterweihe verließ ihn nach Jahren des Luxus jedoch der Mut, vermutlich auch der Glaube, sodass er zurück in sein altes Heimatland ging. Dort entzog man ihm den Reisepass und wollte ihn in den Krieg schicken, worauf er sofort die Flucht ergriff, gleich über mehrere Grenzen hinweg.

Neun Monate später wurde er von der Polizei wegen Landstreicherei aufgegriffen und in ein Flüchtlingslager gebracht. Erst nach eineinhalb Jahren bekam er Asyl und Arbeit in einer Werkstatt, wo er Lastwagenbatterien tauschte und eine fensterlose Kammer bewohnte, in der sein Bett stand. Nebenbei ging er an die lokale Universität, die ihn mit offenen Armen empfing. Ein halbes Jahr später saß er schon am sonntäglichen Mittagstisch des Ordinarius für alte

Sprachen, und es sah ganz so aus, als ob er einst dessen Nachfolger werden würde. Nur mehr die Dissertation wäre abzugeben gewesen.

Er hatte sie auch schon fertig in seiner Lade. Aus der Hand gegeben hatte er sie jedoch nie. Stattdessen nahm er eine Stelle als Nachtwächter an, wo er endlich, wie er später oft meinte, seine Ruhe gehabt habe. Freilich war ihm dort langweilig, sodass er große Hoffnungen in meine Gesellschaft setzte. Als sein Auge zu eitern begann, sprach er gerne von seinem Tod. Niemand von seinen Freunden konnte ihn davon überzeugen, zum Arzt zu gehen und sich behandeln zu lassen. »Eins minus eins sei null«, sagte er bei einem unserer letzten Treffen. Das sei doch logisch und klar.

SEHR GEEHRTER HERR MARIA,
die »eigenwillige« These Ihres Freundes war eine radikale Absage an das Leben. Sein einsamer Tod war ihre Konsequenz. Wo sie ihren Ursprung hatte, können wir nur vermuten, aber es besteht Grund zur Annahme, dass ihr Ursprung in der frühen Kindheit lag.

Ihr Freund hatte von Anfang an keine Heimat, keine ihm eigene, vertraute Welt. Er konnte nirgendwo Wurzeln schlagen und fühlte sich überall fremd. Da er schon im ersten Lebensjahr die Mutter verlor, konnte sich kein Urvertrauen bilden und in der Folge auch nichts, was im Leben stärkend und nährend gewesen wäre. Die alten Sprachen konnten seinen genialischen Geist sehr wohl beflügeln, ließen ihn aber kein Glück und keinen Sinn empfinden. Folgt man der Entwicklungspsychologie

Erik Eriksons, so ist mangelndes Urvertrauen so ziemlich das Schlimmste, das einem Menschen widerfahren kann. Die Folgen sind Zweifel, Schuld- und Minderwertigkeitsgefühle, Isolation, Stagnation und im Erwachsenenalter Verzweiflung.

Seine Talente, die ihm einen Bischofssitz oder ein Ordinariat eingebracht hätten, wollte Ihr Freund nicht nutzen, weil er keinen Sinn darin erkennen konnte. So zog er sich zurück und ließ sich treiben, bis er schließlich dem Tod bewusst ins Auge blickte und ihn vielleicht gar als willkommene Erleichterung empfing. Es ist überaus schmerzlich, dass man in solchen Situationen nicht helfen kann.

Wer nirgendwo hineingeboren und hineingenommen wird, kann sich auch nirgendwo hineinleben und es sich nirgends heimisch machen. Heimat – im höheren und tieferen Sinn – ist wesentlich etwas, was es erst zu schaffen gilt. Diese Leistung konnte Ihr Freund leider nicht erbringen. Sein hohes Wissen und all seine Fähigkeiten waren nirgendwo verankert.

»Der Kreis des Wissens«, schreibt Johann Heinrich Pestalozzi 1779, »durch den der Mensch in seiner Lage gesegnet wird, und dieser Kreis fängt nahe um ihn her, um sein Wesen und seine nähesten Verhältnisse an, dehnt sich von da aus, und muss bei jeder Ausdehnung sich nach diesem Mittelpunkte aller Segenskraft der Wahrheit richten. Reiner Wahrheitssinn bildet sich in engen Kreisen, und reine Menschenweisheit ruhet auf dem festen Grund der Kenntnis seiner nähesten Verhältnisse und der ausgebildeten Behandlungsfähigkeit seiner nähesten Angelegenheiten.« (Die Abendstunde eines Einsiedlers)

Pestalozzi, der streunenden Kindern Zuflucht und Bildung gab, der Urvater der neueren Pädagogik, konnte im Zuge seiner Arbeit erkennen, dass jeder »Wahrheitssinn« und jede »Menschenweisheit« in den »nähesten Verhältnissen« beginnt. Dieser kleine, enge und intime Kreis, der die liebenden Arme der Mutter, die gütige Sorgfalt des Vaters wie das Elternhaus, die Verwandten und die nächste Umgebung umfasst, sei der Mittelpunkt und spätere Bezugspunkt allen sinnvollen Wissens. Erst von dort aus konnte sich ein »Kreis des Wissens« über die Welt entfalten, »durch den der Mensch in seiner Lage gesegnet wird«.

Wissen, das seine Wahrheit aus diesem Mittelpunkt empfängt, so Pestalozzi, sei ungleich wertvoller als die sogenannte Wahrheit vordergründigen, weil später erworbenen Wissens, das ohne diesen Mittelpunkt nirgendwo sinnvoll eingeordnet werden könne und demnach auch keine »Segenskraft« besitze. Abstrakte Wissenszusammenhänge finden ohne »näheste Verhältnisse« keinen Bezug zur individuellen Welt. Erst dieser Bezug könne bewirken, dass Wissen auch in der Tat bildet.

Die individuelle Welt des Menschen kommt konzentrischen Lebenskreisen gleich. Der innerste liegt in den kleinsten und intimsten Verhältnissen der Familie, die Ihr Freund, Herr Maria, niemals positiv erleben konnte. Im schon größeren Kreis des Berufslebens konnte er ebenfalls nie reüssieren. Der große Kreis seiner Nation, der er angehörte, hatte schon seinen Vater verstoßen und wollte auch ihn in den Krieg schicken, sodass er flüchten musste. Und der intimste Kreis, der seines Glaubens an Gott, war ihm im Vatikan abhandengekommen, sodass er letztlich alles verlor oder besser nichts für sich gewinnen konnte. All sein Wissen und Streben gingen ins Leere. Ich gehe davon aus, dass er sich all dessen bewusst war und darin seine Verzweiflung lag.

Angesichts der Tragik dieser Lebensgeschichte, die auch mir persönlich sehr zu Herzen geht, brauchen wir beide jetzt einen Lichtblick, damit sich unser Sinn nicht verdüstert, sondern wieder aufrichten kann.

> Ich lebe mein Leben in wachsenden Ringen,
> die sich über die Dinge ziehn.
> Ich werde den letzten vielleicht nicht vollbringen,
> aber versuchen will ich ihn.
>
> Ich kreise um Gott, um den uralten Turm,
> und ich kreise jahrtausendelang;
> und ich weiß noch nicht: bin ich ein Falke, ein Sturm
> oder ein großer Gesang.
>
> (Rainer Maria Rilke, Das Stunden-Buch,
> Vom mönchischen Leben)

Es war schon Jahrzehnte her, dass Herrn Marias Freund verstorben war. Doch als er am gestrigen Vormittag seine Lebensgeschichte verfasste, konnte er ihn wieder deutlich vor sich sehen, seine lebhaften Gesten und ebenso sein weißes Haar, das ihm stets zu Berge stand, sodass er wie die Karikatur eines zerstreuten Professors aussah. Wie oft hatten sie gemeinsam über Gott und die Welt gelacht, im wahrsten Sinn des Wortes. Von seinen Studienjahren im Vatikan hatte er Hunderte religiöser oder zumindest religionsbezogener Witze mitgebracht, über die er selbst am meisten lachen konnte, was in seinem Fall überaus ansteckend war. Es war nicht leicht, sich mit seinem tragischen Ende abzufinden.

Mit seinem eigenen Ende wollte sich Herr Maria ebenso nicht abfinden. Da war er ganz bei Rilke und den wachsenden Ringen. Ob er auch den letzten würde vollbringen können? Dazu hätte er wissen müssen, was dieser letzte Ring war. Vielleicht eine gut gewachsene *Cyphostemma uter* oder eine *Dorstenia gigas f. bullata* erwerben und großziehen? Vielleicht gar ein männliches und ein weibliches Exemplar von *Welwitschia mirabilis* gleichzeitig zur Blüte zu bringen? Da gab es jede Menge an Träumen.

Es waren aber gar nicht solche Ikonen, nach denen er strebte. Der uralte Turm, um den er wie ein hungriger Falke schon seit gefühlten Jahrhunderten kreiste, konnte nur das große Glashaus sein, das er sich schon erträumt hatte, als er noch seine Firmen besaß. Was Herr Maria wollte, war, seine Pflanzen in eine optimale Form zu bringen. Er wollte arttypische, in Habitus und Färbung perfekte Exemplare heranziehen, die ungestört blühen, fruchten und Samen ansetzen konnten. Ein echtes Glashaus war einfach durch nichts zu ersetzen, besonders wenn es auch ein Grundbeet hatte, wo man frei auspflanzen konnte.

Nachdem Herr Maria schwer geseufzt, eine Extraportion Medizin zu sich genommen und dabei ein wohlformuliertes Gnadengesuch direkt ins Herz von Göttin Flora geschickt hatte, fielen ihm gleich die zwei fröhlichen Gesellen ins Auge. Es waren seine ältesten Pflanzen und sie gehörten zu jenen, die sich auf seinem Dachboden bestens entwickelt hatten. In freier Wildbahn konnte der Caudex von *Fockea edulis* einen Durchmesser von bis zu sechzig Zentimetern und ein Gewicht von fünfundzwanzig Kilo erreichen. Da Herr Maria diesen Platz nicht erübrigen konnte, musste er die Triebe alle zwei Jahre radikal zurückschneiden, um die Pflanze in ihrem Wachstum zu bremsen.

Fockea edulis – genau genommen war es *Fockea crispa*, die sich nur durch gewelltere Blätter unterschied – war zu weltweiter Berühmtheit gelangt. Es hatte sich nämlich herausgestellt, dass eines ihrer Exemplare, genannt »Die alte Dame von Schönbrunn«, die älteste Topfpflanze der Welt ist. Das hatte Herr Maria einst in einer botanischen Zeitschrift gelesen. (Avonia, 25:1, 2007)

Im Jahr 1785 hatte Kaiser Joseph II. zwei Gärtnergehilfen des k. k. Hof- und Pflanzengartens von Schönbrunn, in dem es damals die größten Gewächshäuser der Welt gab, auf eine Sammelreise zum Kap der Guten Hoffnung geschickt, wo diese Pflanze – mit bereits dreißig Zentimetern Durchmesser, also einem Alter von vielleicht zweihundert Jahren – ausgegraben, gemeinsam mit anderen Neuigkeiten nach Triest verschifft und dann mit der Kutsche nach Wien gebracht wurde. Insgesamt sollen es dreihundert Kisten gewesen sein. Zum Glück wurde der in der Natur völlig unterirdisch wachsende Caudex nur mit seiner unteren Hälfte in die Erde gesetzt, sonst wäre er innerhalb weniger Jahre in diesem Klima verfault.

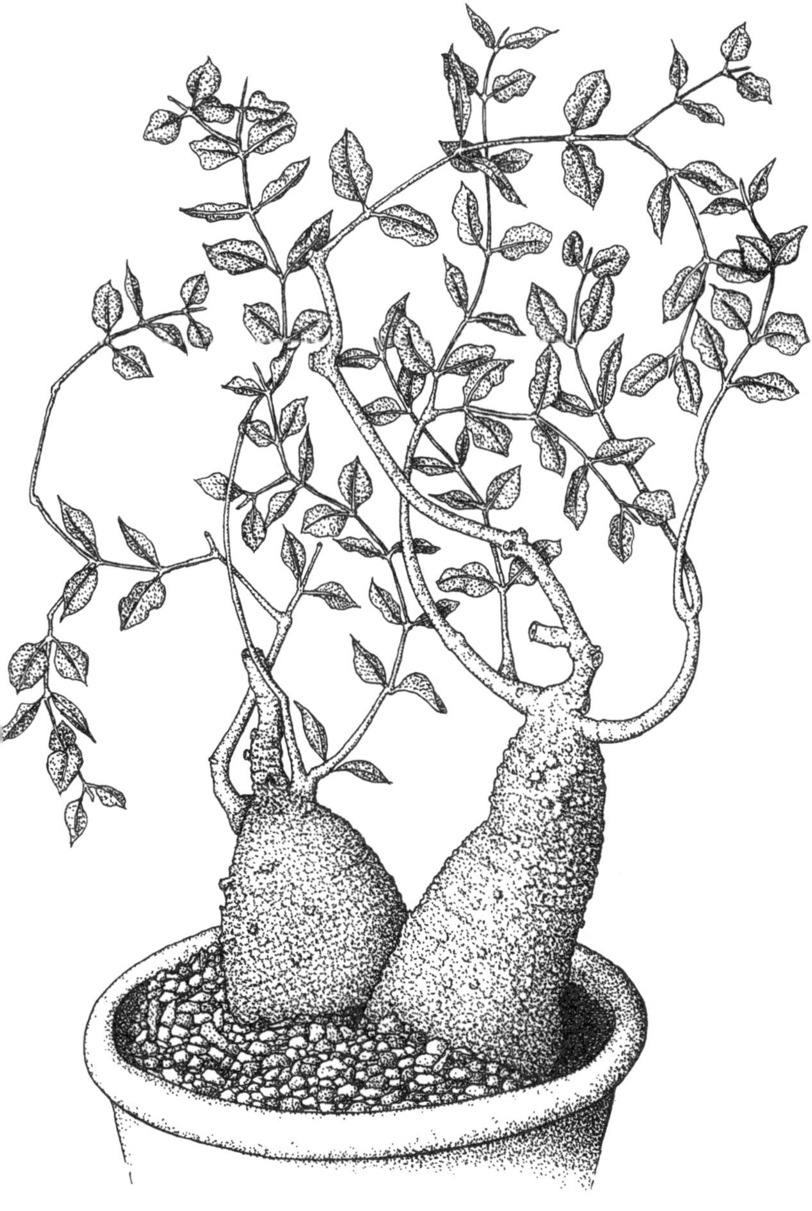

Fockea edulis
Topfdurchmesser: 16 cm

Doch so konnte er sich prächtig entwickeln und nahm rasch an Umfang zu.

Über hundert Jahre lang war man der Meinung gewesen, dass es sich um ein Einzelstück handeln musste. Da sich *Fockea capensis*, wie sie damals genannt wurde, vegetativ nicht vermehren ließ, zwar blühte, aber keinerlei Samen ansetzte, und auch sonst keine anderen Pflanzen dieser Art mehr aufgefunden werden konnten, hielt man sie für das letzte Exemplar einer ausgestorbenen Art. Dementsprechend wurde sie mit besonderer Sorgfalt behandelt und nur einmal in jedem Jahrzehnt frisch getopft. Ihrer Seltenheit wegen wurde sie auf einer Weltausstellung in Paris und auf einem botanischen Kongress in Wien im Jahr 1905 ausgestellt und entsprechend bewundert.

Ein Jahr später wurde sie dann von einem deutschen Botaniker wiederentdeckt. Es konnte rasch festgestellt werden, dass sie gar nicht so selten war, wie man ursprünglich vermutet hatte. Als eine Vielzahl jüngerer Exemplare nach Deutschland geschickt wurde, stellte sich heraus, dass *Fockea capensis*, die mittlerweile in *Fockea crispa* umbenannt wurde, zweigeschlechtlich war, sich als Einzelexemplar also prinzipiell nie hätte vermehren können. Ein weiteres Kuriosum, das im Jahr 1936 entdeckt wurde, war, dass sich im Alten Botanischen Garten von Göttingen ebenso ein uraltes Exemplar dieser Art befand, das aber unter einem völlig anderen Namen geführt wurde.

Alles in allem hatte »Die alte Dame von Schönbrunn« sogar die Zerstörungen der beiden Weltkriege überlebt. Im Jahr 1968 geriet sie schließlich in die Hände eines talentierten Wiener Gärtnermeisters, der dann

Petopentia natalensis
Pflanzenhöhe: 18 cm

das Wunder vollbrachte. Er setzte sie in hervorragendes Substrat und stellte sie inmitten von ihresgleichen beiderlei Geschlechts, die für diesen Zweck aus mehreren Gärten zusammengetragen worden waren. Im Frühjahr 1972 konnte besagter Gärtner dann erstmals drei Fruchtschoten ernten, die im Juli desselben Jahres ausgesät wurden und rasch keimten. Im heurigen Jahr wurden diese Sämlinge fünfzig Jahre alt.

Voll Verwunderung über diese kuriose Geschichte betrachtete Herr Maria die wohlgeformten Körper seiner beiden Exemplare. So sollten sie aussehen. Sie waren rund zwanzig Jahre alt und in bester Form.

Gleich daneben stand eine ihrer Verwandten, *Fockea natalensis*, die noch jünger war und Herrn Maria ebenso gefiel. Erst vor einigen Jahren war sie umbenannt und in die Gattung *Petopentia* eingeordnet worden. Obwohl sie vielleicht dreimal so große Blätter wie seine *Fockea edulis* hatte, die auf der Unterseite noch dazu rot gefärbt waren, konnte man die Verwandtschaft mit »Der alten Dame von Schönbrunn« klar erkennen.

Nachdem sich Herr Maria ein einfaches Abendessen zubereitet hatte – Spaghetti mit Sugo Bolognese aus dem Glas –, ging er besonders früh zu Bett. Die Geschichte seines Freundes bedrückte ihn immer noch. Vielleicht zwanzigmal hatte er ihm geraten doch endlich zum Arzt zu gehen. Zum Schluss hatte er ihn schon voll Zorn angeschrien. Doch der Freund war stets ruhig geblieben und hatte bloß milde gelächelt.

Handschlagqualität oder Die Treue

Es war in jener Zeit, als wir unser erstes großes Büro bezogen. Alle meine Rechner und Datenschreiber, die schwer und überaus empfindlich waren, mussten verladen und über weite Strecken transportiert werden. Nachdem wir tagelang fast rund um die Uhr gearbeitet hatten, konnte ich eines Nachmittags endlich aufatmen. Wie durch ein Wunder war alles intakt geblieben.

Den schönen Bezirk, in den es uns verschlagen hatte, die vielen Geschäfte und Cafés, für die er berühmt war, kannte ich nur vom Hörensagen. Jedenfalls ging ich von meinem Büro aus zum ersten Mal spazieren. In einer der Auslagen fiel mir dann dieser Teppich mit seinen prächtigen Fransen ins Auge. Er hatte ungewöhnlich leuchtende Farben, wie ich sie noch nie gesehen hatte, war zwar nicht groß, schien aber recht voluminös zu sein. »Naturfarben, alt« war auf einem Schild zu lesen. Jedenfalls war er wunderschön und ich wollte ihn haben.

Als ich nach dem Preis fragte, bot mir der ältere Herr, der mir freundlich entgegentrat, gleich einen Stuhl an und verschwand. Als er wiederkam, hatte er zwei Listen bei sich, die er lange durchsuchte. Schließlich nannte er mir einen Betrag, der mir überaus günstig erschien. Nachdem ich das gute Stück ausgiebig befühlt und bewundert hatte, besiegelten wir unser Geschäft mit einem herzlichen Handschlag. Das Geld versprach ich ihm morgen zur gleichen Zeit zu bringen.

Am nächsten Tag fand ich einen anderen Mann vor, dessen Miene sich beim Anblick meiner Geldscheine schmerzlich verzog. »Ach, ach«, begann er zu jammern, er hätte gestern nicht zum Arzt gehen sollen. Aber vor allem hätte er nicht seinen besten Freund ins Geschäft zur Vertretung bitten sollen. Denn dieser habe mir gestern einen Teppich verkauft, ein besonders schönes Stück, das ihn im Einkauf beinah das Dreifache gekostet habe. Das sei wirklich ein großes Unglück für ihn.

Nach einigem Schweigen meinte er dann leise, dass ich ein Glückspilz sei. Da alles per Handschlag bereits besiegelt worden sei, gehöre der Teppich nun mir, zum festgesetzten Preis. Da gebe es kein Zurück für ihn. Als er meine Verlegenheit sah, begann er zu lächeln und bat mich nach hinten ins Büro. Dort bot er mir starken schwarzen Tee an mit gelbem Kandiszucker. Dann zeigte er mir Bücher mit Bildern aus seinem Heimatland.

Die Verabschiedung war herzlich und ernst zugleich. Das Gesicht des guten Mannes war immer noch überschattet von dem geschäftlichen Verlust, der ihn offensichtlich hart getroffen hatte. Als er mir den Teppich dann verschnürte und über die Schulter warf, konnte ich ihm ansehen, dass er sich seiner Entscheidung letztlich sicher war. So – und nur so – war diese Sache zu behandeln. Ich ging gleich zurück in mein Büro, rollte den Teppich aus und hatte das Gefühl, etwas Wichtiges gelernt zu haben.

SEHR GEEHRTER HERR MARIA, VIELEN DANK!

Pacta sunt servanda (»Verträge sind einzuhalten«), auch wenn es ein Kaufvertrag per Handschlag ist. Das Prinzip der Vertragstreue ist der wichtigste Grundsatz des Vertragsrechts bis zum heutigen Tag. Freilich hätte sich der Inhaber des Ladens in diesem Fall auch herauswinden können und Sie, Herr Maria, wären zwar enttäuscht gewesen, hätten ihm aber kaum Schwierigkeiten gemacht. Er hingegen nahm lieber den Verlust in Kauf, als dass er ein Prinzip gebrochen hätte, das seiner Berufsgesinnung, seiner Ehre als Kaufmann entsprach.

Das Wort Treue hat eine interessante Etymologie. Es kommt aus dem altindischen *dru* (Baum, festes Holz, Holzgefäß). Davon abgeleitet wurde der Begriff *dhruva* (fest, bleibend), aus dem sich später »Truhe« ergab. Im Gotischen kennt man schon die Worte *triggws* (treu), *triggwa* (Vertrag) und *trau-an* (trauen, Glauben schenken).

Im gleichen Bedeutungsfeld liegt auch das altgriechische *pistis*, als Treue zum persönlich geschlossenen Bund, an dem verbindlich festzuhalten ist. Dem entspricht in der römischen Welt das Wort *fides*, worunter man die Zuverlässigkeit verstand, die Treue zum gegebenen Wort, zum abgelegten Eid, zum abgeschlossenen Vertrag, zu jeder Art von Vereinbarung und Verpflichtung. »Treue *(fides)*«, schreibt Cicero, der berühmteste Redner Roms, »ist die Grundlage der Gerechtigkeit, das heißt die Zuverlässigkeit und die Aufrichtigkeit in Worten und Vereinbarungen.« (Über die Pflichten, I, 23)

Fides Publica Populi Romani, die Personifikation des Eides, hatte einen Tempel auf dem Kapitol, in dem häufig Senatssitzungen stattfanden und an dessen Wänden völkerrechtliche Verträge zu lesen waren. Als Bürgin von

Eid und Vertrag spielte sie im öffentlichen wie privaten Leben eine wichtige Rolle, weshalb sie oft auf Münzen dargestellt wurde.

Später war *Fides* in einen römischen Rechtsgrundsatz eingegangen, *bona fides*, unter dem man die Lauterkeit im Rechtsverkehr und im Allgemeinen ein redliches, anständiges Handeln verstand. Cicero bringt die Thematik für seine Zeit auf den Punkt: »Was ›anständige Menschen‹ sind und was ›anständig zu sein‹ bedeutet, das ist die große Frage. Quintus Scaevola, der Pontifex Maximus, sagte jedenfalls immer wieder, höchste Bedeutung komme jenen Entscheidungen zu, bei denen ›auf Treu und Glauben‹ *(ex fide bona)* hinzugefügt werde. Der Begriff ›auf Treu und Glauben‹ – davon war er überzeugt – habe eine sehr weitreichende Bedeutung und spiele eine Rolle bei Vormundschaftsverträgen, bei sonstigen Vereinbarungen, bei Verabredungen über anvertrautes Gut, bei Aufträgen, bei Kauf-, Miet- und Pachtverträgen, worin eben das Leben einer Gemeinschaft besteht.« (Über die Pflichten, III, 70)

Der römische Grundsatz *bona fides* hat sich in der Formel von »Treu und Glauben« (*good faith*) bis heute als Rechtsgrundsatz erhalten, der im Rahmen von Versprechungen notwendig anzuwenden ist. Ein mit freiem Willen und im wechselseitigen Vertrauen, das heißt auf »Treu und Glauben« gegebenes Wort ist die moralische Grundlage wie das unverbrüchliche Gesetz, dem sich die Vertragspartner zur Sicherung einer Vereinbarung unterwerfen.

Die Treue steht auf der Seite dessen, der etwas verspricht, als eine Pflicht, das Versprochene auch zu erfüllen. Der Glaube steht auf der Seite desjenigen, dem etwas versprochen wird, der an die Erfüllung des Versprochenen glaubt. Die Treue und der Glaube sind wie zwei Seiten einer Medaille. Sie gehören im Rahmen von Versprechungen notwendig zusammen.

In der Treue des Teppichhändlers liegt freilich auch das, was man seine Ehre nennt. »Ehre ist der Lohn der Tugend«, schreibt Aristoteles (Nik. Ethik, 8, 1163b), »der Siegespreis bei der edelsten Handlung.« (ebd., 4, 1123b) In der bürgerlichen Gesellschaft wird sie dann zur Berufsehre, der Achtung, die der Einzelne kraft seiner beruflichen Leistung genießt. Daraus ergibt sich der Begriff des »ehrbaren Kaufmanns«, den man im Rahmen der Gesetze bis heute kennt.

Bereits aus dem Mittelalter sind uns eine Vielzahl an Lehrwerken überliefert, die zur Ethik des Verkaufs Stellung nehmen. So schreibt etwa der Erfinder der doppelten Buchführung Luca Pacioli 1494: »Es gilt nichts höher als das Wort des guten Kaufmanns. Und so bekräftigen sie ihre Eide, indem sie sagen: Bei der Ehre des wahren Kaufmanns (per fidem bonae et fidelis mercatoris).« (Summa, Kap. 1)

Neben fachlichem Wissen und beruflicher Praxis benötigt ein ehrbarer Kaufmann auch einen gefestigten Charakter, der sich an Tugenden orientiert. Sie dienen seiner körperlichen wie seelischen Gesundheit und ermöglichen ihm erst ein erfülltes Leben mit langfristig ausgerichteter Geschäftstätigkeit. Weiters stärken sie seine eigene Glaubwürdigkeit, die Vertrauen schafft, das für gute Geschäfte unerlässlich ist. Kaufmännische Solidität (Zuverlässigkeit, Ehrlichkeit und Treue) und eine gewisse bürgerliche Wohlanständigkeit sichern das Vertrauen in seinem Bestand.

Jedenfalls waren Sie, Herr Maria, in der Tat ein Glückspilz. Gut, dass Sie damals, als der Händler so lange geschwiegen hatte, still waren und nichts sagten. Ich kann mir vorstellen, dass Sie recht arm dreingesehen und sehnsüchtig nach Ihrem Teppich geblickt haben. Vielleicht hat der gute Mann nur darauf gewartet, dass Sie einen Rückzieher machen. Das wäre kulant gewesen. Aber diese Kulanz hatten Sie nicht, weil Sie den Teppich einfach haben wollten, so billig, wie es nur geht. Da kann ich mir schon vorstellen, dass Sie etwas gelernt haben.

Schon einmal hatte Herr Maria den Eindruck gehabt, dass der Philosoph etwas vorlaut wurde. »Aber gut«, dachte er, »dass ihn das stattliche Honorar nicht liebedienerisch gemacht hat.« Solche Reden waren ihm schon recht. Die konnte er durchaus vertragen. Sie taten ihm sogar sehr gut. Generell hatte das Schreiben und die Lektüre der philosophischen Kommentare eine überaus belebende Wirkung auf ihn. Sie brachte ihn in der Tat zum Denken, dass er über seine aktuellen Sorgen einen ruhigen Kopf behalten und seine Ängste gut kontrollieren konnte.

Im Wohnzimmer ging Herr Maria dann gleich zu seinem Prachtstück hin. Gut, dass es ihm letztlich doch zuteilwurde. Sein halbes Leben lang hatte ihn dieser Teppich bereits begleitet. Wo auch immer das Zentrum seines Lebens gewesen war, stets war dieser Teppich in nächster Nähe gewesen, meist unter seinen Füßen. An vielen Stellen war er schon dünn und abgewetzt, doch seine Farben waren leuchtend wie eh und je. Als Herr Maria ihn liebevoll streichelte, musste er lauthals lachen. Muss ein ziemlicher Moralist sein, dieser Philosoph.

Ein Moralist war Herr Maria nie gewesen. In solchen Dingen war er stets entspannt, auch deshalb, weil er eine ziemlich gute Menschenkenntnis hatte und wusste, dass das Leben profaner war, als es die Moralisten für wahrhaben wollten. Außerdem war es der Anfang einer neuen Ära gewesen, der er seinen Erfolg zu verdanken hatte. Damals wussten nur wenige, was sie mit der Digitalisierung eigentlich anfangen sollten. Das hatte er durchaus ausgenutzt und Kunden, die ihm auf die Nerven gingen oder den Preis drücken wollten, dafür ordentlich zahlen lassen. Das hatte er jedoch stets als sein gutes Recht aufgefasst. Schließlich war ER es gewesen, der etwas herstellen konnte, was andere dringend zu brauchen meinten. Er hatte nie jemandem etwas aufgedrängt. Das war freilich auch ein Glück. Dieses Glück hatte Herr Maria aber nie strapaziert. So klug war er stets gewesen. Und so hatte er sich den einen oder anderen »Teppich« durchaus verdient.

In der kleinen Papiertüte, die vor seiner Haustür stand, befand sich diesmal geräucherter Lachs von herrlich dunkler Farbe, Wildfang aus Irland, aus dem Shannon, sowie frisches Dillkraut, ein Glas Honigsenf, Butter und eine kräftige Stange Weißbrot, das frisch vom Bäcker kam. Der junge Student hatte das keineswegs selbstverständliche Talent, optisch wie geschmacklich einwandfreie Waren zu besorgen, sodass er ihm gleich, so wie immer, ein gutes Trinkgeld unter die Türmatte legte.

Nach dem Essen ging Herr Maria ins Wohnzimmer, wo sich der Hauptteil seiner botanischen Literatur befand. Die Bücher füllten mit den vielen Zeitschriften, die er abonniert hatte und die von Vereinen herausgegeben wurden, deren Mitglied er war, schon an die zwölf Regalmeter. Nach dem Verkauf seiner Firmen hatte er sich, wenn er nicht gerade auf Reisen war, intensiven Studien über jene Pflanzengattungen hingegeben, die ihm besonders am Herzen lagen. Vor allem waren es Sukkulenten, Bromelien, Carnivoren, Farne und Orchideen. In jedem dieser Bücher, auch in allen Heften, befanden sich auf den für ihn wichtigsten Seiten bunte Klebeetiketten, mit deren Hilfe er rasch das Gesuchte fand.

Oben auf dem Dachboden war nichts zu tun. Vor wenigen Tagen erst hatte Herr Maria alles gut gewässert, auch sein *Aztekium ritteri*, dessen Blüte er heuer leider versäumt hatte, weil er auf Borneo gewesen war.

Aztekium ritteri war ein ganz besonderes Stück. Herr Maria hatte es von der Frau eines Freundes erhalten, der in Mexiko bei einer Expedition tödlich verunglückt war. Sein Leben lang hatte dieser sich für die Kakteen des Hochlands begeistert und eine international beachtete Spezialsammlung aufgebaut. Beim Fotografieren war er dann eines Sommers abgestürzt. Die feuchten und mit Moosen bewachsenen Felshänge hatten ihm keinen Halt mehr gegeben, sodass er tief hinunter an das Ufer eines reißenden Flusses gefallen war.

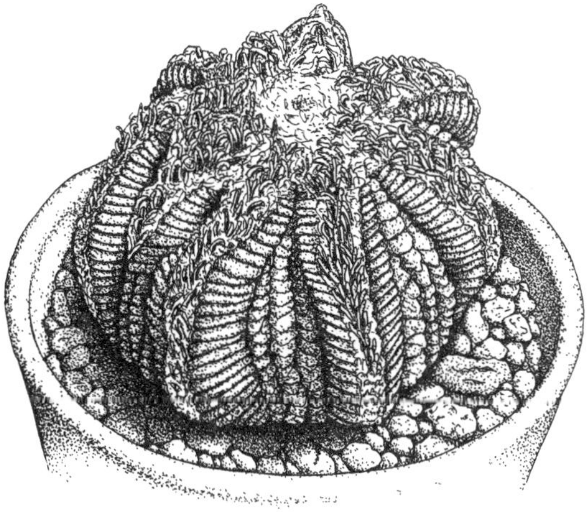

Aztekium ritteri
Pflanzendurchmesser: 4,5 cm

Vor zwei Jahren im Herbst, zur Hauptversammlung des örtlichen Sukkulentenvereins, hatte er auch die Witwe jenes Freundes eingeladen. *Aztekium ritteri* war ihr Gastgeschenk gewesen, was ihm damals Tränen in die Augen getrieben hatte. Denn diese Pflanze gehörte zu jener Gattung von Kakteen, deretwegen ihr Mann den Tod gefunden hatte. In seinem Glashaus befand sich eine Vielzahl gut gewachsener Exemplare, die er weltweit aus Verlassenschaften und auch von tschechischen Züchtern gekauft hatte, die auf diese Gattung spezialisiert waren. Seine Sammlung galt in ihrer Gesamtheit als enorm wertvoll, weil sie aus den Nachkommen der großen Aufsammlungen und Expeditionen der letzten hundert Jahre bestand. Die Variationsbreite einzelner Gattungen ließ sich auf einen einzigen Blick erkennen. Aber dann hatte er alles noch einmal an seinem Naturstandort sehen wollen.

Das Vorkommen der Gattung *Aztekium* – von der es nur drei Arten gibt, *A. ritteri*, *A. hintonii* und *A. valdezii* – ist auf einen winzigen Bereich des mexikanischen Bundesstaats Nuevo León beschränkt, auf eine Handvoll Canyons in einer Seehöhe von etwa 2200 Metern. Die Pflanzen krallen sich an steile Felswände, exakt in der Höhe der Kondensationszone, in der die Luft am feuchtesten ist. Will man die Pflanzen sehen, muss man klettern oder sich abseilen.

Als erste Art wurde jene entdeckt, die man später *A. ritteri* nannte. Ihr Erstbeschreiber ordnete die Pflanze 1929 als einzigen Vertreter einer neuen Gattung zu, die er *Aztekium* nannte, weil sie ihn an die Plastiken der aztekischen Kunst erinnerten. Das Besondere ist, dass die senkrechten Rippen sekundär in Querrichtung durch weitere Rippen gefaltet und geteilt sind, was im Rahmen der großen Familie der *Cactaceae* – in der es allein in Mexiko sechzig Gattungen mit ungefähr sechshundertsiebzig Arten gibt – einzigartig ist.

Durch die dichte, weiße Wolle ihres Scheitels, die sich auch über die Kanten der Längsrippen zieht, brechen große, glockenartige, hellrosa Blüten. Die Stacheln sind in kleine gelbe Krallen umgeformt. Der Körper ist flach kugelig, sehr hart und von leuchtend blaugrüner Farbe. Da es sich um Miniaturkakteen handelt, beträgt die Maximalgröße, die diese Pflanze in dreißig bis fünfzig Jahren erreichen kann, fünf Zentimeter in der Breite und drei Zentimeter in der Höhe.

Als Herr Maria kurz vor Mitternacht noch hinauf in seine Sammlung ging – dazu musste er seine Taschenlampe mitnehmen, weil es dort in mondlosen oder bewölkten Nächten stockfinster war –, konnte er an *Aztekium ritteri* beinah dreißig Querrippen zählen. Also war sein Exemplar bereits dreißig Jahre alt? Jedenfalls hatte es mit einem Durchmesser von viereinhalb Zentimetern die in Lehrbüchern vermerkte Maximalgröße von fünf Zentimetern fast erreicht. Vor ein paar Tagen hatte er es vorsichtig gedüngt. Vielleicht würde es doch noch ein wenig wachsen wollen, wer weiß.

Schon länger hatte ich meinen Freund nicht mehr gesehen, sodass ich ihn eines Abends anrief. Doch nichts von dem, was er sagte, ließ sich verstehen. Ich hatte den Eindruck, dass er mich deutlich hören konnte, denn seine Antworten waren laut und lebhaft. Die Worte und Sätze hingegen, die er formulierte, ergaben keinerlei Sinn. So versprach ich, gleich zu ihm zu kommen.

Seine Villa war wie immer unversperrt und bis zum letzten Stockwerk beleuchtet. Ich kannte sie seit Jahren und wusste, wo er sich meist aufhielt. Dieses Haus hatte an die vierzig Zimmer, die mit exotischer Kunst und alten Büchern, Topfpflanzen und Aquarien gefüllt waren. Wo man auch hinsah, gab es etwas zu entdecken, doch von ihm selbst keine Spur.

Kennengelernt hatten wir einander bei einer Raritätenbörse, wo er mir von Orchideen erzählte, die er im indischen Hochland aufgesammelt hatte und die in seinem Glashaus nun steinalt geworden waren, so wie er selbst. Von ihm kam auch der Vorschlag, zu Sammlern ins Ausland zu fahren, um überzählige Exemplare zu erwerben. Mehrmals hatten wir mit seinem alten, klapprigen Jaguar botanische Kostbarkeiten über die Grenze gebracht und waren gute Freunde geworden.

Als ich ihn vom Erdgeschoss aus dann nochmals telefonisch zu erreichen versuchte, konnte ich ein leises Klingeln hören, das aus keinem der Zimmer zu stammen schien. Als ich mich umsah, fiel mir unten bei den Treppen ein schmaler Vorhang ins Auge. Dahinter befand sich eine Art Schlupfloch, in dem es finster war und aus dem sich das Klingeln schon deutlicher vernehmen ließ.

Der Eingang war eng und voller Hindernisse. Aber dann stand ich in einem überaus großen Raum, der beeindruckend beleuchtet war, wie eine nächtliche Landschaft unter dem Schein des Polarlichts. Die Decke sah wie ein mit Wolken verhangener Himmel aus und wirkte unendlich hoch. Am Boden befanden sich Gänge, die durch eine hüfthohe Masse führten, die ich anfangs nicht zuordnen konnte, bis ich sie berührte. Es waren Strümpfe und Strumpfhosen, gemischt mit Negligés und feiner Unterwäsche, alles wild durcheinander, in einer schier unglaublichen Menge. Die Wolken an der Decke entpuppten sich bei näherem Hinsehen als Kleiderstangen, an denen Tausende Nachthemden und feine Spitzen hingen.

Nachdem ich mich orientiert hatte, ging ich einen der Gänge entlang, die mich zu einem Schrein führten, einer rechteckigen, tiefen Mauernische, die etwas erhöht lag, sodass man ein paar Stufen zu ihr hinaufsteigen musste, und deren Eingang mit einem zarten Vorhang verschleiert war. Dahinter befand sich ein geräumiges Bett, auf dem ich ihn dann fand. Immer noch konnte er keine verstehbaren Sätze formulieren, schien diesen Umstand aber gar nicht zu bemerken. Mit der Zeit konnten wir uns irgendwie verständigen, aber es war sehr traurig, ihn in diesem Zustand zu sehen.

Drei Monate später verstarb der wunderliche Mann. Doch damals, nachdem ich sein Reich entdeckt hatte, konnten wir uns innig voneinander verabschieden, als hätten wir gewusst, dass es das letzte Mal war.

LIEBER HERR MARIA,
die Wunderkammer, die Ihr Freund so sorgsam verborgen hielt, war freilich nicht für Ihre Augen bestimmt. Gleichermaßen war es Ihre Pflicht, sie zu betreten, um dem Freund beizustehen. Wie auch immer dessen Sammlung zu bezeichnen ist: Ich kann mir vorstellen, dass es ein Wunsch nach Zärtlichkeit und Liebe war, der hierbei die Regie führte. Eine Landschaft aus feiner Damenwäsche, die sich sogar betreten und bewohnen lässt, sieht wie die poetische Darstellung unerfüllter Träume aus.

Leidenschaft (gr. *pathos*, lat. *passio*) ist ein starkes, bleibendes, oft jedes Maß überschreitendes Begehren, das sich auf Personen, Dinge, Werte oder auch Unwerte richtet. In ihrer stärksten Ausprägung fällt sie mit dem Laster oder der Sucht zusammen. Im Unterschied zu einem Affekt, der plötzlich auftritt und wieder verschwindet, stellt die Leidenschaft einen dauernden und sich allmählich entwickelnden Zustand dar, der das Handeln mancher Menschen maßgeblich bestimmt.

Der Begriff Fetischismus stammt aus der französischen Ethnologie als ein bei urzeitlich lebenden Völkern zu findender Glaube an die Machtgeladenheit sakraler Gegenstände und wurde später von der Psychologie zur Kennzeichnung eines neurotischen Zustands übernommen. Als Terminus der Psychoanalyse bedeutet Fetischismus eine mehr oder minder weitgehende Perversion der Libido, die sich auf Ersatzobjekte richtet. »Dieser Ersatz«, so Sigmund Freud, »wird nicht mit Unrecht mit dem Fetisch verglichen, in dem der Wilde seinen Gott verkörpert sieht.« Der pathologische Fall trete dann ein, wenn sich das Streben nach dem Fetisch von der bestimmten Person loslöse und zum alleinigen Sexualobjekt wird.

Freud, der aus seiner ärztlichen Praxis sowie aus den Lehrbüchern der Zeit auf eine Vielzahl an Fällen zurückgreifen konnte, äußert sich über die Ursachen nur vage. In der Auswahl des Fetisches zeige sich der fortwirkende Einfluss eines zumeist in der frühen Kindheit empfangenen sexuellen Eindrucks. In anderen Fällen ist es eine »dem Betroffenen meist nicht bewusste symbolische Gedankenverbindung, welche zum Ersatz des Objektes durch den Fetisch geführt hat. Die Wege dieser Verbindungen sind nicht immer mit Sicherheit nachzuweisen (der Fuß ist ein uraltes sexuelles Symbol); doch scheint auch solche Symbolik nicht immer unabhängig von sexuellen Erlebnissen der Kinderzeit.« (Drei Abhandlungen zur Sexualtheorie, I)

Jahrzehnte vor Freud gibt der forensische Psychologe Richard von Krafft-Ebing mit *Psychopathia Sexualis* – einem wissenschaftlichen Standardwerk der Zeit – in über vierhundert kommentierten Fallstudien erstmals einen Überblick über das sexuelle Verhalten des Menschen. Bis heute ist es medizinisch wie psychologisch nicht eindeutig erklärbar, was mich persönlich nicht verwundert, da es sich letztlich ebenso und mit gleichem Recht um einen Ausdruck menschlicher Fantasie handelt. Gerade der Fall Ihres Freundes zeigt, dass ein schöpferischer Geist am Werk war. Die Kraft der Imagination war wohl der entscheidende Faktor, dass diese Wunderkammer auch die beabsichtigte Wirkung hatte – und Imagination ist der entscheidende Faktor jeder Kunst.

Mit Georges Bataille, einem französischen Dichterphilosophen, der die Erotik in ihrer dunklen, verworfenen

Seite nicht nur beschrieb, sondern auch selbst erlebte, lässt sich das Verhalten Ihres Freundes philosophisch deuten. Batailles Begriff der Erotik weicht dabei vom Üblichen ab: »Sexuelle Aktivität und Erotik sind zweierlei: während beim Tier nur die Sexualität festzustellen ist, kennt der Mensch jene mit gewissen ›diabolischen‹ Momenten durchsetzte Aktivität, die der Begriff ›Erotik‹ umschreibt.« (Die Tränen des Eros) Was von Anfang an in der Erotik spürbar ist, ist die »Erschütterung einer Ordnung (…). Wir sprechen immer dann von Erotik, wenn ein Mensch sich auf eine Weise verhält, die zu den gewöhnlichen Sitten und Meinungen in betontem Gegensatz steht. Die Erotik zeigt die Kehrseite einer Fassade, deren einwandfreies Äußeres nie in Abrede gestellt wird: Auf der Kehrseite enthüllen sich Gefühle, Körperteile und Gewohnheiten, deren wir uns gewöhnlich schämen.« (Die Erotik)

»Das erotische Verhalten«, schreibt Bataille, »steht zum normalen in demselben Gegensatz wie die Verausgabung zum Erwerb. Wenn wir uns vernünftig verhalten, versuchen wir Güter aller Art zu erwerben; wir arbeiten mit dem Ziel, unsere Ressourcen zu vermehren – oder unsere Kenntnisse; mit allen Mitteln suchen wir uns zu bereichern und unseren Besitz zu vergrößern. Unsere soziale Stellung verdanken wir grundsätzlich solchen Verhaltensweisen. Aber im Moment des sexuellen Fiebers verhalten wir uns auf entgegengesetzte Weise: Wir verausgaben unsere Kräfte, ohne Maß zu halten, und unter der Gewalt der Leidenschaft verschwenden wir manchmal ganz umsonst beträchtliche Ressourcen.« (Die Erotik)

Jede Leidenschaft gleicht einer Verschwendung von Zeit, Kraft und Mitteln für Dinge, Menschen oder Ideen.

Große Leidenschaft ist unbeherrschbar, sodass ihr der Betroffene verfällt. Der Leidenschaftliche kann und will sich nicht beherrschen. Das heißt, dass die Leidenschaft nicht vom Verstand beherrscht werden kann, sondern sich ihrerseits die Schärfe des Verstands für ihre Zwecke unterwirft. So wird sie auch zur Mutter der Schaffenskraft.

»Ohne Leidenschaft«, schreibt Jacob Friedrich Abel, der Friedrich Schillers Philosophielehrer an der Stuttgarter Karlsschule war, »ist nie etwas Großes, nie etwas Ruhmvolles geschehen, nie ein großer Gedanke gedacht oder eine Handlung der Menschheit würdig vollbracht worden.« (Rede über die Entstehung und die Kennzeichen großer Geister) In diesem Sinne wünscht uns auch Friedrich Nietzsche ein leidenschaftliches Leben, das ihm erstrebenswerter als alles andere erscheint: »Wo ist doch der Blitz, der euch mit seiner Zunge lecke? Wo ist der Wahnsinn, mit dem ihr geimpft werden müsstet.« (Also sprach Zarathustra, Vorrede)

Ganz gleich, ob es sich um Damenstrümpfe, Rechenmaschinen, philosophische Gedanken oder botanische Raritäten handelt: Ohne Leidenschaft läuft nichts. Erst dann, wenn wir uns wirklich auf etwas einlassen und uns ihm hingeben, was durchaus ins Exzessive und Manische führen darf, beginnt dieser »Wahnsinn«, von dem Nietzsche spricht, zu greifen, der aber die notwendige Bedingung dafür ist, es in irgendeiner Sache »zu etwas zu bringen«, wie man so schön sagt. Was diese Wunderkammer eigentlich »brachte«, diese Innerlichkeit, die nur Ihrem Freund zugänglich war, wird uns wohl für immer verborgen bleiben – und das ist gut so.

Die Zeit, in der sich Herr Maria leidenschaftlich seinen Maschinen hingegeben hatte, war längst vorbei. Doch es waren gute Jahre gewesen, die ihm rückblickend wie eine romantische Episode erschienen. Auch er hatte solche »Wunderkammern« besessen, in denen seine Rechner standen, mit beißendem Ozongeruch, Kaskaden blinkender Lämpchen und seltsam schnarrenden Geräuschen. Wie oft war er vor diesen Ikonen des Fortschritts mit seligem Lächeln einfach nur dagestanden und hatte sie zärtlich mit seinen Händen berührt.

»Wenn es nur feine Damenwäsche gewesen wäre«, dachte er. Wie harmlos und liebenswürdig sind doch derlei Dinge im Vergleich zu Maschinen und Programmen, mit denen sich jeder Mensch erfassen und für beliebige Zwecke benutzen lässt. In all seiner Naivität und Begeisterung hatte er geglaubt, er würde der Menschheit mit seiner Arbeit einen Dienst erweisen. Seine Kunden waren jedenfalls zufrieden gewesen. Er selbst ebenso, weil er den Wissensvorsprung, den er sich erarbeitet hatte, geschäftlich gut nutzen konnte. Aber ob es zum Wohl aller Menschen gewesen war, das hatte Herr Maria bereits früh zu bezweifeln begonnen, zu einer Zeit, als alle durchweg noch euphorisch waren.

Als Digitalisierung dann zum Schlagwort der Politik wurde, hatten sich Herrn Marias schlimmste Befürchtungen bestätigt. Seine Programme, die er mit so viel Herzblut hergestellt hatte, dass sie zum Inbegriff einer positiven Zukunft für ihn wurden, waren zu einem Herrschaftsinstrument geworden, das darüber hinaus noch perfide genug war, um als Suchtmittel für die Massen zu dienen, die immer mehr Lebenszeit dafür hergaben, Tasten anzuklicken und über Bildschirme zu wischen, ohne dabei etwas Wesentliches oder Essenzielles für ihr Leben zu lernen.

In der Papiertüte vor seiner Tür befand sich heute ein schönes Kistchen aus Spanholz, in dem sich ein französischer Camembert befand. Den hatte er am Vortag vorsorglich bestellt. Mit seinem Loch in der Mitte sah er wie ein mit weißem Samt überzogener Mühlstein aus. Dazu gab es Bananen, so wie es ihm die Frau des Philosophen geraten hatte. Die beiden waren die Einzigen, die ihm jetzt konkret beistanden. Die Behörden hatten ihn bloß registriert und weggesperrt, hatten ihm sogar den bevorstehenden Tod angekündigt, der aber – das sei ganz gewiss, da müsse er sich keine Sorgen machen – ein schmerzloser sein würde. »So ein Unsinn«, dachte Herr Maria, er hätte diesen Leuten keinen Glauben schenken dürfen.

Nachdem er sich ein Stück Schokolade in die Tasche gesteckt hatte, ging er hinauf in seine Sammlung, in der die Wunder zu allem Überfluss auch noch voll Leben waren und sich täglich vermehrten. Diesmal folgte er gleich seiner Nase und konnte die Quelle des Geruchs rasch lokalisieren: *Typhonium venosum* war aufgeblüht!

Das Wachstum der Blüte hatte Herr Maria bereits seit vielen Tagen im Auge gehabt. Aus einer kleinen, braunen Knolle, die er vor Monaten mit wenig Erde in einen Tontopf gesteckt und nur kurz angegossen hatte, war nach etlichen Wochen pfeilgerade und in großer Eile – mehrere Zentimeter pro Tag – ein schwarzer Zapfen in die Höhe geschossen, der heute seine Pforten geöffnet hatte und einen Aas- und Dunggeruch verströmte, der stark und ungewöhnlich süß war, sodass Herr Maria sofort zur Mundatmung überging.

Die Außenhaut der Blüte war weit aufgerissen und nach hinten geklappt und so konnte man ihre blutrote, mit dunklen Flecken übersäte, samtige Textur erkennen. Am Eingang des Kelchs, aus dem ein langer Stab in die Höhe ragte, konnte man die männlichen Organe sehen, vielleicht fünfzig kleine, gelbe Eier, die eng aneinandergepresst an diesem Stab klebten. Als Herr Maria eine Lupe und eine Taschenlampe zur Hand nahm, konnte er tief unten im Kelch auch die weiblichen sehen, die wie keulenartige Warzen aussahen.

Der Bestäubungsmechanismus, der durch Insekten vorgenommen wird, durchläuft einen zweitägigen Zyklus. Damit die Bestäubung gelingt, muss eine Fliege, die bereits Pollen einer gleichartigen Pflanze mit sich trägt – deshalb lebt *Typhonium venosum* auch in größeren Gruppen –, in das Innere des Kelchs vordringen. Dort kann sie einen anderen Geruch wahrnehmen, der angenehm zitrusartig ist und von den weiblichen Blüten ausgeht, die sich unten am Boden befinden. Ist die Fliege dort angelangt, beginnt

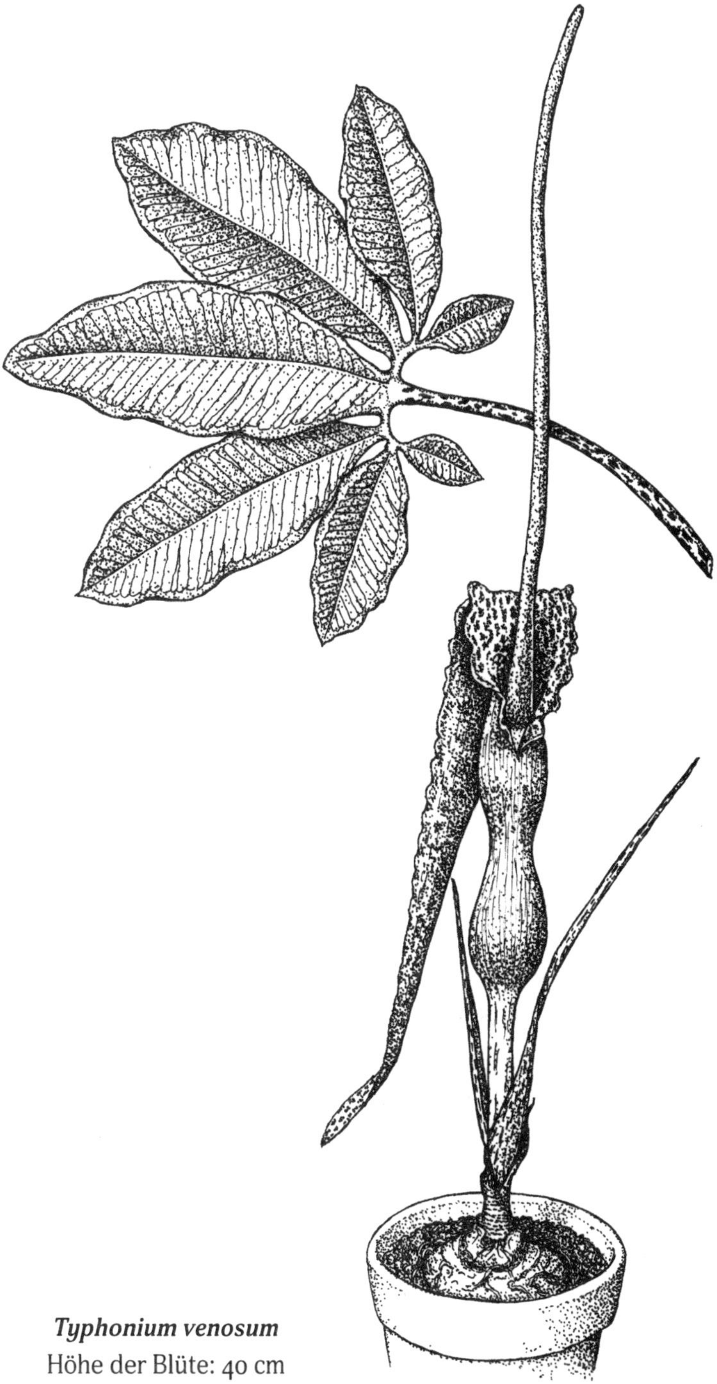

Typhonium venosum
Höhe der Blüte: 40 cm

sich der Blütenkelch über ihr zu schließen und sie sitzt in der Falle. Am zweiten Tag öffnen sich die Staubblätter der männlichen Blüten und geben ihren Pollen frei, der hinunter auf die Fliege rieselt. Dann öffnet sich der Kelch wiederum, sodass die Fliege entkommen und eventuell noch weitere Bestäubungen an anderen Pflanzen vornehmen kann.

Nachdem die Blüte vertrocknet ist, treibt aus der Knolle ein einziges, recht großes und ungewöhnlich gefiedertes Blatt, dessen Stiel ein leopardenfellartiges Muster trägt. Im Zuge der Entwicklung dieses Blatts wird der Nährstoffvorrat der Knolle vollständig verbraucht, sodass sie gänzlich verschwindet. Dafür werden Wurzeln gebildet, die flüssige Nährstoffe bringen und die gemeinsam mit der Energie der Sonne im Blatt gespeichert werden. Nach einigen Monaten beginnt das Blatt zu verwelken und bildet im Zuge dessen eine Knolle aus, in der es die gesammelten Nährstoffe speichert. Das ist gleichzeitig der Beginn der trockenen Ruhezeit. Nach einigen Monaten ist der Zyklus dann vollendet. Die Knolle beginnt zu treiben und bildet einen Blütenstand aus. Über die Jahre nimmt sie laufend an Umfang zu und kann bei guter Pflege einen Durchmesser von bis zu fünfundzwanzig Zentimetern erreichen.

Typhonium venosum – im Volksmund »Voodoo Lily« oder »Eidechsenwurz« genannt – hat ihren Naturstandort vor allem in Bhutan, dem Nordwesten Indiens und Nepal, wo sie in lichten Regenwäldern sowie auf Wiesen, an Flüssen und Wegrändern zu finden ist, in einer Seehöhe von bis zu zweitausend Metern.

Das Beinhaus oder Die Vergänglichkeit

Seine Gegenwart hat mir immer zu denken gegeben, hat manches zurechtgerückt und war in schweren Stunden sogar ein Trost. Gefunden hatte ich ihn in einem heißen Sommer. Damals hatte ich ein Haus mit Garten gemietet, nur eine Autostunde von meinem Büro entfernt. Es lag am Rand eines alten Städtchens, in dem es keinerlei Tourismus gab, in einer verschlafenen Gegend, wo ich hoffte, in Ruhe die neuesten Fachbücher studieren, aber auch faul in der Sonne liegen zu können.

Nachdem ich eingetroffen war, lernte ich am nächsten Morgen gleich meinen Nachbarn kennen, der mir freundlich zuwinkte, sodass wir am Zaun ins Plaudern kamen. Dabei erzählte er mir, dass seine Frau, eine Anthropologin von der Universität, gerade erst vom Abt des ansässigen Stifts die Genehmigung bekommen habe, den Karner des Friedhofs wissenschaftlich zu bearbeiten. Ihr Vorhaben sei, einige tausend Schädel zu entnehmen, zu vermessen und wieder zurückzubringen. Dazu brauche sie freiwillige Helfer und falls es mich interessieren würde, sei ich jedenfalls herzlich eingeladen.

Ich war von der ersten Besichtigung an dabei. Der Karner war ein romanischer Rundbau, auf dem ein zwölfeckiger Aufsatz aus der frühen Gotik stand. Der obere Teil des Bauwerks wurde als Friedhofskapelle genutzt. Direkt darunter befand sich das Beinhaus, das enorme Ausmaße hatte. Es war ein kreisrunder Schacht mit einem Durchmesser von acht Metern. Seit vielen Jahrhunderten hatten die Totengräber die

Überreste der Verstorbenen aus den Gräbern dorthin gebracht. Der Friedhof war sehr klein, sodass jedes Grab nach zwei, drei Jahrzehnten geleert werden musste, um Platz für neue Belegungen zu schaffen. So hatten sich Millionen von Knochen angesammelt, die kreuz und quer übereinanderlagen, in einer vermuteten Tiefe von zehn Metern. Wenn man Schädel entnehmen wollte, musste man diese Fläche betreten.

Im Innenraum roch es stark nach Erde und Pilzen. Außerdem war es sehr dunkel, sodass wir eine Vielzahl an Lampen montieren mussten. Jeder von uns bekam Stiefel, Handschuhe und eine Atemschutzmaske zugeteilt. Als wir die oberste Schicht durchsucht und zu graben begonnen hatten, fand ich gleich am nächsten Tag ein mumifiziertes Handgelenk, um das ein großer kupferner Rosenkranz geschlungen war. Das einstige Fleisch war federleicht und fasrig, ähnlich wie Torf und von dunkelbrauner Farbe.

Einmal hielt ich einen Schädel in der Hand, der deutlich schwerer war als alle anderen. Vor meinen Augen brach er entzwei und ich sah etwas Hirnförmiges vor mir, das augenblicklich zu Sand und Staub zerfiel. Wir gruben hinunter bis zur Barockzeit, was man an den Gravuren auf den kleinen Weihwasserfläschchen erkennen konnte, die wir ab und zu fanden. Auch Reste von Leinenstreifen waren zu sehen, mit denen damals die Kiefer der Toten zusammengebunden wurden. Wir gruben so tief als möglich und mussten dabei Verschalungen anbringen, damit die Masse der Knochen nicht zu rutschen begann und uns verschüttete. Nur Schädel und Unterkiefer waren zu bergen, den Rest ließen wir liegen. Diese wurden von der Assistentin der Grabungsleiterin mit einem Zahlencode versehen. Dann konnten wir sie neben den Wänden auf breiten Holzbrettern stapeln.

Die Vorgabe des Abtes war, diskret und respektvoll mit den menschlichen Resten vorzugehen. Das Bürgermeisteramt war freilich informiert worden. Die Friedhofsbesucher hingegen sollten möglichst wenig von der Sache mitbekommen. Letztlich waren es die Überreste ihrer Vorfahren, die wir ausgruben. So nahmen wir die Transporte im Dunklen vor, wenn niemand mehr am Friedhof war. Bis tief in die Nacht hinein füllten wir die Schädel in reißfeste, schwarze Säcke und transportierten sie auf dem Anhänger eines Traktors in den nachbarlichen Garten. Dort wurden sie in Kinderbadewannen unter fließendem Wasser gebürstet und auf die frisch gemähte Wiese gelegt, in die Sonne zum Trocknen. Ich kann mich noch gut an dieses Bild erinnern, das besonders eindrucksvoll war, weil wir die Köpfe so ausgerichtet hatten, dass sie alle in eine Richtung sahen. Wir waren heilfroh, dass der Garten einen blickdichten Zaun hatte.

Die Vermessungsarbeiten, an denen ich mich ebenso ein wenig beteiligte, fanden im Haus statt. Fünf Wochen später brachten wir die Schädel zurück. Einer von ihnen, den ich mir damals auserbeten hatte, weil ich ihn für besonders schön und ebenmäßig hielt – er soll einem etwa fünfundzwanzig Jahre alt gewordenen Mann aus dem Barock gehört haben –, ruht bis heute in meiner Bibliothek. Dort hielt ich ihn stets in Ehren. Mit den Jahren fiel mir auf, dass ich in seiner Nähe Selbstgespräche führte. So ist er mir ein treuer Freund und Begleiter geworden.

SEHR GEEHRTER HERR MARIA,
vielen Dank für diesen stimmungsvollen Bericht! *Memento mori!* (»Sei dir deines Todes bewusst!«) – Es ist erstaunlich, dass Sie diesen engen Bezug zur Vergänglichkeit von Kindesbeinen an hatten, was man ja bereits Ihrer ersten Geschichte über den Totengräber entnehmen kann. Dies wird mitunter auch der Grund dafür sein, warum Sie jetzt auf die Philosophie gekommen sind.

»Wenn ein Pferd stolpert, wenn ein Ziegel vom Dach fällt, wenn ich mich irgendwie steche«, schreibt Michel de Montaigne, »immer wieder sage ich mir dann: ›So, und wenn das nun der Tod selber wäre?‹ (…) So dachten auch die alten Ägypter: Beim Fest, wenn es am höchsten herging, ließen sie ein Menschengerippe in den Saal tragen, als Mahnung für die Gäste.« (Essais, Philosophieren heißt sterben lernen)

Vor etwa 100 000 Jahren, zur Zeit des mittleren Paläolithikums, begann der Mensch, damals noch in Form des Neandertalers, seine Toten zu bestatten. Es waren Akte der Fürsorge und Liebe, denn die Toten wurden geschmückt und deren Gräber gekennzeichnet. Die Anerkennung des Todes war vermutlich ein Wendepunkt in der Geschichte, ein gewaltiger Wetzstein, an dem sich unser Denken entzünden und in der Folge entfalten konnte. So wurde der Tod auch zum »Wegweiser der Philosophie«, wie es Arthur Schopenhauer formuliert.

Was immer Philosophen über den Tod auch geschrieben haben, in einem Punkt sind sie sich einig: Ein weise gewordener Mensch wird den Tod weder fürchten noch ersehnen, sondern ihn als natürlichen Schlusspunkt betrachten und in intellektueller Festigkeit gelassen erwarten. Der Weise wird weder jeden Gedanken an den

Tod verdrängen noch ständig an ihn denken, sondern vor allem ein gerechtes Leben zu führen versuchen, weil dies allein dem Tod seinen Schrecken zu nehmen vermag. Gerade deshalb, weil das Leben ein »Sein zum Tode« ist, wie Heidegger vermerkt, gilt es, unser Leben aufzugreifen und ihm Sinn zu verleihen. *Carpe diem* (»Nutze den Tag!«), heißt es bei dem römischen Dichter Horaz, ein geflügeltes Wort, das bis heute gerne in den Mund genommen wird.

Zum Phänomen des Todes gibt es zwei Grundhaltungen, die letztlich eine Frage des Glaubens sind und philosophisch nicht entschieden werden können. So wie der eine meint, dass der Tod ein endgültiges Ende ist, versteht der andere den Tod als Übergang in eine bessere Welt. Hier scheiden sich die Geister. Einer der größten unter ihnen, Sokrates, bleibt jedoch unentschieden: »Entweder ist der Tod ein Nichts-Sein, so dass der Tote auch keine Wahrnehmung mehr von irgendeiner Sache hat; oder er ist, wie die Überlieferung sagt, ein Übergang und eine Übersiedelung der Seele von dieser Stätte an eine andere.« (Platon, Apologie, 40d)

Der landläufigen Einsicht, dass der Tod das schrecklichste aller Übel ist, kann Sokrates nichts abgewinnen. Denn entweder sei er wie ein traumloser Schlaf, wie ein ewiges Ausruhen von unserem Leben und damit angenehm. Oder aber sei er die Umsiedelung der Seele an einen anderen Ort, was noch viel erfreulicher wäre. Denn nun könne der Verstorbene mit seinen Freunden den ganzen Tag lang philosophieren und das neue Leben in vollen Zügen genießen.

Platon, der Schüler des Sokrates, schlägt sich auf die Seite des Unsterblichkeitsglaubens. Im Gegenzug dazu sieht Epikur den Tod als Zerfall und Ende jeder Individualität. Zu fürchten sei der Tod jedenfalls nicht. Im Grunde muss er uns gar nicht berühren, »denn was sich aufgelöst hat, ist ohne Empfindung; was aber ohne Empfindung ist, geht uns nichts an«. Der Tod ist der Verlust jeder Empfindung: »Solange wir sind, ist der Tod nicht da, und sobald er da ist, sind wir nicht mehr. (…) Nichts ist im Leben für den Menschen furchtbar, der wahrhaft begriffen hat, dass im Nichtleben nichts Furchtbares liegt.« (Hauptlehrsätze, Brief an Menoikeus)

Sogar Georg Wilhelm Friedrich Hegel, der wahrlich kein Epikureer, sondern ein feister Trunkenbold war, bemerkt zu Epikurs Argumenten nicht ohne Bewunderung: »Es ist ein geistreicher Gedanke; die Furcht ist entfernt. Das Negative, das Nichts, ist nicht hereinzubringen, festzuhalten im Leben, das positiv ist; man hat sich nicht selbst damit zu quälen.« (Vorlesungen über die Geschichte der Philosophie)

In einer seiner frühen Schriften spricht er auch von der Verschiedenheit der Bilder, die sich das Griechentum und die christliche Welt vom Tode machten. So war er den Griechen »ein schöner Genius, der Bruder des Schlafs, verewigt in Monumenten über den Gräbern«, den Christen hingegen »ein Knochenmann, dessen grauser Schädel über allen Särgen paradiert«. Der Tod, so Hegel, erinnert die Griechen »an den Genuss des Lebens, uns daran, es uns zu entleiden; er war ihnen Geruch zum Leben, uns zum Tode«. (Fragmente über Volksreligion und Christentum)

Tröstende Worte über den Tod, so Schopenhauer, hätten sich vor allem im asiatischen Kulturkreis entwickelt, wo man in unzähligen Bildern seine Nichtigkeit sowie die tiefe Unvergänglichkeit allen Lebens beschwor. Ein

Mensch, der diese Unvergänglichkeit nicht erkennen könne, gleiche »dem Blatt am Baume, welches im Herbst welkend und im Begriff abzufallen, jammert über seinen Untergang und sich nicht trösten lassen will durch den Hinblick auf das frische Grün, welches im Frühling den Baum bekleiden wird, sondern klagend spricht: ›Das bin ja nicht ich! Das sind ganz andere Blätter!‹« (Die Welt als Wille und Vorstellung II, 4. Buch, § 41)

Derart klare Bilder hatte die westliche Philosophie in der Tat nur selten zu bieten. Mit dem Tod war es meist bitterer Ernst. »Will man so recht einen Gegenstand für den Ernst denken«, schreibt Søren Kierkegaard, »so nennt man den Tod. (...) Bereits ein Heide hat gesagt, man solle den Tod nicht fürchten, ›denn wenn er ist, bin ich nicht, und wenn ich bin, ist er nicht‹. Dies ist ein Scherz, mit dem der listige Betrachter sich selbst außerhalb stellt, lediglich den Tod denkt, nicht sich selber im Tode. (...) Eben hierin aber liegt der Ernst. Der Ernst ist, dass du wirklich den Tod denkst, und dass du somit ihn denkst als dein Los, und dass du somit vollziehst, was der Tod ja nicht vermag, dass du bist und der Tod ebenfalls ist.« (An einem Grabe)

Das Einzige, was wir gegen den Tod vermögen, sei, laut Kierkegaard, ein Leben zu führen, dem wir angesichts des Todes rückwirkend zustimmen, für das wir geradestehen könnten, für das wir uns nicht vor uns selbst genieren müssten. Das ist es wohl, Herr Maria, was für uns alle zu hoffen bleibt.

Mit der Tatsache des Todes philosophisch umzugehen, kann aber auch Folgendes bedeuten: zu schweigen. Immanuel Kant etwa hat sich über den Tod nicht näher geäußert. Immerhin ist Kant innerhalb der Philosophie so etwas wie der Inbegriff der Seriosität. Offensichtlich schien ihm eine eingehende Auseinandersetzung mit dem Phänomen nicht möglich gewesen zu sein. Daraus lässt sich schließen, dass der Tod aus der philosophischen Diskussion auch ausgeklammert werden kann. Vielleicht ist es seitens der Philosophie sogar eine Frage der Aufrichtigkeit dies zu tun, schlichtweg um den Theologen und Mystikern genügend Platz zu lassen. Vielleicht, Herr Maria, ist Kants Schweigen die einzige echte und tiefste Art des Ernstes, die einem derartigen Thema angemessen ist.

So viel geschwiegen wie in den letzten Wochen hatte Herr Maria noch selten. Den meisten Freunden und Verwandten hatte er die Bedrohlichkeit seiner Situation gar nicht mitgeteilt. Warum auch? Es hätte ihnen bloß die Sprache verschlagen, so wie es auch ihm ergangen war, als er diesen unseligen Anruf vom Amt erhielt. Sollte man andere mit dem eigenen Schicksal belasten und sich bedauern lassen? Dazu gab es keine Notwendigkeit.

Herr Maria hatte schlichtweg keine Lust zu reden. Das Schreiben und Lesen war ihm vollauf genug. Ruhig ging er in die Küche und stellte einen Topf mit gesalzenem Wasser auf den Herd. Es gab Spaghetti mit Sugo Bolognese aus dem Glas, so wie jede Woche, schon seit er denken konnte. Tausende dieser Gläser hatte er in seinem Leben bereits gekauft und nach Hause getragen. Erfreulicherweise hatte ihm der Student gestern auch Tomaten, rote Schalotten und frische Petersilie mitgebracht, sodass er sich einen herzhaften Salat zubereiten konnte.

Seit Tagen lag eine Schachtel mit Briefen auf dem Küchentisch, die Herr Maria vor langer Zeit erhalten und seitdem verwahrt hatte. Jetzt las er daraus den einen oder anderen. Große Geheimnisse bargen sie nicht, bloß ein paar wehmütige Erinnerungen an verflossene Liebschaften und ein paar Streitfälle, die geklärt werden konnten. Sollte er die Briefe durch den Schredder laufen lassen? Seine botanische Sammlung würde in guten Händen sein. Auch die Aufteilung seines Vermögens und die Nachfolge der Patente waren seit Jahren geregelt. Die Briefe hingegen … Dass er einen handschriftlichen Nachlass haben würde, war ihm bislang noch nie zu Bewusstsein gekommen.

Beim Essen, das Herrn Marias Schweigen noch vertiefte, fielen ihm die orangen Beeren ein, die er frühmorgens im Badezimmer entdeckt hatte. Innerhalb weniger Tage waren sie aus dem Stamm einer Ameisenpflanze gewachsen, die er einst selbst aus einem Samenkorn großgezogen hatte. Und so ging er dann gleich im Anschluss ins Bad, nahm eine Pinzette und pflückte die länglich-ovalen Beeren rasch vom Stamm. Sie rochen leicht süßlich. Ihr Inneres war mit einer klebrig-schleimigen Substanz gefüllt, sodass Herr Maria, um die Samen fassen zu können, ein saugfähiges Stück Papier zur Hand nehmen musste. In der Natur werden die Beeren von Vögeln gefressen, deren Kot dann ebenso eine klebrige Konsistenz annimmt, sodass er nicht einfach zu Boden fällt, sondern an den Federn hängen bleibt. Um ihn loszuwerden, müssen die Vögel ihre Hinterteile auf Bäumen wetzen, wo die Samen hängen bleiben und rasch keimen.

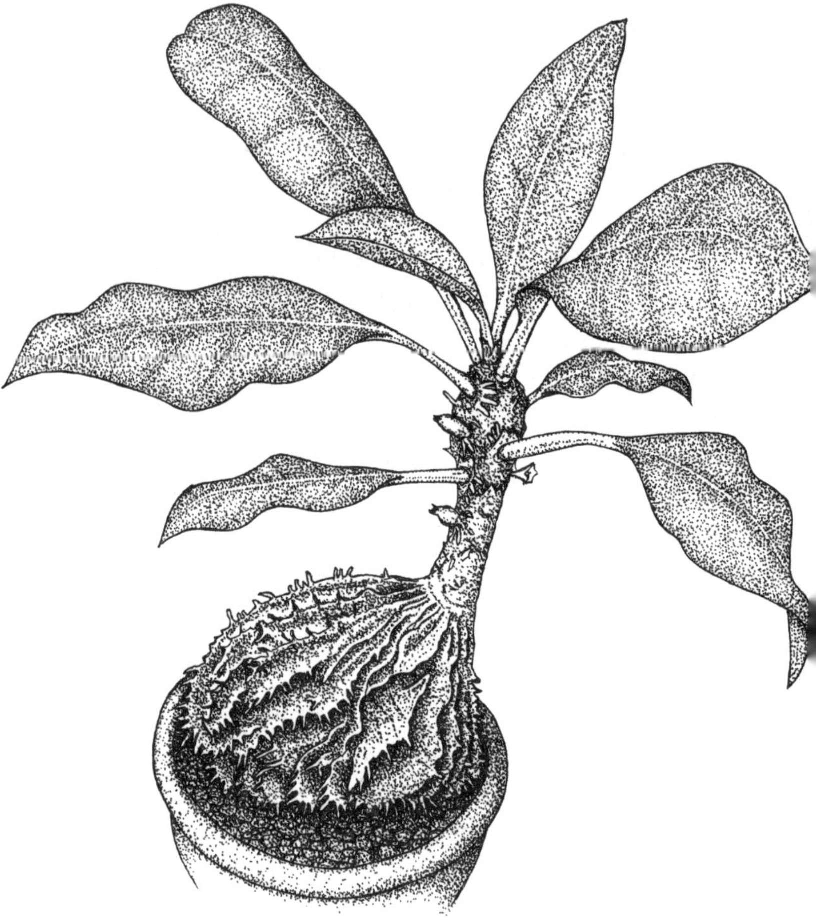

Myrmecodia tuberosa
Caudexdurchmesser: 10 cm

An ihren natürlichen Standorten auf Borneo, Neuguinea, in Malaysia und im Norden Australiens wächst *Myrmecodia tuberosa* epiphytisch auf Bäumen, an deren Rinde sie sich mit drahtigen Haftwurzeln verankern kann. Die geschuppten und kräftigen Äste tragen lanzettförmige Blätter von ledriger Struktur. Der Caudex ist korkig, an der Basis wellig verdickt, manchmal auch stachelig und mit zahlreichen Öffnungen versehen, die in die Wohnhöhlen der Ameisen führen.

Die Wohnhöhlen sind glatte, rundliche Behausungen, die den Ameisen Schutz vor Fressfeinden und Platz zum Aufziehen ihrer Jungen bieten. In anderen, nur von innen zu erreichenden Höhlen, die eine raue und mit kurzen Zapfen versehene Oberfläche haben, lagern die Ameisen dann ihre Abfälle und auch ihre Toten. Dies kommt der Pflanze sehr zugute. Da sie in der Natur nie mit Erde in Berührung kommt, kann sie alle benötigten Nährstoffe aus den kompostierten Abfällen in ihrem Inneren für sich gewinnen. Darüber hinaus halten die Ameisen die Pflanze frei von Schädlingen aller Art.

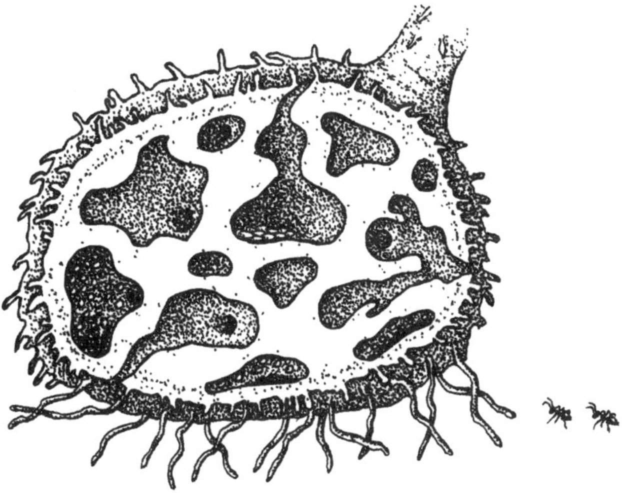

Myrmecodia tuberosa (Querschnitt)

Als Herr Maria die Samenkörner von ihren klebrigen Hüllen befreit hatte, steckte er sie in feuchtes Sphagnum-Moos. In seinem Badezimmer war es stets warm. Auch die Luftfeuchtigkeit war überaus hoch. Zwei starke Lampen waren installiert, damit alles gut gedeihen konnte. Über Jahre hinweg war sein Badezimmer derart zugewachsen, dass man kaum erkennen konnte, wo sich der Kamm und die Zahnbürste befanden. Dort gab es Schlingpflanzen, die innerhalb weniger Wochen bis zur Decke klettern konnten. Es war der reinste Dschungel, und er liebte ihn trotz des Schimmels in den abseitigen Ecken.

Mit dem Ernten und Säen war Herr Maria vertraut. So gewann er laufend Jungpflanzen von Raritäten, die er gegen andere rare Stücke, die ihm erstrebenswert erschienen, eintauschen konnte. Doch kam ihm die Sache jetzt plötzlich eigenartig vor. Hätte er die Beeren nicht einfach vertrocknen lassen sollen?

Erschöpft legte er sich auf die Couch im Wohnzimmer und schlief augenblicklich ein. Am späteren Nachmittag erinnerte er sich an ein eindrucksvolles Erlebnis, das er dem Philosophen gleich morgen schreiben würde. Dann ging er in die Küche und machte sich ein großes Brot mit polnischer Wurst, auf das er eine stattliche Salzgurke legte. Zu viel vom Tod war das heute gewesen. Immerhin war er ja noch am Leben!

Der Einsiedler oder Das Glück

Noch vor dem Morgengrauen fuhren wir zum Angeln los. Das Revier war uns noch nicht bekannt. Wir wussten nur, dass wir uns durch den Auwald bis zum Fluss durchschlagen mussten. Dort wollten wir über Nacht unser Zelt aufschlagen. Doch wo wir auch suchten, wir konnten keine Stelle finden, an der dies möglich gewesen wäre. Alles war zugewachsen. An den Böschungen standen meterhoch Brennnesseln, sodass man kaum das Wasser sehen konnte. Eine Machete oder eine Sense hatten wir nicht dabei. Damit hätten wir roden und uns einen Angel- und Schlafplatz schaffen können. Doch ohne Werkzeug war dies unmöglich. So dachten wir schon ans Heimfahren.

Plötzlich roch es köstlich nach Kaffee. Auch war ein schmaler Weg zu sehen, dem wir folgten und der uns auf eine große, frisch gemähte Wiese brachte, die bis hinunter ans Wasser reichte und einen wunderbaren Blick auf den Fluss freigab. Jetzt konnten wir auch das türkisgrüne, milchige Wasser sehen, das in der Sonne funkelte und das man uns als überaus fischreich angepriesen hatte. Es war der ideale Platz zum Angeln.

Nahe am Ufer befand sich eine alte Fischerhütte, die hoch oben auf Stelzen stand und von der aus ein mächtiger Schiffsmast über den halben Fluss ragte. An der Mastspitze war eine riesige Daubel befestigt, ein quadratisch aufgespanntes Fischernetz, das an einem Seil knapp über dem Wasser hing. Der Fluss war nicht sonderlich breit, vielleicht fünfzehn Meter, hatte jedoch eine kräftige Strömung und schien recht tief zu sein. Als wir uns durch Rufen bemerkbar machten, ging oben bei den Stiegen eine Tür auf, aus der uns ein alter Mann entgegenkam. Wir könnten unsere Rucksäcke und Angeln auf seinem Grundstück ablegen, meinte er freundlich, und zu ihm nach oben in die Hütte kommen.

Drinnen war es warm und gemütlich. Am Ofen stand Kaffee und bald braute unser Gastgeber noch eine zweite Kanne, aus der er bereitwillig einschenkte. Dazu drehten wir uns Zigaretten aus schwarzem Tabak, den ich aus Hamburg mitgebracht hatte und der ihm sehr zusagte. Die Wände der kleinen Hütte war voll mit Büchern, vor allem über Pflanzen und Tiere, wie er erklärte. Seit etlichen Jahren wohne er schon hier. Auch im Winter? Ja, auch im Winter. Holz gebe es in der Au genug, mehr als er verheizen könne. Das müsse er nur aufsammeln, klein machen und unter der Hütte lagern. Mit dem Fahrrad fahre er einmal in der Woche in den Ort, vor allem für Brot, Butter, Zucker und Kaffee. Obst, Nüsse, Kräuter, Pilze und vor allem Fisch, all das bekomme er aus dem Wald und vom Fluss.

Und dann begann er Geschichten zu erzählen, wie er bei Hochwasser über mehrere Wochen hinweg nur mit dem Boot hatte ins Dorf fahren können, wie er Hunderten von Karpfen das Leben gerettet hatte, indem er sie mit Netzen aus den wassergefüllten Senken des Auwalds zog und nach dem Hochwasser zurück in den Fluss brachte, wie er im vorigen Jahr mit seiner Daubel einen Hecht gefangen hatte, der so groß war, dass er ihn anfangs für einen Baumstamm hielt, und wie ihm der Fisch mit seinen scharfen Zähnen dann den Arm aufgerissen hatte. Die Narben, die er uns zeigte, waren sehr eindrucksvoll.

Die Zeit verging jedenfalls wie im Flug. Plaudernd saßen wir lange zusammen, bis ich schließlich die geräucherte Wurst holte, von der wir eine Stange mitgenommen hatten, sowie einen Laib Brot und ein Glas mit Salzgurken, die dem alten Mann derart schmeckten, dass wir sie ihm fast zur Gänze überließen. Er war sehr gesprächig und kochte weiterhin Kaffee, sodass uns schon schwindlig wurde. Später gab es Likör, den er aus Kräutern selbst hergestellt hatte. Gegen Abend warfen wir noch unsere Angeln aus. Campieren durften wir auf seinem Grundstück.

Die Nacht war mondhell und kalt. Vor dem Einschlafen konnte ich aus nächster Nähe ein Wildschwein sehen, das zum Trinken ans Wasser gekommen war und vom Laufen erhitzt in Schwaden von Dampf stand. Da wir direkt am Wasser geschlafen hatten, mussten wir unsere Schlafsäcke gleich in der Früh zum Trocknen in die Sonne legen. Als wir uns im Freien den Frühstückstee kochten, kam uns der alte Mann besuchen und brachte ein Geschenk mit. In seiner Hand hielt er eine schwarze Kette, an der eine ungewöhnlich prächtige Barbe hing, goldglänzend und wunderschön. »Die ist für euch, habt ja nichts gefangen«, sagte er.

Die nächtliche Heimfahrt war ruhig und stimmungsvoll. Am Abend hatten wir noch zwei Karpfen und einen stattlichen Aal gefangen, was uns sehr freute. Das Erfreulichste aber waren die guten Gespräche, die wir in der alten Hütte führten. Die gingen uns nicht aus dem Kopf. Auch die positive Ausstrahlung des alten Mannes hatte eine starke Wirkung auf uns.

»Hast du seine Tätowierungen gesehen, die drei Punkte am Handrücken zwischen Daumen und Zeigefinger?«, meinte mein Freund. »Ja freilich«, sagte ich. »Nichts hören, nichts sehen und nichts reden soll das heißen. Der alte Mann muss wohl für lange Zeit im Gefängnis gewesen sein.«

»Sieht so aus, als ob er seinen Weg gefunden hätte«, erwiderte mein Freund.

SEHR GEEHRTER HERR MARIA,
vielleicht haben dieser zauberhafte Ort und die besondere Lebensweise, die dieser verlangt, maßgeblich dazu beigetragen, dass der alte Einsiedler Frieden finden und sich mit dem Leben wieder versöhnen konnte. Wie der Wanderphilologe war auch dieser Mann ein Außenseiter, der seinem Schicksal aber letztlich doch etwas Positives abringen konnte, der sein Glück – ob nun verdient oder unverdient – fand. Zumindest wurde er ein freundlicher und hilfsbereiter Mensch. Vielleicht war er das ja immer schon gewesen. Wir wissen es nicht.

Glück ist ein Gefühl der Harmonie, das Gefühl innerer Übereinstimmung von Wunsch und Befriedigung. Es meint zweierlei, sowohl den einzelnen günstigen Umstand als auch das günstige Zusammentreffen innerer Neigungen mit äußeren Umständen, was die Griechen *kairos* nannten, den günstigen Zeitpunkt, den es beim Schopf zu packen gilt. In diesem Sinne ist auch das Sprichwort zu verstehen, dass jeder seines Glückes Schmied ist.

Das Sprichwort weist ebenso darauf hin, dass das Glück als Glücksgefühl eine menschliche Eigenleistung ist, die ihre Ursache nicht in Glücksgütern hat. Wer solche Güter besitzt, muss sich nicht notwendig glücklich fühlen. So gesehen ist Glück eine Kunst, die in der richtigen Ordnung unserer Gedanken liegt, freilich auch in der günstigen Verfasstheit der Seele, womit wir, zumindest anteilsweise, wieder beim Glück als günstigem Umstand angelangt sind.

Glück als Glücksgefühl bezieht sich maßgeblich auf den menschlichen Charakter. Demnach ergibt es auch wenig Sinn, zwischen einem wahren und einem bloß eingebildeten Glück zu unterscheiden. Laotse begeht einen Denkfehler, wenn er das tut, ebenso Platon und die westliche Tradition. Glück hat nichts mit Wahrheit zu tun. Es ist hochgradig relativ. Denn es bezieht sich zusätzlich noch auf das Schicksal der anderen, mit denen man sich vergleicht, sowie auf alle früheren Erlebnisse und Zustände, an die man sich erinnert.

Glück hat ebenso nichts mit Tugend zu tun. Im Verhältnis zu Gut und Böse ist es weitgehend indifferent. Die philosophische These vom notwendigen Glück der Tugendhaften, wie sie von Seneca vorgetragen wird, ist nur im Sinne einer Hoffnung zu verstehen. Freilich ist es allen Tugendhaften von Herzen zu wünschen, dass sie mit ihren Tugenden glücklich werden. Garantien gibt es jedoch nicht. Julien Offray de La Mettrie, ein Philosoph der französischen Aufklärung, brachte das Problem auf den Punkt: »Es gibt das Glück für die Unwissenden und Armen ebenso wie für die Gelehrten und die Reichen, für alle Stände und – was voreingenommene Gemüter empören wird – für die Bösen ebenso wie für die Guten.«

(Über das Glück. Anti-Seneca) Glück ist letztlich Übereinstimmung mit sich selbst, wer auch immer dieses Selbst ist und worin auch immer die Übereinstimmung besteht.

»Glückliches und unglückliches Lebensgeschick«, schreibt Demokrit, »ist Sache der Seele.« (Fragment 170) Die Seele ist der »Wohnsitz des Glücks«. (Fragment 171) Auf welchem Weg das Glück zu seinem Wohnsitz gelangt, ob wir es durch Übung erlernen müssen oder ob es uns von höheren Mächten zugeteilt wird, diese Frage wird später von Aristoteles gestellt. Seine Antwort zieht beide Möglichkeiten in Betracht: »Wenn es nun überhaupt irgendein Geschenk der Götter an die Menschen gibt, so ist anzunehmen, dass die Glückseligkeit *(eudaimonia)* gottgegeben ist, und zwar um so eher als sie unter den menschlichen Gütern das Beste ist. (...) Aber auch wenn sie nicht von Gott geschickt wird, sondern durch Tugend und eine Art von Lernen oder Übung zustande kommt, so gehört sie doch zu den göttlichsten Dingen.« (Nik. Ethik, 1099b) Alles, was wir täten, so Aristoteles, sei letztlich auf unser Glück ausgerichtet. Das Glück sei der Endzweck *(telos)* jeder Handlung und darüber hinaus auch der einzige Zweck, den eine Handlung haben kann. Deshalb sei es notwendig das Beste unter allen menschlichen Gütern.

Wenn wir davon ausgehen, dass unser Einsiedler ein glücklicher Mensch geworden ist, so können wir mit Epikur behaupten, dass sein Glück zu einem guten Teil auch daran lag, dass er sich mit dem Wenigen zufriedengab, das ihm zur Verfügung stand. Denn »alles Naturgemäße«, so Epikur, »ist leicht zu beschaffen, das Unnütze aber schwer. Ferner erzeugen einfache Speisen die gleiche Lust wie ein kostspieliges Mahl, wenn das schmerzhafte Gefühl der Entbehrung gänzlich beseitigt ist, und Brot und Wasser rufen die höchste Lust hervor, wenn sie der Hungrige zu sich nimmt. Die Gewöhnung an eine einfache, nicht kostspielige Lebensweise schafft volle Gesundheit und verleiht dem Menschen Tatkraft gegenüber den unumgänglichen Anforderungen des Lebens, sie bringt uns in eine bessere Verfassung, wenn wir uns hin und wieder den Gütern des Luxus zuwenden, und macht uns furchtlos gegenüber dem Schicksal.« (Brief an Menoikeus)

Salzgurken waren zweifellos Güter des Luxus für diesen Mann, auch schwarzer Tabak. Hätte er derlei Dinge jeden Tag haben können, hätten sie ihm nicht mehr solche Freude bereitet. Doch wir können nur ahnen, worin sein Glück begründet war. Vielleicht war es auch das Leben im Einklang mit der Natur, das ihn gleichsam verzauberte, sodass er alles, was ihn bedrückte, nach und nach abstreifen konnte. »Das wirkliche Glück«, schreibt der deutsche Philosoph Paul Nicolai Hartmann, »kommt immer von anderer Seite, als man es meint. Es liegt immer da, wo man es nicht sucht. Es kommt immer als Geschenk und lässt sich dem Leben nicht abringen und abtrotzen. Es liegt in der Wertfülle des Lebens, die immer da ist.« (Ethik)

Was wir aber sehr wohl behaupten können, speziell in Hinblick auf die positive Ausstrahlung dieses Mannes – die Ihnen, Herr Maria, ja bis heute noch erinnerlich ist –, dass es ihm gelungen ist, seinem wahrscheinlich tragischen und schuldbeladenen Leben letztlich einen Sinn zu verleihen. Nach Viktor Frankl ist dies der springende Punkt jeder geglückten Existenz. Frankl, der die Schrecken des Krieges und der Verfolgung am eigenen Leib zu spüren bekam, war davon überzeugt, dass es keine Lebenssituation gibt, die wirklich sinnlos ist. Dies ist darauf zurückzuführen, »dass die scheinbar negativen Seiten der menschlichen Existenz, insbesondere jene tragische Trias, zu der sich Leid, Schuld und Tod zusammenfügen, auch in etwas Positives, in eine Leistung gestaltet werden können, wenn ihnen nur mit der rechten Haltung und Einstellung begegnet wird«. (Das Leiden am sinnlosen Leben)

Glück ist etwas sehr Intimes, ein inneres Erleben, das sich von außerhalb und in Bezug auf andere Menschen nicht fassen, vielmehr nur erahnen lässt.

Die Frage nach dem eigenen Glück hatte sich Herr Maria nie gestellt. Er war seinen Interessen gefolgt und immerzu tätig gewesen, hatte Jahre hindurch Fertigkeiten erlernt, mit Menschen kommuniziert und maßgefertigte Software hergestellt, die er gut verkaufte. Ob er dabei glücklich gewesen war, konnte er nicht sagen. Jedenfalls war es ihm die meiste Zeit über gut gegangen, so hatte er zumindest jetzt den Eindruck. Als seine Frau verunglückt war, konnte er ihren Tod für lange Zeit nicht fassen und fühlte sich der Welt entrückt und fremd. Mit dem Schicksal gehadert hatte er jedoch nie. Sein Unglück war nicht das Unglück Hiobs, kein Skandal gewesen. Andere Menschen mussten noch viel Schlimmeres verkraften. Dessen war Herr Maria sich stets bewusst gewesen und dies hatte ihm über die schwere Zeit hinweggeholfen.

Damals, als er vom Angeln zurück in die Stadt fuhr, war er von der Lebensweise des alten Mannes beeindruckt gewesen. Noch nie war er einem Menschen begegnet, der ein so ungewöhnliches Leben führte. Wenn er selbst ein anderer gewesen wäre, so hatte er damals gedacht, wenn andere Umstände geherrscht hätten, hätte auch er ein solches Leben führen können. Freilich war bei diesem Gedanken auch ein Schuss Romantik dabei gewesen. Herr Maria wusste, dass ein solches Leben derart radikal war, dass man es nur in Sonderfällen für sich beanspruchen konnte. Doch es war archaisch und frei, stand im Einklang mit der Natur, aus der man sich alles holen konnte, was man fürs Leben brauchte, dazu noch ein paar Güter des Luxus wie Zucker und Kaffee, einmal im Jahr dann ein paar Salzgurken und schwarzen Tabak, das war doch – auch – ein Paradies. Dass ein solches Leben sehr hart und entbehrungsreich sein würde, besonders im Winter, konnte sich Herr Maria lebhaft vorstellen. Doch der Einsiedler hatte ja auch seine Bücher und konnte selbst im Winter auf dem Eis angeln gehen. Ein Mensch, der dies alles tun und aushalten konnte, auch die Einsamkeit, der musste doch einfach glücklich sein.

Nachdem Herr Maria seine Medizin genommen hatte, konnte er wieder deutlich seinen Magen spüren. Vorsorglich hatte er in der Früh zwei Bananen mit Camembert gegessen, sodass es wohl nicht so schlimm werden würde wie in den letzten Tagen. Auch hatte ihm die Frau des Philosophen per SMS ein Rezept für Haferflockensuppe geschickt, die er sich zubereiten sollte. Seinen Einwand, dass er solcherlei beim besten Willen nicht essen konnte, hatte sie nicht gelten lassen. Erstens, so meinte sie, sei es das beste Rezept für dieses Gericht und stamme von ihrer Großmutter, und zweitens solle er doch einfach, wenn ihm die Farbe oder die Textur der Suppe nicht zusage, beim Essen die Augen schließen. Das werde er schon zuwege bringen.

Seufzend ging Herr Maria in die Küche, wo die Zutaten bereits zurechtgelegt waren. Die philosophische Übung bestand nun darin, etwas zu kochen, was ihm nicht schmeckte. Was hätte wohl Epikur dazu gesagt? Diese Frage hatte er in einem Mail auch dem Philosophen gestellt. Kurze Zeit später war von ihm und seiner Frau die folgende Antwort gekommen:

Lieber Herr Maria,

anbei die Empfehlungen von Epikur mit den praktischen Anmerkungen meiner Frau in Klammern: »Und eben weil sie das erste und angeborene Gut ist, deshalb wählen wir auch nicht jede Lust, sondern lassen bisweilen viele Lustempfindungen (etwa Kaffee) aus, wenn sich aus ihnen ein größeres Unbehagen (wie Magenschmerzen) für uns ergibt. Ja, viele Schmerzen (Haferflockensuppe) halten wir sogar für besser als die Lustempfindungen, wenn sich nämlich bei uns eine größere Lust (keine Magenschmerzen) als Folge davon einstellt, dass wir eine lange Zeit Schmerzen (kein Kaffee, Haferflockensuppe etc.) ertragen haben. Jede Lust ist also, weil sie eine uns angemessene Natur hat, ein Gut, aber nicht jede ist zu wählen, wie jeder (oft nur vermeintliche!) Schmerz ein Übel ist und doch nicht immer solcherart, dass er vermieden werden muss. Durch Abmessen und Prüfung des Zuträglichen und Unzuträglichen dies alles zu beurteilen, ist unsere Aufgabe. Denn wir bedienen uns zeitweilig des Guten wie eines Übels und umgekehrt des Übels wie eines Guten (Brief an Menoikeus).

Herzliche Grüße von uns beiden!

Dieser Übermacht musste sich Herr Maria selbstredend beugen. Also nahm er die kleine Zwiebel zur Hand, schälte sie, hackte sie klein und dünstete sie in Butter an. Dann gab er zwei gehäufte Esslöffel Haferflocken dazu, ließ sie kurz mitrösten und drückte noch eine Zehe Knoblauch durch die Presse, die er in das gräuliche Gemisch einrührte. Im Anschluss waren dreihundert Milliliter Wasser aufzugießen und mit einem Teelöffel pflanzlicher Suppenwürze zu salzen. Nun musste er das zunehmend schleimig werdende Gebräu noch zehn Minuten lang vor sich hin köcheln lassen, bis er es schließlich mit einem Spritzer Limettensaft abschmecken und mit fein gehackter Petersilie servieren konnte. Der Geruch war hervorragend. Als Herr Maria einen Löffel zu sich nahm, schloss er sogleich die Augen, aber nicht, weil er die Suppe nicht sehen wollte, sondern weil sie ihm ausnehmend gut schmeckte.

Zufrieden ging er hinauf in seine Sammlung und nahm gleich die lange Pinzette zur Hand, um verwelkte Blätter, verdorrte Zweigstückchen und vertrocknete Blüten abzuklauben. Alles, was abgestorben war, galt es regelmäßig zu entfernen. Einerseits aus ästhetischen Gründen, weil der Dachboden in längstens einem Jahr sonst einem Komposthaufen geglichen hätte. Andererseits weil man, wie auch beim Gießen, dabei jede Pflanze genau betrachten und rechtzeitig erkennen konnte, wenn es Probleme gab. Wie oft hatte Herr Maria schon beim Blätterzupfen ein übles Wolllausnest entdeckt oder ein zartes Gespinst, in dem sich Spinnmilben befanden. Manchmal war es auch schon zu spät, wie im letzten Jahr, als er bei seinem viel geliebten *Adenium swazicum* die heimtückischen Milben nicht entdecken konnte und die Pflanze über Nacht fast alle Blätter verlor.

Selbst die robuste *Kumara plicatilis* war anfällig für Schädlinge. Bloß konnte man diese gut an ihr erkennen und auch leicht entfernen, weil die Pflanze glatt und einfach strukturiert war. Sein Exemplar hatte er von Professor Sanctarius erworben. In den letzten Jahren hatte es sich hervorragend entwickelt. Auch war der Stamm an seinem unteren Ende bereits schön knorrig geworden. Diese Pflanze war wahrlich ein Prachtstück. Sanctarius würde sie nach seinem Tod gut verkaufen können. Geblüht hatte sie erst einmal, leider unter unglücklichen Umständen. Die Blüte hatte sich nicht richtig entwickeln können und war auf halbem Weg stecken geblieben. Dies war deshalb so, weil Herr Maria vergessen hatte, dass *Kumara plicatilis* ein Winterwachser war. So hatte er ihr in der kalten Jahreszeit zu wenig Wasser gegeben. Das sollte ihm im heurigen Winter nicht wieder geschehen, dachte er verwegen. Denn erst nach ihrer Blüte kann sich die Pflanze verzweigen und zu ihrer vollen Größe entwickeln.

Kumara plicatilis, das war Herrn Maria aus Büchern noch erinnerlich, kann eine Höhe von fünf

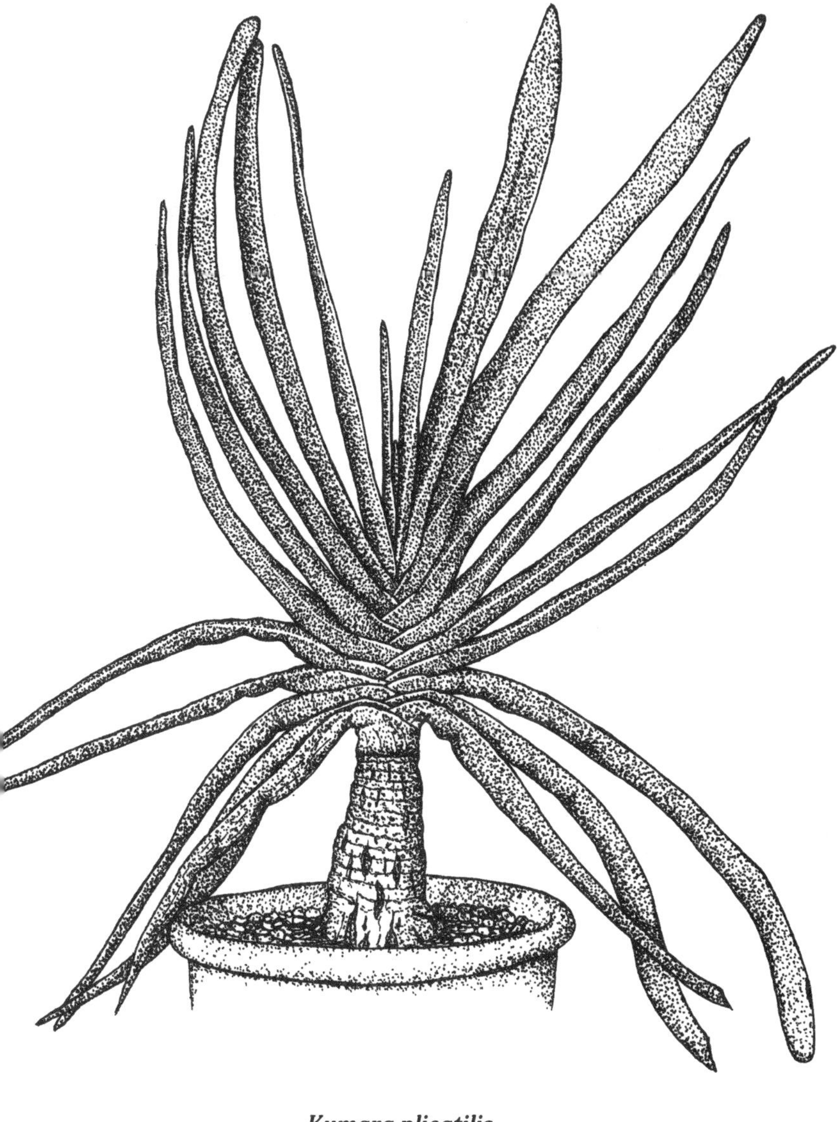

Kumara plicatilis
Höhe der Pflanze: 50 cm

Metern erreichen und zählt zu den botanischen Schätzen Südafrikas. Sie wächst auf steilen Felshängen, bevorzugt bei hohen Niederschlägen im Winter, oft in der Nähe der Meeresküste. Bis vor wenigen Jahren wurde sie noch zur Gattung der Aloen gezählt. Das Wachstum der Stämme ähnelt den Latschen, den Bergkiefern aus den Hochlagen der Alpen. Sie hat einfache, unverzweigte, bis zu fünfzig Zentimetern lange Blütenstände mit etwa dreißig glockenförmigen, leuchtend scharlachroten Blüten. »Allein dieser Blüten wegen«, sprach Herr Maria, »gilt es den heurigen Winter zu überstehen.«

Die Vergiftung oder Die Gelassenheit

Es war vor über zwanzig Jahren. Anfangs dachte ich, die Übelkeit und der Schwindel seien bloß Folgen einer harmlosen Infektion. Doch die Symptome wurden zunehmend schlimmer. Nach einer Stunde mit heftigem Erbrechen und Krämpfen konnte ich mich kaum mehr auf den Beinen halten. Im Bett begann ich zu frieren und bekam Schüttelfrost. Liegen bleiben konnte ich nicht. Mein Körper war derart in Aufruhr, dass ich immer wieder aufstehen und mich ins Bad schleppen musste.

Das Fieberthermometer, das mir meine Frau gleich von Anfang an unter die Achsel geschoben hatte, zeigte nun vierzig Grad. Auch der Brechreiz wollte nicht vergehen. Nach einiger Zeit wurden dann meine Fingerspitzen taub, bald darauf konnte ich auch die Spitzen meiner Zehen nicht mehr spüren. Noch einmal schleppte ich mich ins Bad und schlief dann im Bett vor Erschöpfung ein.

Meine Frau ließ mich ruhen. Als sie mich später weckte, glaubte sie anfangs, ich sei wieder halbwegs wohlauf. Das Fieber war etwas zurückgegangen. Das Taubheitsgefühl in meinen Händen und Füßen jedoch hatte sich erheblich verstärkt, sodass mir das Aufstehen schon recht schwerfiel. Rasch wurde der Notarzt verständigt. Wieder hatte ich Krämpfe und musste mich ins Bad schleppen. Und dort saß ich dann, betastete Arme und Beine, die immer fühlloser wurden. Auch die Wangen und das Kinn waren kaum mehr spürbar. Ich selbst hingegen wurde zunehmend ruhig.

Es war ein seltsames Gefühl, als ob ich mich auflösen und verschwinden würde. Das Taubheitsgefühl war von den Spitzen der Extremitäten zunehmend nach innen gewandert und hatte auch schon die Knie und den Hals erfasst. Als ich meinen Körper nicht mehr spürte, nur noch das Herz schlagen hörte und das Ertasten der Nase und der Wangen kein erkennbares Bild mehr ergab, schloss ich die Augen. »Das war es dann wohl«, dachte ich. Meine Frau hielt mir die Hand.

Das Sonderbare war, dass ich keine Angst hatte, nicht einmal Sorgen, sondern völlig nüchtern blieb. Mein Verstand war ruhig und klar. Ich wusste, dass es das Ende sein würde. Darüber gab es keinerlei Zweifel. Und so ließ ich mein Leben Revue passieren, durchlebte so manche Szene, die schon lange aus der Erinnerung verschwunden war. Schließlich begann ich, mein Leben zu bewerten. Ich kann mich noch erinnern, dass ich damals die Vorstellung hatte, es wäre ein gutes Leben gewesen. Jedenfalls war ich weitgehend zufrieden, auch mit dem bevorstehenden Tod, was mir bis heute ein großes Rätsel ist.

In diesem Moment stürzten die Notärzte ins Bad. Meine Frau erzählte mir später, dass meine Beine, als ich ins Schlafzimmer getragen wurde, im angewinkelten Zustand verblieben. Mein Körper war völlig versteift. Auch sollen die Ärzte verärgert gewesen sein, weil sie mich für einen Rauschgiftsüchtigen hielten, der eine Überdosis genommen hatte. Sprechen konnte ich nicht, auch kaum etwas sehen. Jedenfalls bekam ich eine Injektion, die mir starke Schmerzen verursachte. Kurze Zeit später konnte ich mich wieder bewegen. Von einem Augenblick auf den anderen war alles vorbei. Ich stand auf, ging in die Küche und machte Tee, so als wäre nichts gewesen. Bei einer nachfolgenden Untersuchung wurden anaerobe Bakterien als Ursache vermutet.

Vergessen konnte ich dieses Erlebnis nie. Bis heute habe ich den Eindruck, dass es mich verändert hat. Dass meine Gedanken so klar geblieben waren, diese Bedrohung so ruhig vor meinen Augen ablaufen konnte, ist mir bis heute völlig unverständlich, in meiner jetzigen Situation aber auch ein Trost.

MANCHEN MENSCHEN, VEREHRTER HERR MARIA, ist es gegeben, in entscheidenden Situationen gänzlich in der Gegenwart aufzugehen. So sind sie imstande, zum richtigen Zeitpunkt genau das Richtige zu tun. Sie haben damals Ihr Testament gemacht und mit dem Leben abgeschlossen, was zweifellos besser war, als in Angst und Panik zu verfallen. Dass Sie dieses Erlebnis verändert hat – wohl zum Besseren, wie ich meine –, wundert mich nicht.

Gelassenheit – mittelhochdeutsch *gelazzen* »sich niederlassen« – ist ein von der Mystik des Mittelalters her stammender Begriff, der den Abstand zu weltlichen Dingen beschreibt, letztlich die Ruhe in Gott. Dass Sie, Herr Maria, sich gefasst in die Hände des Schicksals begeben konnten, ist religiös betrachtet durchaus als Gottvertrauen zu verstehen, selbst wenn der Gedanke an höhere Mächte gar nicht bewusst vorhanden war. Das Vertrauen, dass letztlich alles gut gehen würde, war zweifellos vorhanden.

Worauf sich dieses Vertrauen damals stützen konnte, ist eine Frage, die Sie sich nur selbst beantworten können. Psychologisch betrachtet wird die Ursache wohl in Ihrer Kindheit zu suchen sein. Medizinisch gesehen könnte die Lähmung des Körpers jedoch auch ein Erlahmen der geistigen Widerstandskräfte zur Folge gehabt haben, was ich persönlich aber nicht glaube, weil die Gedankenwege, die Sie damals gehen konnten, nichts Dumpfes an sich hatten. Ganz im Gegenteil war Ihr Geist völlig klar, wie Sie schreiben, sodass Sie Ihr Leben reflektieren und bewerten konnten. Erstaunlich, dass ein Mensch in einer solchen Situation dazu fähig ist.

Gelassenheit ist uns als Haltung bereits aus der orientalischen Philosophie bekannt. Das altindische Wort *upekkhā*, das im Rahmen der buddhistischen Ethik als einer der vier grenzenlosen Geisteszustände gilt, meint ein Loslassen und Nichtanhaften, eine Gesinnung, die jeder Mensch in seinem Leben anstreben sollte. Auch in der Philosophie der europäischen Antike wird das Moment der Gelassenheit zur Sprache gebracht. So ist bei den Epikureern von *ataraxía*, bei den Stoikern von *apátheia* die Rede, was in etwa dasselbe meint, nämlich einen innerweltlichen Zustand des Friedens und der Stille, eine Tugend, die es zu erwerben gilt und mit der sich das Schicksal gelassen ertragen lässt.

»Jene von tierischer Gedankenlosigkeit sich so sehr unterscheidende menschliche Gelassenheit«, schreibt Arthur Schopenhauer, ist ein Zustand, »in welchem einer nach vorhergegangener Überlegung, gefasstem Entschluss oder erkannter Notwendigkeit das für ihn Wichtigste, oft Schrecklichste kaltblütig über sich ergehen lässt oder vollzieht«. (Die Welt als Wille und Vorstellung I)

Gelassenheit setze Besonnenheit voraus, also jene Fähigkeit, die es uns gestatte, vom Augenblick Distanz zu gewinnen und in den Zustand der Reflexion zu gelangen, welche die Tätigkeit des Geistes ist. Gelassene Besonnenheit ist die notwendige Vorbedingung für philosophisches Denken. So gesehen, Herr Maria, haben Sie damals angewandte Philosophie praktiziert, vielleicht auch aus einer Art von Instinkt heraus, der Ihnen in die Wiege gelegt wurde.

»Ethos Anthropo Daimon« (»Des Menschen Eigenart ist sein Schicksal«), so formulierte es Herakleitos von Ephesos vor rund zweieinhalb Jahrtausenden. (Fragment 119) »Daimon« meint in der altgriechischen Literatur ebenso wie »Theos« das Göttliche. Doch während »Theos« einen Gott benannte, der im kultischen Leben Bedeutung besaß, stand »Daimon« für eine dunkle und rätselvolle Kraft. Diese teilte den Menschen ihr Lebenslos zu. Dieses Zuerteilte konnte dem Einzelnen zum Vorteil oder zum Nachteil gereichen. Es war imstande, ihn glücklich *(eudaimon)* oder unglücklich *(kako-daimon)* zu machen. Jedes Wesen hatte mit seinem »Daimon« zu leben. Die Bindung begann mit der Geburt und endete mit dem Tod.

Johann Wolfgang von Goethe hat den Begriff an den Anfang seiner *Urworte. Orphisch* gestellt.

Daimon
Wie an dem Tag, der dich der Welt verliehen,
Die Sonne stand zum Gruße der Planeten,
Bist alsobald und fort und fort gediehen
Nach dem Gesetz, wonach du angetreten.
So mußt du sein, dir kannst du nicht entfliehen,

So sagten schon Sibyllen, so Propheten;
Und keine Zeit und keine Macht zerstückelt
Geprägte Form, die lebend sich entwickelt.

Goethe selbst hat sein Gedicht wie folgt kommentiert: »Der Daimon bedeutet hier die notwendige, bei der Geburt unmittelbar ausgesprochene, begrenzte Individualität der Person, das Charakteristische, wodurch sich der Einzelne von jedem Anderen bei noch so großer Ähnlichkeit unterscheidet. (…) Man möchte gar wohl gestehen, dass angeborene Kraft und Eigenheit mehr als alles Übrige des Menschen Schicksal bestimme.« (Goethe über seine Gedichte)

Die philosophische Übung, Herr Maria, die wir gemeinsam praktizieren – Sie als Schreibender, ich als Interpretierender –, bringt es mit sich, dass Sie sich selbst erforschen, aber noch viel gründlicher, als Sie es damals im Zuge Ihrer Vergiftung getan haben. Damals waren Sie in größter Eile. Aber auch heute drängt die Zeit. Wenn ich mich recht entsinne, so bleiben uns – falls das angedrohte Virus tatsächlich zum Ausbruch kommen sollte, was meine Frau vehement bestreitet, da sie von der Wirksamkeit ihrer Medizin vollkommen überzeugt ist – noch ein, zwei Wochen. Ich kann Ihnen versichern, dass Sie die Zeit bislang gut genutzt haben. Ihre Geschichten haben Gehalt, sodass ich philosophisch gefordert bin wie noch selten. Das wollte ich Ihnen nur zwischendurch einmal sagen, damit Sie wissen, dass unser Dialog eine starke Wirkung auf mich hat.

»Die Gelassenheit erwacht«, schreibt Martin Heidegger, »wenn unser Wesen zugelassen ist, sich auf das einzulassen, was nicht ein Wollen ist. (…) Gemäßer als durch eine Veranlassung zum Sicheinlassen können wir kaum in die Gelassenheit gelangen. Vor allem dann, wenn der Anlass so unscheinbar ist wie der lautlose Gang eines Gesprächs, das uns bewegt. Was doch heißt, dass es uns auf den Weg bringt, der nichts anderes zu sein scheint als die Gelassenheit selbst.« (Zur Erörterung der Gelassenheit)

Gelassenheit, so Heidegger, sei Offenheit und das Sich-Einlassen auf die Weite. Somit ist sie auch kein Wollen, sondern ein ruhiges Warten. Gelassenheit, so könnte man sagen, ist der *philosophical way of life*, jene Lebensart oder Haltung, in der sich philosophisches Denken erst eigentlich ereignen kann.

Als Herr Maria die gelehrten Erläuterungen des Philosophen gelesen hatte, ging er zufrieden in die Küche, um sie gleich noch ein zweites Mal zu studieren. Alles, was bislang geschrieben worden war, hatte er ausgedruckt und säuberlich in einer Mappe abgelegt, die er mehrmals am Tag öffnete. Herr Maria war froh, dass ihm das Schreiben so gut von der Hand ging. Offensichtlich konnte auch der Philosoph mit seinen Geschichten etwas anfangen. Vielleicht war die Gelassenheit, mit der er dem Tod ins Auge gesehen hatte, deshalb so rätselhaft für ihn gewesen, weil er damals nur selten gelassen bleiben konnte. Rastlos war er in seine Geschäfte verstrickt gewesen, sodass er zum Denken des Wesentlichen gar keine Gelegenheit gehabt hatte. Später, als seine Liebe zu den Pflanzen begann, konnte er den *philosophical way of life* erst eigentlich pflegen. Die Ruhe fürs Denken kam nach und nach.

Vielleicht war es auch die Langsamkeit, mit der seine Pflanzen wuchsen, die Geduld, die er aufbringen musste, die Herrn Maria gelassener werden ließen. Jedenfalls hatte er den Eindruck, dass er angesichts der Situation, in der er sich nun befand, weitgehend ruhig blieb, selten nur Ärger oder Angst verspürte. Auf solche Gefühle hatte er schlichtweg keine Lust, für sie blieb auch kaum Zeit. Ein Teil von ihm allerdings war rastlos wie eh und je. Wenn er mit einer seiner Tätigkeiten fertig war, erholte er sich bei einer anderen. Leerläufe, die ihn ins sinnlose Grübeln hätten bringen können, gab es nicht. Der Unterschied zu früher war jedoch, dass sich sein Tätigsein mit den Jahren erheblich verändert und jetzt eher den Charakter einer Meditation angenommen hatte, wohingegen es früher ausschließlich zweckgerichtet war.

Vermutlich war jene Vergiftung in der Tat der Wendepunkt gewesen, an dem sich sein Leben zu verändern begonnen hatte. Eigenartig blieb aber immer noch der Umstand, dass sein Fall medizinisch nie geklärt werden konnte. War er vergiftet worden? Hatte er sich irrtümlich selbst vergiftet? Zwiebeln von *Boophone disticha* hatte er jedenfalls schon gezogen, wie er sich erinnern konnte, auch zur Blüte gebracht. Dass sie das berüchtigte Voodoo- oder Zombiegift enthielten, hatte er erst später erfahren. Wie leicht man sich beim Hantieren mit Pflanzen vergiften konnte, das wusste er und war dementsprechend stets achtsam gewesen. Jedenfalls hätten die Symptome, die das Gift dieser Zwiebel verursachte, zu seinen damaligen recht gut gepasst.

Mittlerweile wusste Herr Maria, wo die Giftpflanzen in seiner Sammlung zu finden waren. Über die meisten hatte er schon einiges gelesen, so auch über *Lophophora williamsii*, den berühmten Peyote, ein stachelloses Kakteengewächs, von dem er ein altes, bereits mehrköpfiges Exemplar besaß. Stets hatte er es trocken und kalt überwintert, sodass er im Sommer mit einer Vielzahl rosafarbener Blüten rechnen konnte. Die Blüten hatte er auch jedes Jahr bestäubt. So wurden dunkelrote Früchte gebildet, aus denen sich Samen gewinnen ließen. Diese hatte Herr Maria jedoch nie geerntet. Er ließ die Beeren stehen. Um Jungpflanzen heranzuziehen, hätte er ein richtiges Treibhaus gebraucht.

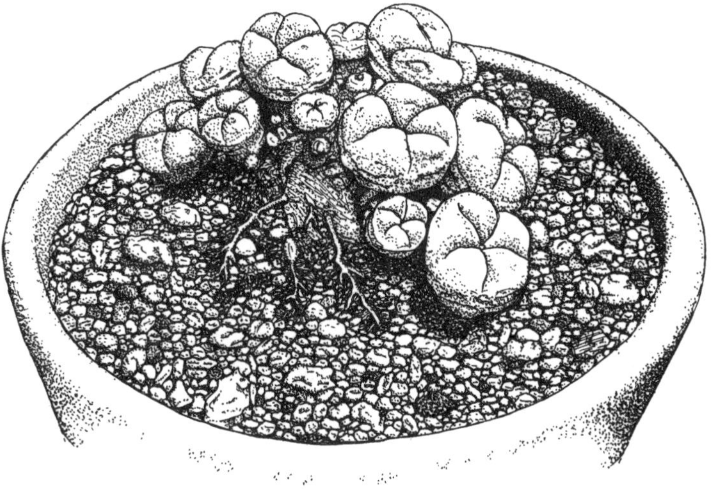

Lophophora williamsii
Topfdurchmesser: 14 cm

In vielen Ländern gilt *Lophophora williamsii* als illegale Droge, weil die Pflanze neben sechzig psychoaktiven Wirkstoffen auch Meskalin enthält, ein überaus starkes Alkaloid, das im späten 19. Jahrhundert entdeckt, chemisch isoliert und später auch eingehend erforscht worden war. In den USA, wo sich in Texas und dem angrenzenden Mexiko der Naturstandort von Peyote befindet, ist der Besitz der Pflanze mit hohen Gefängnisstrafen belegt. Nur Mitglieder der »Native American Church« dürfen *Lophophora williamsii* in den USA besitzen und zu rituellen Zwecken auch konsumieren. Die Anzahl der Mitglieder der über hundert Jahre alten Glaubensgemeinschaft beläuft sich auf eine Viertelmillion Menschen.

Archäologischen Zeugnissen zufolge wird das stachellose Kakteengewächs von indigenen Kulturen seit Jahrtausenden als Halluzinogen benutzt, vor allem für schamanische Rituale, aber auch für die Jagd. Dazu werden je nach Dosierung, die davon abhängt, ob die Pflanze an ihrem Naturstandort geerntet oder in einem Glashaus großgezogen wurde – der Gehalt an Wirkstoffen ist am Naturstandort um ein Vielfaches höher –, fünf bis fünfundzwanzig frisch geschnittene oder vorher getrocknete Köpfe dieser Pflanze gegessen, im Idealfall auf nüchternen Magen. Denn die Folgen sind vorerst starke Übelkeit und Erbrechen, bis nach einiger Zeit dann der Rausch beginnt.

Das Rauscherlebnis, folgte man den Ausführungen des Bestsellerautors Carlos Castaneda, besteht in einem gänzlichen Abtauchen in eine andere Welt, die je nach psychischer Verfasstheit angenehme oder auch unangenehme Erlebnisse bietet. Auffällig sind vor allem farbenprächtige und von heftigen Gefühlen begleitete Bilder, Begegnungen mit Tieren und Pflanzen sowie Flüge durch die Himmelsluft, die den Berauschten über mehrere Stunden bis Tage begleiten. Eine Gefahr der Abhängigkeit besteht nicht. Gefährlich ist die Sache aber trotzdem, weil der Wirkstoffgehalt einer Pflanze ohne chemische Analyse kaum abzuschätzen ist. Jedenfalls hatte Herr Maria nie das Bedürfnis gehabt, seinen alten Peyote-Kaktus zu verspeisen. Dazu hatte er ihn viel zu gern, vor allem weil er wie ein Haufen drolliger graublauer Semmeln aussah.

Der Professor oder Das Lernen

Es war in jener Zeit, in der sich beruflich die ersten Erfolge einstellten. Meine Firma war rasch bekannt geworden, weil wir die Datenverarbeitung für das gesamte Schulwesen des Landes entwickelt hatten. Die Auftraggeber waren überaus zufrieden. Wir bekamen viel Lob vonseiten der Presse und der Politik, sodass man mich ins Radio einlud, zur besten Sendezeit. Der Moderator war ein stadtbekannter Journalist. Sein Journal wurde von den Meinungsträgern des Landes durchgängig gehört. Ich kann mich noch gut erinnern, wie nervös mich diese Einladung damals machte.

Im Sendesaal war ich wie in Trance, hielt mich aber gut und war sogar schlagfertig. Nach einiger Zeit meldete sich ein älterer Herr aus dem Publikum zu Wort. Er wurde ehrerbietig als Professor N. vorgestellt und begann auch schon lebhaft zu sprechen: Es sei eine wirklich wichtige und gute Sache, über die hier geredet werde, und er könne die Arbeit seines Schülers nur voll und ganz unterstützen. Dann stellte er mir eine knifflige Frage, die ich gut beantworten konnte, und gleich eine zweite, die noch schwieriger war, sodass ich den Eindruck hatte, regelrecht geprüft zu werden. Mir schlug das Herz bis zum Hals: Professor N. war hier! Doch worüber ich fassungslos war: Ich war niemals sein Schüler gewesen.

Vor dieser Sendung hatte es nie ein persönliches Gespräch zwischen uns gegeben. Wir kannten uns bloß vom Sehen. Er war zwar der Berühmteste der Fakultät, doch ich studierte bei ganz anderen Leuten, die mir damals interessanter vorkamen und jünger waren als er. Besucht hatte ich bloß seine Hauptvorlesung, die verpflichtend vorgeschrieben war. Sein Lehrbuch, das über Jahrzehnte als wissenschaftlicher Maßstab galt, hatte ich selbstverständlich gelesen, seine weiteren Arbeiten jedoch nicht verfolgt.

Nach der Sendung kam Professor N. freundlich auf mich zu. Die Ankündigung des Interviews habe er bereits in der Vorwoche in der Zeitung gelesen. Dafür habe er sich freigenommen. Meine Arbeit sei jedenfalls eine Pioniertat und verdiene Anerkennung. Dann lud er mich ein, ihn in seinem Arbeitszimmer zu besuchen. Er sei zwar schon emeritiert, aber immer noch jeden Tag vor Ort am Institut. Zwei Tage später war ich bereits bei ihm und wir verstanden uns prächtig, gleich von Anfang an.

Die Gespräche vertieften sich. Nach einem Jahr schlug er vor, unsere Treffen auf die Abendstunden zu verlegen. Bis zu seinem Tod, vielleicht fünfzehn Jahre lang, saßen wir im Schnitt alle sechs bis acht Wochen in einer Ausschank am Stadtrand, leerten gemeinsam ein, zwei Flaschen Wein und wurden Freunde. Und so wurde ich in der Tat auch sein Schüler, konnte viel von ihm lernen, obwohl wir oft nicht einer Meinung waren, ja sogar in manchen Punkten diametral entgegengesetzt dachten. Irgendwann nach vielen Jahren sind wir dann darauf gekommen, dass er im gleichen Jahr und am gleichen Tag wie meine Mutter auf die Welt gekommen war.

VIELEN DANK, HERR MARIA,
für diese eindrucksvolle Erzählung. Es ist die Geschichte eines geborenen Lehrers, dessen pädagogischer Eros nie zur Ruhe kam. Der alte Professor, wahrscheinlich kinderlos, war unentwegt auf der Suche nach neuen Schülern. Warum? Weil er ein Lernender blieb und wusste, dass die Gemeinschaft der Lehrenden und Lernenden das Optimum, ja der Inbegriff allen Lernens ist.

»Die intensivste Förderung durch den andern«, so der Pädagoge Paul Natorp, »bedeutet zugleich intensivste Selbsttätigkeit und umgekehrt. Der Empfangende sogar wird durch die Lebendigkeit seiner Empfängnis auch wieder zum Anregenden, also Gebenden; das ist das Geheimnis, dass wir durch Lehren lernen, durch Erziehen auch selber erzogen werden.« (Sozialpädagogik) Für Professor N. waren jene Gespräche mit Ihnen mit Sicherheit ein Lebenselixier. So durfte er weiterhin lehren und lernen und blieb geistig fit bis zu seinem Tod. Auch Sie, Herr Maria, konnten viel von ihm lernen, was Sie persönlich bereicherte und beflügelte. Die neuen technischen Entwicklungen, die Sie dem alten Herrn vermittelten, gaben Ihnen sogar die Möglichkeit, zu seinem Lehrer zu werden, was der Ältere mit Sicherheit dankbar angenommen hat.

Lebenslanges Lernen ist eine der besten Gewohnheiten, die ein Mensch haben kann: »Durch Lernen und Üben erwirbt die Seele Kenntnisse und bewahrt sie und wird dadurch besser, durch Ruhe aber, die nichts anderes ist als Mangel an Übung und Lernen, lernt sie nichts und vergisst auch das, was sie etwa gelernt hat.« (Platon, Theaitetos, 153b) Auch als Erwachsene, meint Sokrates, hätten wir nicht bloß für unsere Kinder, sondern auch für uns selbst den besten Lehrer zu suchen, »denn wir brauchen ihn (…) und dabei dürfen wir weder Geld noch sonst etwas sparen. Denn dass wir uns in dem jetzigen Zustand belassen, dazu kann ich nicht raten«. (Laches, 201c)

Es liegt auf der Hand, Herr Maria, dass Sie dem Rat des Sokrates gefolgt sind. Damals wurden Sie von Professor N. gefördert, der Sie vielleicht sogar als Ziehsohn betrachtete. Sie blieben ihm dankbar verbunden bis zu seinem Tod. In Professor N. hatten Sie wahrscheinlich auch ein Vorbild, an dem Sie sich in schwierigen Fragen orientieren konnten.

Vor einigen Wochen wandten Sie sich an mich, damit ich Sie zum Philosophieren bringe. Die Geschichten, die ich von Ihnen erhalte, sind ein wunderbarer Anlass dies zu tun. In meiner Arbeit – wie könnte es anders sein – bin auch ich stets ein Lernender geblieben. Gelehrte, welches Fach auch immer sie gewählt haben, sitzen auf den Schultern von Riesen, die sie nähren und tragen, und müssen dankbar sein für das geistige Erbe, das von ihren Vorfahren auf sie zugekommen ist. Vieles hätten sie nicht besser machen, nicht besser sagen können. Das meiste wäre ihnen nie im Leben von selbst eingefallen. Ohne Lehrmeister und Lehrbücher wären sie unwissende Zwerge geblieben.

Mit dem Lesen philosophischer Texte ist es beim Philosophieren noch lange nicht getan. Philosophie ist wesentlich eine Tätigkeit. Philosophen wollen richtige Gedanken haben und diese auch anderen mündlich und schriftlich mitteilen. Dabei benutzen sie meist die Gedanken anderer Gelehrter als Ausgangspunkt. Das alles tun sie aufgrund ihrer Neigung, Sätze auf sich wirken zu lassen und auf ihren Wahrheitsgehalt zu überprüfen. Diese Neigung entsteht bereits früh in der Kindheit und kann als ein charakterlicher Wesenszug bezeichnet werden. Es handelt sich um eine grundlegende Gestimmtheit, der nachgegeben wird, einer Tendenz, wirklich zuzuhören und hinzusehen, was Aristoteles das »Staunen« genannt hat. Es sind also auch Neugier und Ehrfurcht im Spiel.

Zu all dem gehört ein gewisses Mitteilungsbedürfnis, das sich in Form von Hinweisen, Erklärungen und Ermahnungen äußert, sowie ein Zug zum Alleinsein-Wollen, um mit dem Denken besser zurechtzukommen. Phasen des Rückzugs und Phasen intensiven Austauschs mit anderen Menschen wechseln einander ab. Dahinter steckt in erster Linie die Vorstellung, dass es wichtig ist, etwas richtig zu denken – und zwar aus Prinzip –, und in zweiter Linie die Vorstellung, dass richtige Gedanken auch zu richtigen Verhaltensweisen führen, die in der Folge ein gutes Leben nach sich ziehen und deshalb an andere Menschen auch weitergegeben werden können.

Philosophen brauchen viel Zeit für ihre Arbeit, weil ihr Zuhören, Zuschauen und Nachdenken eine nach innen gekehrte Tätigkeit ist, die sich von der Selbsterkenntnis nicht trennen lässt. Sie schaffen die Welt nach einem Bild, das sie sich von der Welt machen. Je besser sie zugeschaut, zugehört und nachgedacht haben, desto eher wird dieses Bild der Realität entsprechen, die auch unabhängig von der Vorstellung gilt. Und je besser ihnen dies gelingt, desto eher sind sie für andere Menschen eine Stütze und Hilfe, aber auch ein Reibebaum und ein Ärgernis.

Sie und ich, Herr Maria, sind Lernende und Suchende

geblieben. Nicht dass wir nicht auch Wissende wären, zumindest da und dort. Was wir jedoch sicher wissen, ist, dass man niemals ausgelernt, dass das Lernen kein Ende hat. Dazu möchte ich Ihnen ein paar Verse von Xenophanes mit auf den Weg geben. Sie gehören zu den ältesten der abendländischen Philosophie.

> Nicht vom Beginn an enthüllten die Götter uns
> Sterblichen alles;
> Aber im Laufe der Zeit finden wir, suchend, das Bess're.
> (Fragment 18)
>
> Sichere Wahrheit erkannte kein Mensch und wird
> keiner erkennen
> Über die Götter und alle die Dinge, von denen ich
> spreche.
> Selbst wenn es einem einst glückt, die vollkommenste
> Wahrheit zu künden,
> Wissen kann er sie nie: es ist alles durchwebt von
> Vermutung.
> (Fragment 34)

An die langen, oft schwerwiegenden Debatten mit Professor N. konnte sich Herr Maria noch lebhaft erinnern. Der alte Gelehrte hatte ihn oftmals kritisiert, ihn als naiv technikgläubig bezeichnet und für einen Schacherer mit persönlichen Daten gehalten, besonders in den letzten Jahren vor seinem Tod, als Herr Maria die Sozialversicherung als wichtigsten Kunden hatte. Professor N. war es, der ihn damals wortgewandt und mit schlagenden Argumenten auf ethisch relevante Probleme hinwies, die sich aus seiner beruflichen Tätigkeit ergaben. Damals tauchten die ersten Zweifel an seiner Arbeit auf, die immer mehr zunahmen.

Nachdem seine Frau verstorben war, vertiefte er sich noch mehr als sonst in seine Arbeit und ließ lange nichts von sich hören. Eines späteren Nachmittags stand Professor N. dann plötzlich bei ihm im Büro und meinte, unten warte ein Taxi und bringe sie beide zur Ausschank am Waldrand. Lachend war Herr Maria aufgestanden und mitgefahren. Doch bei den Gesprächen konnte er sich kaum konzentrieren. Über die Jahre wurde sein Zustand kritisch, sodass sich seine Freunde ernsthaft Sorgen um ihn machten. Er ging kaum mehr außer Haus. Sein Verhalten begann sich erst zu verbessern, als er von seiner ersten Südafrikareise heimgekehrt war und kurze Zeit später die ersten Sukkulenten erstanden hatte, die er am Fensterbrett liebevoll großzog und zur Blüte brachte. Diese Reise war ebenso ein wesentlicher Anstoß dafür, dass er sich letztlich von seinen Firmen trennen konnte. So wurde er nach und nach wieder gesund.

Draußen war es windstill und schwül. Den Kommentar des Philosophen hatte Herr Maria mit Freude gelesen, so wie immer auch ein zweites Mal. Doch er hatte ihn auch müde gemacht. Langsam stand er auf, ging zur Eingangstür und holte die Lebensmittel ins Haus, die er bestellt hatte. Als er sie auf den Küchentisch legte, konnte er sich unter anderem über frischen Ziegenkäse, eine Feldgurke und ein Glas mit Oliven freuen. Auch frisches Weißbrot war dabei, das im Holzofen einer Pizzeria gebacken und nur an Stammkunden verkauft wurde. Selbst frisches Basilikum hatte ihm der freundliche Student besorgt. Er gab sich wirklich Mühe. Doch Herr Maria hatte keinen Appetit. Ihm war schwindlig, so als würde er fiebern.

Zögerlich nahm er seine Medizin, fügte noch einen Extralöffel des Extrakts hinzu und holte sich aus dem Schlafzimmer eine Schafwolldecke, mit der er sich auf sein Sofa zurückzog. Im Wohnzimmer hatte es annähernd dreißig Grad. Trotzdem stand ihm eisiger Schweiß auf der Stirn. Auch der Schwindel wollte nicht vergehen, sodass Herr Maria ein Bein auf den Boden stellen musste, damit ihm nicht übel wurde. »Womöglich war es jetzt so weit«, dachte er. Womöglich würde er nun zu fiebern beginnen, langsam hinwegdämmern und nie wieder erwachen. Ängstlich schloss er die Augen und schlief augenblicklich ein.

Im Traum sah er sich am Gang des universitären Instituts, an dem er studiert hatte, direkt vor Professor N.s Arbeitszimmer. Drinnen war Gelächter zu hören. Zu klopfen wagte er nicht, weil er nicht wusste, was ihn dort erwarten würde. Und so lauschte er bloß an der Tür, konnte seinen eigenen Namen hören, dann wieder Gelächter, lauschte weiter und ging schließlich den Gang entlang zum Klosett. Dort waren die Wände durchsichtig wie Glas, es gab auch keine Türen, die man hinter sich schließen konnte. In dieser Situation tauchte plötzlich Professor N. auf, der ihn nicht bemerkte, aber statt zu schweigen grüßte er ihn laut und lebhaft. Der alte Gelehrte blickte ihn verwundert an und schüttelte den Kopf. Dann drehte er sich um und verschwand.

Ein gewaltiger Donnerschlag riss Herrn Maria unvermittelt aus dem Schlaf. Es war ein splitterndes Krachen, dem ein dumpfes, grollendes Echo folgte, das erstaunlich lange zu hören war. Scharfe Windböen hatten die Fensterläden zum Schlagen und die Vorhänge zum Flattern gebracht. Als er zu den Fenstern eilte, schlug ihm ein kalter Regen entgegen. Draußen war es frühzeitig finster geworden. Unzählige Blitze standen zwischen den Wolken. Herr Maria blieb stehen und genoss den Regen, der ihm ins Gesicht spritzte. Die Luft war kühl, sodass er tief und lustvoll durchatmen konnte. So war er – also doch noch – am Leben geblieben.

Erneut war ein ohrenbetäubender Knall zu vernehmen, diesmal aus nächster Nähe. Der prasselnde Regen brachte das Hausdach zum Dröhnen, das von einzelnen Hagelschlägen noch übertönt wurde. Dann gingen die Lichter aus. Eilig nahm Herr Maria, der wieder im Vollbesitz seiner Kräfte war, seine Taschenlampe zur Hand, lief die Stiegen hinauf in seine Sammlung und verschaffte sich rasch einen Überblick. Der Sturm hatte den Großteil seiner grauen Luftnelken von den Haken geweht. Ein Säulenkaktus war vom Regal gefallen, hatte den Sturz aber ohne Bruch überlebt. Gleich daneben lag ein nahezu ausgereifter Trieb von *Kalanchoe daigremontiana*, dem berühmten Brutblatt, das von diesem Sturz allerdings geköpft worden war.

Sorgsam nahm Herr Maria das abgetrennte Triebstück in die Hand und legte es auf seinen Arbeitstisch. Die Geburt der kleinen Pflänzchen war voll im Gang. Gleich morgen, dachte er, werde er die großen Blätter

Kalanchoe daigremontiana
Höhe des Triebstücks: 15 cm

vom Stängel schneiden und samt ihrer Brut auf lockere Aussaaterde legen. Dort würde sie ihre Wurzeln in die Erde strecken und sich langsam vom Mutterblatt trennen, wenn dessen Nährstoffe aufgebraucht waren. Lange Zeit war *Kalanchoe daigremontiana* für Herrn Maria bloß ein Unkraut gewesen, das er ärgerlich aus allen Töpfen riss. Vor ein paar Jahren fiel ihm dann auf, dass er nur mehr sehr wenige Exemplare hatte, und begann sie sorgsam zu pflegen. Schließlich brachte er sie sogar zur Blüte, ein Ereignis, zu dem es früher nie gekommen war, weil er die jungen Triebe immerzu entfernt hatte. Das war ihm eine Lehre gewesen. Nun hielt er auch das Brutblatt in Ehren.

An ihrem Naturstandort im Südwesten Madagaskars wird *Kalanchoe daigremontiana* bis zu achtzig Zentimetern hoch. Die dunkel- bis purpurgrünen Blätter sind mit braunroten Flecken übersät und an den Rändern fein gezahnt. An jedem dieser Zähnchen bilden sich adventive Brutpflänzchen. Je trockener und härter die Pflanzen gezogen werden, desto mehr Brutpflanzen werden gebildet. Mit der Zeit fallen diese zu Boden und sichern so den Bestand. Deshalb können sie in Kultur leicht zu Unkräutern werden.

Im vorigen Jahr erst hatte Herr Maria in einem alten Buch von Walther Haage, einem Nachfahren der ältesten Kakteen- und Sukkulentengärtnerei der Welt, gelesen, dass Johann Wolfgang von Goethe einen Blattsteckling jenes Brutblatts im Jahr 1826 an Marianne von Willemer sandte. Das Päckchen enthielt auch eine Anleitung, die Herr Maria damals mit Bleistift auf ein Stück Karton geschrieben und an ein Holzregal genagelt hatte.

Was erst still gekeimt in Sachsen
Soll am Maine fröhlich wachsen.
Flach auf guten Grund gelegt,
Merke, wie es Wurzeln schlägt!

Dann der Pflänzlein frische Menge
Steigt in luftigem Gedränge.
Mäßig warm und mäßig feucht
Ist, was ihnen heilsam deucht.

Wenn Du's gut mit ihnen meinst
Blühen sie Dir wohl dereinst.

Es war ein langer Abend. Man hatte mich zu einer Versammlung eingeladen, bei der ich im Festsaal eines Hotels, das mitten in einem Wald gelegen war, einen Vortrag hielt. Die anschließende Debatte war anregend, zog sich aber sehr in die Länge. Auch nach dem Abendessen nahmen die Fragen kein Ende, sodass ich spätabends dann froh war, als man mich mit dem Wagen an den Stadtrand brachte. So konnte ich die letzte Stadtbahn nach Hause noch erreichen.

Die Waggons standen leer und hell erleuchtet am Bahnsteig. Es war bereits nach Mitternacht. Ich suchte mir einen aus und setzte mich auf meinen Lieblingsplatz, auf die hintere Viererbank, Mitte links, fußfrei. Dort konnte ich mich entspannen und bald fuhr der Zug los.

Bei der dritten Station stieg eine Frau in einem roten Kleid zu. Sie blieb stehen, sah mich eine Zeit lang an und kam dann geradewegs auf mich zu. Wortlos nahm sie neben mir Platz, auf der Viererbank. Und da saßen wir dann. Zweimal habe ich zu ihr hinübergesehen, wegen der möglichen Gefahren, die eine Großstadt so bietet. Aber es war nichts Verdächtiges zu bemerken, bloß dass mir recht warm wurde, was an ihrer Ausstrahlung lag. Trotzdem hatte ich ein wenig Angst.

Nach ein, zwei Minuten Stille sah sie mich mit einem seligen Lächeln und liebevollen Augen an und sagte: »Sie haben eine wunderschöne Aura!« Ich war sprachlos. Doch sie blickte mich unverwandt an und wiederholte: »Sie haben eine so wunderschöne Aura, wunderschön!« Ihr Blick war jetzt auf meine Stirn gerichtet und ruhte über meinem Kopf. Mir entkam nur ein peinliches »Aha«.

Nach einer angemessenen Pause hob sie zum dritten Mal an: »Wirklich, Sie haben eine wunderschöne Aura. Sie müssen unbedingt Gedichte schreiben.« Ich holte tief Luft und antwortete: »Früher habe ich gerne Gedichte geschrieben. Das ist aber schon lange her.« – »Sie müssen unbedingt wieder Gedichte schreiben!« – Ich nickte: »Vielleicht werde ich das tun.« – »Schreiben Sie wieder Gedichte, fangen Sie wieder an. Sie haben eine so wunderschöne Aura!«

Als der Zug in die nächste Station einfuhr, stand sie auf, schwankte ein bisschen, ich roch ihre Schnapsfahne, sie rückte ihr Kleid zurecht, das recht knapp saß. Dann stieg sie aus. Die Türen schlossen sich und der Zug fuhr ab. Sie ging den Bahnsteig entlang, wandte mir ihren halb nackten Rücken zu, drehte sich jedoch plötzlich um und winkte mir. Ich erhob mich und wir winkten einander, so lange es ging. Das war vor zwölf Jahren. Gesehen habe ich diese Frau nie wieder. Gedichte habe ich ebenso keine mehr geschrieben. Aber vielleicht wäre sie die Liebe meines Alters geworden, wer weiß.

LIEBER HERR MARIA,

eine wunderliche Geschichte! Die Dame ist fasziniert von Ihrer »Aura« und erkennt dabei eine Facette Ihrer Persönlichkeit, die Ihnen damals noch gar nicht gegenwärtig war. Deshalb Ihr großes Erstaunen. Man könnte sagen, sie hat Ihr literarisches Talent erkannt, wenn auch mit ungewöhnlichen Mitteln. Vielleicht war sie selbst eine Dichterin. Vielleicht war es aber auch nur der Schnaps und blühende Fantasie. »Jeder, auch wer den Musen vorher fremd war, wird ein Dichter, wenn Eros ihn berührt.« Dies müsse uns als Beweis dafür gelten, schreibt Platon, »dass Eros der große Schöpfer ist«. (Symposion, 197a–b)

Menschen verlieben sich ineinander, oft auf den ersten Blick. Sie können diese Anziehung jedoch nicht verstehen. War es vielleicht ein Wunder? José Ortega y Gasset schließt diese Möglichkeit aus: »Verliebtheit ist in ihren Anfängen nichts als dies: ein anomales Verweilen der Aufmerksamkeit auf einem anderen Menschen. Weiß dieser seine privilegierte Lage zu nutzen und eine solche Bindung klug zu nähren, so rollt das übrige wie ein Mechanismus ab.« (Über die Liebe) Oft genüge ein kleiner Reiz, der mit etwas aus unserer Erinnerung korreliere, damit wir an einem Objekt oder einer Person Interesse zeigten. Das Auge hänge sich an einen Köder. Das habe aber nichts mit Liebe zu tun, so Gasset, nur mit einem Phänomen der Wahrnehmung. Erst der zweite Blick prüfe das Wahrgenommene dahingehend, ob eine weitere Beachtung sich lohnt.

»Im Tierreich«, schreibt Roland Barthes, »ist der Auslöser der sexuellen Mechanik kein spezifisches Individuum, sondern nur eine Form, ein farbiger Fetisch.« Es sind Reize, die gewisse Reaktionen und Abläufe in Gang bringen. Dies sei beim Menschen, wenn auch ästhetisch ausgefeilter, nicht viel anders: »Was mich am Anderen abrupt berührt, ist diese oder jene Wendung, etwa die Stimme, der Abfall der Schultern, die Zartheit der Silhouette, die Wärme der Hand, der Ausdruck eines Lächelns.«

Irgendetwas verlockt, verführt, bringt die Wahrnehmung aus der Ruhe und ruft ein Verlangen auf den Plan: »(…) bald ist es eine gewisse Ungeniertheit der äußeren Erscheinung, die in mir die Wunde aufbrechen lässt: Ich kann mich in eine leicht vulgäre Pose verlieben (die in provozierender Absicht eingenommen wird), es gibt feine, fließende Trivialitäten, die am Körper des Anderen rasch ineinander übergehen: eine flüchtige (aber exzessive) Art, die Finger, die Beine zu spreizen, beim Essen die vollen, fleischigen Lippen zu bewegen.« (Fragmente einer Sprache der Liebe)

Es sind vornehmlich die Augen, mit denen wir all jene Reize empfangen. Mit den Augen senden wir aber ebenso Signale, die den Funken des Begehrens erst eigentlich entzünden. »Sie hatte diesen kranken Blick von Anfang an«, erzählt François Truffaut in seinen Erläuterungen zu »Die Frau nebenan«. Dabei meinte er eine Szene zu Beginn des Films, in der seine Hauptdarstellerin Fanny Ardant (in ihrer ersten Rolle) einem Mann begegnet (Gérard Depardieu), mit dem sie vor Jahren eine verhängnisvolle Affäre hatte. Ein Blick genügt, um das Verhängnis erneut in Gang zu bringen. Innerhalb von Sekunden wird dies beiden klar. »Besonders wichtig als den Funken der Liebe entzündend ist der Ausdruck des Auges«, schreibt schon Richard von Krafft-Ebing, einer der Lehrer Freuds: »Ein neuropathisches Auge wirkt vielfach als Fetisch.« (Psychopathia Sexualis)

»Wir lieben zunächst ein Bild«, so Roland Barthes, »denn an der Liebe auf den ersten Blick muss gerade das Zeichen ihrer Plötzlichkeit haften (das mich unverantwortlich macht, dem Schicksal unterworfen, schwärmerisch, hingerissen) (…), ein Vorhang zerreißt: was noch nie zuvor gesehen worden ist, wird als Ganzes entdeckt und deshalb mit den Augen verschlungen.« (Fragmente einer Sprache der Liebe) Uns wird gleichsam ein Bild enthüllt, das wir noch nie gesehen haben. Wir sind überwältigt, auch vom Bild des Auges, von seinem Ausdruck, von dem, was es aussendet und verspricht.

Wie kommt diese Anziehung zustande? Auf chemischem oder physikalischem Weg? Oder ist der Weg gar metaphysisch? Letzteres behauptet Arthur Schopenhauer, indem er die »jeweilige Verliebtheit« als Ausdruck eines Weltwillens interpretiert, der es lediglich auf die Zeugung und den Bestand der Gattung abgesehen hat. »Das Individuum handelt, ohne es zu wissen, im Auftrag eines Höheren, der Gattung.« (Welt als Wille und Vorstellung I) Der Geist der Gattung treffe die Wahl. Von Freiheit sei dabei keine Rede. Dies könne man allein daran erkennen, dass sich die Anziehung sofort und im Augenblick ergebe. Unser Geist als Abbild einer auf den Bestand der Gattung fixierten Natur füge sich ohne Widerstand in das Geschehen ein und bestimme innerhalb von Sekunden, wer für die Fortpflanzung in Frage komme und wer nicht.

Auch der Wiener Philosoph Otto Weininger kommt in »Geschlecht und Charakter« zu einer vergleichbaren Diagnose, die Julius Evola wie folgt interpretiert: »Wenn man den absoluten Mann und die absolute Frau als Kriterium nimmt, so ist im allgemeinen etwas vom Mann in der Frau und etwas von der Frau im Mann vorhanden; die maximale Anziehung zwischen einem Mann und einer Frau erwacht dann, wenn die in beiden vorhandenen Grade an Männlichkeit und Weiblichkeit addiert den absoluten Mann und die absolute Frau ergeben. (…) In

Wirklichkeit sind es tatsächlich diese letzteren, welche die Urpolarität der Geschlechter bilden und daher den ersten Funken des Eros entzünden; man kann behaupten, dass sie es sind, die sich lieben, und dass sie sich in jedem Mann und in jeder Frau zu vereinigen suchen.« (Metaphysik des Sexus)

Diese Vorstellung klingt recht einleuchtend, bleibt aber – wie alles andere zu diesem Thema – hochgradig spekulativ. Interessant ist trotzdem, dass wohl jeder Mensch von derart magischen Begegnungen zu berichten weiß. Innerhalb kürzester Zeit kommt man einer fremden Seele unheimlich nah. Alles wirkt wie ein Wunder, sodass man ins Schwärmen gerät und schlichtweg begeistert ist. Solche Erlebnisse sind unvergesslich.

Vielleicht war Ihre nächtliche Begegnung in der Stadtbahn, Herr Maria, aber auch ein Zeichen der sich wandelnden Zeit. Die gleichen Rechte für Männer und Frauen sind zum herrschenden moralischen Prinzip der Gegenwart geworden, was einer berechtigten, allgemein menschlichen Forderung entspricht, und zwar in dem Sinn, dass die Menschheit nun einmal aus mehr als einem Geschlecht besteht und diesem Umstand Rechnung zu tragen ist. Damals, in unserer Jugend war das männliche Begehren noch allmächtig, das weibliche hingegen kaum existent. Seit vielen Jahrzehnten werden Frauen von Frauen dazu aufgerufen, sich nicht als hilflose Opfer zu sehen, sondern mutige und selbstbewusste Menschen zu werden. So könnte man sagen: Sie sind in der Stadtbahn von einer selbstbewussten Frau angesprochen worden, in einer Art und Weise, die intelligenter und kreativer war als vergleichbare Versuche von Männern. Vielleicht haben Sie damals bloß zu langsam reagiert. Sie hätten ihr aus dem Stegreif ein Gedicht vortragen können. Vielleicht haben Sie aber bewusst gezögert, weil Sie ahnten, dass Ihnen diese Frau nicht guttun würde.

Geahnt hatte Herr Maria damals gar nichts. Er war viel zu sehr in Gedanken gewesen. Außerdem stand ihm der Tod seiner Frau, die für ihn das Maß aller Dinge war, noch klar vor Augen, sodass er keineswegs bereit für ein Abenteuer gewesen war. Freilich hatte er die Reize dieser Frau bemerkt, doch erst im Nachhinein. Erst Jahre später kam ihm zu Bewusstsein, dass er eventuell etwas versäumt haben könnte. Jedenfalls blieb ihm diese Begegnung unvergesslich und ging ihm immer dann zu Herzen, wenn er an seine Zukunft und an sein Alter dachte.

Andererseits bekam er zu seinen Pflanzen ein derart enges Verhältnis, dass er sich nahezu immer in einem Zwiegespräch mit ihnen befand. So war er nie allein. Dort oben auf seinem Dachboden hatte Herr Maria den Eindruck mehr in der Natur zu sein als in der Natur selbst, den Dschungel auf Borneo freilich ausgenommen. Alles war von einem Zauber umgeben und von großer Schönheit, sodass es Besuchern, die er bis dahin gerne empfangen hatte, stets die Sprache verschlug. Mehrmals waren in einschlägigen Magazinen Fotos von seiner Sammlung veröffentlicht worden, die zwar keine echte Natürlichkeit zeigten, aber eine lebendige Vielfalt boten, die jedem botanischen Garten zur Ehre gereicht hätte.

Freilich wäre Herr Maria gerade heute, an diesem überaus heißen Tag gerne schwimmen gegangen und dann in einem Gastgarten gesessen, um auf Holzkohlen gegrilltes Fleisch zu essen und frisch gezapftes Bier zu genießen. Doch das ließ sich alles verschmerzen, weil er seine Pflanzen hatte, an denen er sich im Grunde nie sattsehen konnte. Außerdem war Gießen angesagt. Auch die Tillandsien waren zu besprühen, am besten gründlich zu tauchen, weil es am Dachboden trotz der Schattennetze zu heiß für sie war.

All dies war viel Arbeit, die Herr Maria aber nie scheute, weil er jedes Mal etwas lernen konnte. Selbst das Entfernen abgestorbener Pflanzenteile konnte lehrreich sein, galt es doch, Insekten- und Pilzbefall sorgsam zu vermeiden. Botanische Sammlungen mussten recht sauber gehalten werden, darauf hatten ihn professionelle Gärtner stets hingewiesen. Manchmal war auch das eine oder andere Exemplar umzutopfen, weil der Topf geborsten war oder der Verdacht bestand, dass es bei den Wurzeln Probleme gab. In diesem Fall musste er die Erde abwaschen, befallene oder verfaulte Wurzelteile entfernen, den restlichen Wurzelstock mit Holzkohlenstaub oder einem Fungizid behandeln und in frische Erde setzen. Nach solchen Rettungsaktionen war es ratsam, eine Weile auf das Gießen zu verzichten. So konnten die Verletzungen an den Wurzeln in der luftigen Erde rasch verheilen.

Im Zuge dieser Arbeiten waren auch Namensschilder zu schreiben, so wie bei *Stephania pierrei*, einer exotischen und in ihrer Attitüde auch erotischen Schönheit, die er vor ein paar Monaten erst von Professor

Sanctarius hatte erwerben können. Das Schild war beim Transport verloren gegangen, sodass Herr Maria in seinen Büchern nachsehen musste, damit es zu keiner Verwechslung kam. *Stephania pierrei* hat ihren Naturstandort in Vietnam, Kambodscha und Thailand und bildet einen rundlichen Caudex mit dunkelbrauner Rinde aus. Ihre fein gezeichneten Blätter erinnern an jene der Brunnenkresse. Alle Arten der Gattung sind zweigeschlechtlich. Sowohl die männlichen als auch die weiblichen Blüten sind klein und unscheinbar. Die Ranken können eine Länge von vielen Metern erreichen und trocknen im Winter ab.

Nach der Arbeit stellte sich Herr Maria unter die Dusche, ließ sich kühles Wasser über die Waden laufen und ging dann in sein abgedunkeltes Schlafzimmer. Dort setzte er sich in den Schaukelstuhl und genoss ganz großes Kino, »Die Frau nebenan«. Zu seiner Freude hatten sich der Philosoph und der Student miteinander kurzgeschlossen. Auf diese Weise hatte er heute Vormittag zwischen Butter und Radieschen auch die DVD jenes Films vorgefunden.

Gebannt verfolgte Herr Maria die Handlung, war entsetzt über ihren tragischen Verlauf und heilfroh, dass ihm eine solche Liebe erspart geblieben war. Doch er konnte sich durchaus vorstellen, dass er in einer vergleichbaren Situation wohl ebenso außerstande gewesen wäre, der erotischen Übermacht zu widerstehen. Damals in der Stadtbahn hatte er sich einer solchen Macht erst gar nicht aussetzen wollen beziehungsweise war viel zu überrascht gewesen, als dass er die Gelegenheit beim Schopf hätte packen können. »Wer weiß, für was es gut war«, dachte er.

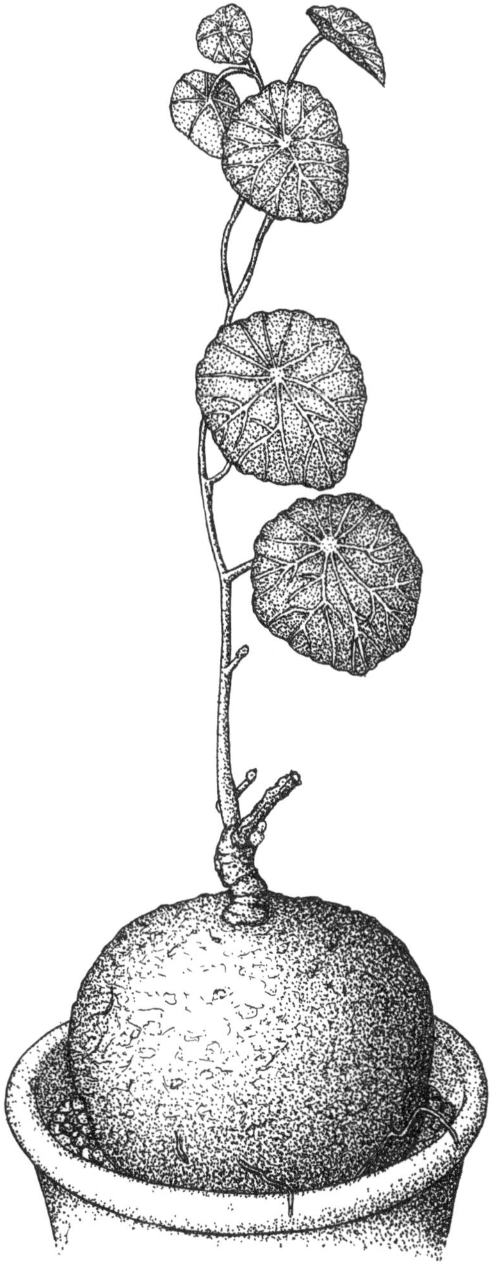

Stephania pierrei
Caudexdurchmesser: 12 cm

Fritz oder Der Sinn

Fritz wuchs draußen am Stadtrand auf, in einem ruhigen Reihenhaus mit Garten, als das dritte von sechs Kindern. Bereits früh zog er alle Blicke auf sich, weil er so sanftmütig, aber auch so aufmerksam und mitfühlend war. Dass er in der Schule nicht mitkam und in eine Sonderschule gehen musste, verwunderte damals alle. Seine Schwester, die später seine Sachwalterin wurde, berichtete kopfschüttelnd, dass man eine »Sozialstörung« diagnostiziert hatte, was niemand in der Familie verstehen konnte.

Einen Beruf erlernte Fritz nicht. Wenige Wochen war er als Hilfsarbeiter im Straßenbau tätig, wurde in einer Baugrube verschüttet und ging in der Folge nicht mehr zur Arbeit. Sehr gerne hingegen ging er im nahe gelegenen Auwald angeln, wofür ihm seine Mutter eine Fischerkarte besorgte. Am Wochenende nahm ihn sein Vater mit dem Motorrad mit zum Fluss oder sie verbrachten gemeinsame Zeit im Gasthaus. Dort machte Fritz sich von Anfang an nützlich, leerte Aschenbecher und Mistkübel aus oder half dem Gastwirt beim Einkaufen.

Als Fritz achtzehn Jahre alt war und sein Vater starb, wurde der Gastwirt, der beste Freund seines Vaters, zu seinem eigenen besten Freund. Fritz kümmerte sich rührend um dessen Kinder und leerte weiterhin Aschenbecher und Mistkübel aus, so wie er es immer schon getan hatte. Wenn es Hochzeiten oder Geburtstagsfeste gab, rückte er die Tische zusammen, holte die Sessel aus dem Keller und machte sich überall, wo er gebraucht wurde, zu schaffen. Besonders gerne übernahm er das Schmücken des Gastraums zur Faschings- und Weihnachtszeit.

Zu Mittag holte er sich eine Mahlzeit aus der Küche oder was eben fertig war. Wenn er den Teller zurück zur Köchin brachte, rief er laut: »Danke, sehr gut!« Am Abend gab es für ihn belegte Brote mit sauren Gurken, manchmal auch kalten Braten und immer ein bisschen Wein. Kurz vor der Sperrstunde ging er leicht schwankend nach Hause. Frauengeschichten gab es dem Wissen seiner Schwestern nach nie. Sein Leben lang blieb er in der Obhut seiner Mutter, für die er später alle Arbeiten in Haus und Garten erledigte. Dafür waren ihm die Schwestern zeitlebens dankbar.

Im Schankraum des Gasthauses wurde Fritz über die Jahrzehnte hinweg zur Legende. Dass er ein Problemkind war, wie man damals von Amts wegen meinte, ist nie ein Problem gewesen, weil er niemandem Probleme machte, im Gegenteil. Er half, wo er nur konnte. Jeder in der Umgebung kannte ihn. Stets wurde er freundlich auf der Straße gegrüßt. Lächelnd plauderte er mit allen und freute sich, wenn er Geschichten von anderen Leuten hörte. Weitererzählt hat er sie nie. Er war ein guter Zuhörer, hatte Menschen einfach gern, besonders Kinder. Erstaunlich war, dass er viel las und Pflanzen sammelte. Dafür bekam er von seiner Mutter und der Frau des Gastwirts ein wenig Taschengeld. Auch sei er recht schlau gewesen, erzählte seine älteste Schwester augenzwinkernd, doch das habe er sich nicht anmerken lassen.

Fritz und ich kannten uns seit Jahren. Im botanischen Raritätenladen von Professor Sanctarius kamen wir oftmals ins Gespräch. Als Fritz erkrankte, nahm er mich beiseite, erzählte mir von seiner Diagnose und bot mir die Erbschaft seiner Sammlung an. Niemand in der Familie könne gut mit Pflanzen umgehen. Die größten und wertvollsten Stücke werde ihm Sanctarius abnehmen und das Geld seiner Mutter geben. Der Rest der Sammlung brauche hingegen noch einen guten Platz. Gerührt und dankend nahm ich sein Angebot an.

Ein paar Wochen vor seinem Tod lud Fritz mich zu sich ein. Er wollte mir seine Sammlung zeigen, die ich nur vom Hörensagen kannte und von der ich tief beeindruckt war. Als er mein großes Erstaunen sah, nahm er schmunzelnd meine Hand und sagte leise: »Aber dafür, dafür musst meine Leichenrede halten.« Und so kam es dann auch.

LIEBER HERR MARIA,
es ist durchaus ein Akt höherer Reflexion, für sich selbst den passenden Leichenredner zu suchen. Regelrecht schlau ist, dass Fritz Sie just in jenem Augenblick um diesen Gefallen bat, in dem Sie die angekündigte Erbschaft erstmals zu Gesicht bekamen.

Schon früh wandte er sich anderen Menschen zu, half, wo er konnte, und gewann Vertrauen, das er offenbar nie enttäuschte. Im Grunde führte er ein heiligmäßiges Leben, das jedem Mönch und jeder Nonne ein Vorbild sein könnte. Er arbeitete unentgeltlich und aus eigenem Antrieb für die Gemeinschaft, war fröhlich, beklagte sich nicht und wurde durch sein empfindsames Wesen zu einem beliebten Gesprächs-, vielleicht sogar Beichtvater.

Fritz ging in der Gemeinschaft regelrecht auf. Wir können davon ausgehen, dass er sich die Frage nach dem Sinn des Lebens nie stellen musste, weil ihm der Sinn seines Handelns nie abhandenkam. Er hatte von Anfang an das Glück, in ein Umfeld zu geraten, das ihn nicht verändern wollte, das ihn akzeptierte, wie er war, sodass er sich ungestört seinem Wesen gemäß entwickeln konnte. Die Rolle, die er im Leben spielen sollte, wurde ihm vermutlich unmittelbar klar, als er die ersten Aschenbecher und Mistkübel ausleerte und man ihm dafür dankte. »Im Dienst an einer Sache oder in der Liebe zu einer Person«, schreibt Viktor Frankl, »erfüllt der Mensch sich selbst. Je mehr er aufgeht in seiner Aufgabe, je mehr er hingegeben ist an seinen Partner, um so mehr ist er Mensch, um so mehr wird er er selbst. Sich selbst verwirklichen kann er also eigentlich nur in dem Maße, in dem er sich selbst vergisst, in dem er sich selbst übersieht.« (Das Leiden am sinnlosen Leben)

Die Frage nach dem Sinn des Lebens, von der viele meinen, es sei die philosophische Frage schlechthin, kommt letztlich nur als Symptom in Betracht, als Symptom dafür, dass etwas aus den Fugen geraten ist. Sie ist schmerzlich und drückt ein Defizit aus. Objektiv ist sie nicht zu beantworten, weil sie einen Standpunkt außerhalb des Lebens voraussetzen würde. Das wäre der Standpunkt Gottes, wenn man so sagen will. Subjektiv hingegen muss sie beantwortet werden.

Wer den Sinn im Leben verliert, ist in Gefahr, so wie auch Sie, Herr Maria, in seelischen Nöten waren, als die Zweifel an Ihrer Arbeit immer größer wurden. Aus der Beantwortung der Fragen, die Ihnen Ihr Gewissen damals stellte, konnten Sie die richtigen Konsequenzen ziehen.

Dann hatten Sie das Glück und die Kraft, neuen Sinn in Ihrem Leben zu entdecken. Es ist das Leben selbst, so Frankl, »das dem Menschen Fragen stellt. Er hat nicht zu fragen, er ist vielmehr der vom Leben her Befragte, der dem Leben zu antworten – das Leben zu verantworten hat. Die Antworten aber, die der Mensch gibt, können nur konkrete Antworten auf konkrete ›Lebensfragen‹ sein. In der Verantwortung des Daseins erfolgt ihre Beantwortung, in der Existenz selbst ›vollzieht‹ der Mensch das Beantworten ihrer eigenen Fragen.« (Über den Sinn im Leben)

So wie es Ihre Erzählung beschreibt, war Fritz mit seinem Leben zufrieden. Das sind Sie, Herr Maria, so wie es sich darstellt, ebenso. Bloß hatte das Ihre mehr Brüche als das seine, fügte sich nicht so selbstverständlich in das Leben anderer Menschen ein. Eben weil Fritz keine hohen Ziele oder hochtrabenden Ansprüche hatte, konnte er sich »aus dem endlosen Strom des Wollens« herausheben, »die Erkenntnis dem Sklavendienst des Willens entreißen«, konnte die Dinge »ohne Interesse, ohne Subjektivität, rein objektiv« betrachten. In diesem Zustand, so Schopenhauer, »ist uns völlig wohl. Es ist der schmerzlose Zustand, den Epikuros als das höchste Gut und als den Zustand der Götter pries: denn wir sind, für jenen Augenblick, des schnöden Willensdranges entledigt, wir feiern den Sabbath der Zuchthausarbeit des Wollens, das Rad des Ixion steht still.« (Welt als Wille und Vorstellung I, 3, § 38)

In diesem Sinne konnte Fritz, indem er sich hingab, alles Glück gewinnen. Er musste nichts wollen, sondern brauchte bloß etwas Sinnvolles zu tun. Er machte sich schlichtweg an die Arbeit und hörte nie wieder auf. Da seine Arbeit sehr einfach war, nicht zu Ende ging und ihm Freude machte, enthob sie ihn von den Forderungen dieser Welt. Für einen solchen Menschen eine Trauerrede zu halten, war mit Sicherheit eine anspruchsvolle Aufgabe. Sie schätzten Fritz offenbar sehr und bekamen im Gespräch mit seinen Schwestern viel Einblick in seinen Werdegang. Eine gute Trauerrede zu halten ist eine verdienstvolle Sache. Sie lässt das Leben eines Menschen Revue passieren, versucht diesem Leben gerecht zu werden, hilft so den Hinterbliebenen beim Abschiednehmen und sagt im Namen aller ein letztes Mal »Lebwohl!«. Eine Trauerrede ist unverzichtbar.

Was an Fritzens Lebensweg so berührt, ist seine Offenheit für das Gute. Diese Güte, die ihm von Anfang an zuteilwird, die er verinnerlicht und allen anderen selbst entgegenbringt. Von seinem Umfeld wird er bedingungslos geliebt, auch als er in der Schule nicht mitkommt und nach dem Unfall nicht mehr arbeiten gehen will. Doch Fritz ist kein verwöhntes Kind. Er verliert nicht den Mut und wird kein Sozialfall. Er macht sich nützlich, wo er kann. So wird er nach Jahrzehnten der selbstlosen Hingabe schließlich ein wertvolles Mitglied der Gemeinschaft, was sein Begräbnis eindrucksvoll demonstriert. Güte, so Thomas von Aquin, ist die »gewohnheitsmäßige Bereitschaft zur freiwilligen Wohltätigkeit. (…) Gütig ist, wer aus innerem Antrieb wohlzutun bereit ist und freundlich im Zuspruch«. (Summa theologiae, II/II, 80 ad 4)

Gütig war Herr Maria nur selten gewesen und wenn, dann hatte er es meist bereut. Tatsächlich hatte er alle Situationen vermieden, in denen Güte notwendig oder zumindest angebracht gewesen wäre. Über seine Pflichten den Eltern, Verwandten und Freunden sowie auch Mitarbeitern und Kunden gegenüber war er sich im Klaren gewesen und war ihnen weitgehend nachgekommen. Alle anderen Menschen hielt er sich eher auf Distanz.

Das war auch seinem Lebensstil geschuldet. Herr Maria war durch seine Wissbegier, seinen Fleiß und sein unternehmerisches Gespür wohlhabend geworden, sodass er sich nach Belieben absondern konnte. Er bekam genau das zu Gesicht, was er sehen wollte. Soziale Probleme gab es für ihn nur im Fernsehen, und nicht einmal dort, weil er seinen Fernseher schon vor langer Zeit verschenkt hatte. Als ihn sein Vater damals anrief und ihm von seinem defekten Fernsehgerät erzählte, war er sofort in ein Taxi gestiegen und hatte ihm seines gebracht. Danach hatte er nie wieder ein Verlangen nach Fernsehen verspürt. Der Bildschirm seines Rechners stand ihm täglich vor Augen, das war mehr als genug.

Gütig – Herr Maria musste lachen, weil es den Kern seines Charakters traf – war er nur zu Pflanzen gewesen. Wenn sie allzu trocken, allzu feucht, erfroren oder gar arg verlaust waren, was hatte er da nicht alles angestellt, damit es ihnen rasch wieder besser ging. Am liebsten hätte er damals, als die gefürchtete Schwarzfäule in seiner Sammlung ausbrach, den Obergärtner von Kew Gardens einfliegen lassen, koste es, was es wolle. Bereits von Beginn seiner botanischen Sammeltätigkeit an war es seine Angewohnheit gewesen, abgebrochene Blätter oder Zweige aufwändig zu bewurzeln, liebevoll großzuziehen und dann zu verschenken, weil er Pflanzen – außer sie waren dem Tod geweiht, so wie damals, als die Fäule ausbrach – einfach nicht wegwerfen konnte. Herrn Marias Güte galt dem Leben schlechthin.

Hatte er den Menschen seine Güte versagt, hatte er sie ihnen vorenthalten? Wie hätte er in seinem Leben denn gütig sein sollen? Seine Mitarbeiter und Kunden hätten ihn für einen Trottel gehalten, wenn er stets einen gütigen Eindruck gemacht hätte. Wäre er tatsächlich gütig gewesen, etwa bei der Abrechnung oder den Querelen des Alltags, so hätte enormer Schaden daraus entstehen können. Nein, Güte passte nicht in sein Lebenskonzept.

Was ihn aber dann doch ins Grübeln brachte, war die Frage nach dem Sinn, die sich, wie der Philosoph der Ansicht war, objektiv nicht beantworten ließ, die aber subjektiv sehr wohl beantwortet werden musste und am besten – das empfand Herr Maria als rätselhaft – gar nicht auftauchen und gestellt werden sollte, damit sie zufriedenstellend beantwortet werden konnte. Sinn war also etwas, was es zu finden galt, ohne auf der Suche gewesen zu sein. In der Abwesenheit der Frage lag die Antwort. Diesen Gedanken konnte Herr Maria nicht ganz verstehen.

Oben auf seinem Dachboden ging Herr Maria in Gedanken und Blicken wie schon so oft der wundervollen Erbschaft nach, die ihm von Fritz zugeteilt worden war. Das allermeiste war noch am Leben, auch weil es von Haus aus gut gepflegt worden war. Die alten Exemplare der Gattungen *Echeveria*, *Gasteria*, *Crassula* und *Haworthia* hatte er gut vermehren können und so mit der Zeit interessante Objekte für den Tausch erhalten. *Dioscorea mexicana* – ein männliches Exemplar, das gerade in Blüte stand – hatte er aus jenem Teil der Verlassenschaft erhalten, die ursprünglich Professor Sanctarius zugefallen war. Der Professor hatte ihm damals unter lobender Erwähnung seiner Trauerrede ein Vorkaufsrecht gewährt. Es war eine seltene Gelegenheit, die er sich nicht hatte entgehen lassen können.

Dioscorea mexicana – die seine war etwa vierzig Jahre alt – kann ein Alter von weit über hundert Jahren erreichen und einen Durchmesser von bis zu fünfzig Zentimetern. Sie treibt ganzjährig viele Meter lange, sich reichlich verzweigende Ranken mit bis zu handtellergroßen, herzförmigen Blättern. An ihrem Naturstandort, neben Mexiko auch El Salvador und Panama, kann sie große Büsche überwuchern oder sich an Bäumen bis zur Spitze emporranken. Ihr gedrungener, oft unregelmäßig geformter Caudex, der dem Panzer einer Schildkröte zum Verwechseln ähnlich sieht, ist außen verholzt, innen jedoch mit einer festen Masse gefüllt, die – weil die Pflanze zu den Yams-Gewächsen zählt – gekocht sogar essbar sein soll. Die Blütentrauben, die in den Blattachseln entstehen, sind überwiegend grünlich. Bei männlichen Exemplaren ist der innere Bereich der Blüten mit dunklem Purpur überzogen.

Vielleicht, dachte Herr Maria, würde er sich einmal aufmachen, um auch ein weibliches Exemplar zu erstehen, vielleicht gleich mehrere Männchen und

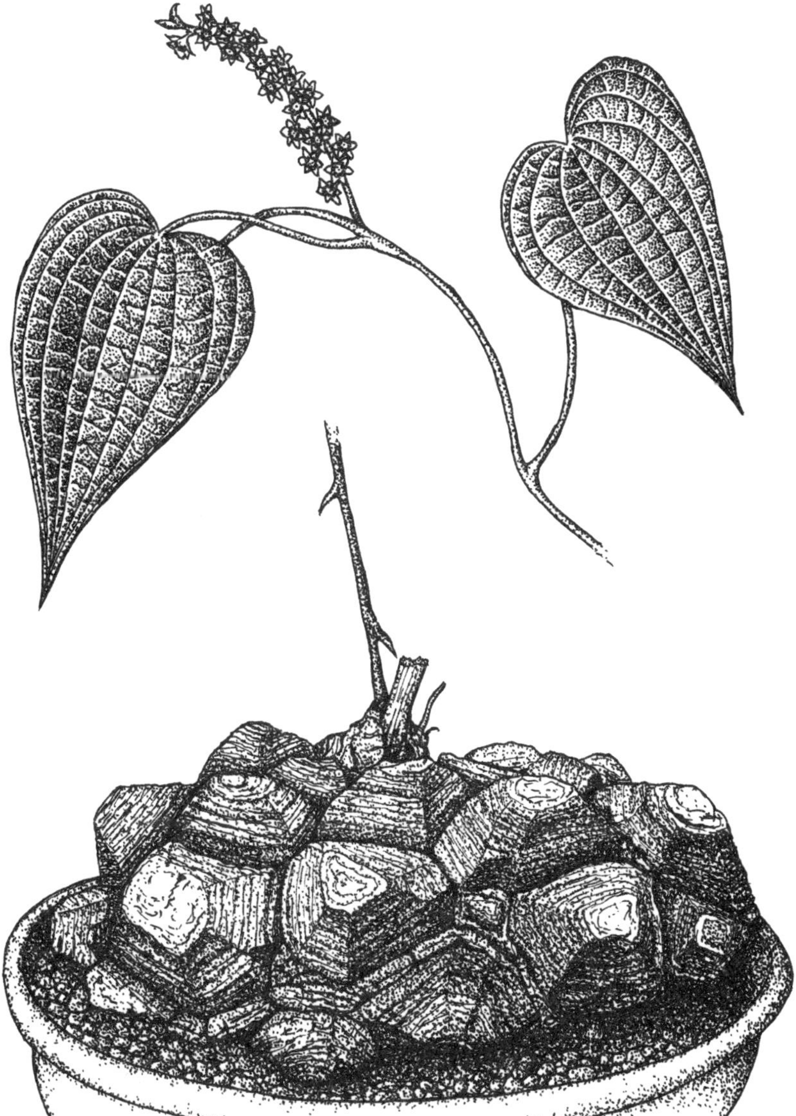

Dioscorea mexicana
Caudexdurchmesser: 30 cm
Länge der Ranken oft über 10 m

Weibchen, damit er sie in einer Gruppe zusammenstellen und ihre Entwicklung vergleichen konnte. Kein Exemplar glich dem anderen, das hatte er in den großen Glashäusern der Welt stets beobachten können. Das war in seiner Fotosammlung gut dokumentiert. Dazu würde er aber umziehen müssen, das war klar. Eine derartige Gruppe konnte er auf seinem verglasten Dachboden keineswegs mehr unterbringen.

Hemmungen oder Reden und Schreiben

Mein Vater und ich, wir hatten ein zwischenmenschliches Problem. Wir konnten nicht sinnvoll miteinander reden. Wenn es um nebensächliche Belange ging, fiel dies nicht weiter ins Gewicht. Wenn wir uns jedoch ernsthaft über wichtige Dinge austauschen wollten, kam meist irgendein Unsinn oder eine Uneinigkeit dabei heraus, sodass wir das Reden wieder sein ließen.

Einmal, es war an einem Weihnachtstag, am frühen Nachmittag, als alle geschäftig durch die Wohnung huschten, wurde es noch komplizierter. Ich war beim Einpacken der Geschenke, als mein Vater ins Zimmer stürmte und meinte, ich hätte schon wieder die Heizung zu hoch gestellt. In der Wohnung sei es unerträglich heiß. Ich gab zurück, es sei Winter und der Mensch habe die Zentralheizung erfunden, damit niemand mehr frieren müsse. Darauf erwiderte er, die Stricknadel sei deshalb erfunden worden, damit man Pullover stricken könne, die ich gefälligst auch anzuziehen hätte, wenn mir kalt sei. Das war also eine ganz normale Familiendebatte, wie sie wohl jeder kennt. Aber dann kam unvermutet ein Satz aus mir heraus, den ich ihm zuwarf und der zu jener Kategorie von Sätzen gehörte, die man nicht mehr ungeschehen machen konnte.

Plötzlich war es sehr still. Aber es war keine weihnachtliche Stille. Mein Vater wurde blass, stand eine Zeit lang wie benommen da und verließ wortlos den Raum. Ich blieb zurück, mit gesenktem Blick, und schämte mich. Niemals hatte ich derartige Worte in den Mund genommen. Mir war völlig unklar, wie es so weit kommen konnte, und ich schwieg. Aber auch mein Vater kam nie wieder darauf zu sprechen.

Etliche Jahre später, wieder an einem Weihnachtstag, ich war aus der ärgsten Pubertät heraus, schlug meine Mutter mir vor, meinem Vater einen Brief zu schreiben. Unser Problem stand ihr vor Augen. Wie oft hatte sie schon versucht, zwischen uns zu vermitteln. Und so legte ich ihm einen Brief unter den Weihnachtsbaum, in dem ich von meiner Liebe zu ihm sprach und mich für so manches bei ihm entschuldigte. Er las ihn aufmerksam. Und nachdem er ihn gelesen hatte, umarmten wir einander, hatten ein paar Tränen in den Augen und waren erleichtert. Geredet haben wir darüber nie.

Jahrzehnte später stand ich spätabends im Festsaal eines eleganten Palais, sah mir die Gemälde einer Ausstellung an und musste an meinen schwer kranken Vater denken. Kurze Zeit später besorgte ich mir ein Taxi und fuhr zu ihm ins Spital. Dort fand ich ihn halb aufrecht sitzend, mit ringenden Händen und schweißnasser Stirn. Es sah so aus, als würde er gegen etwas Bedrohliches kämpfen. Ich ging auf ihn zu, streichelte über seinen Kopf und gab ihm zu verstehen, dass er nur geträumt hatte. Er musste mich wohl gehört haben, denn er beruhigte sich gleich und schlief friedlich ein.

Die Erinnerung an jenen Brief, den ich ihm damals am Weihnachtsabend unter den Baum gelegt hatte, war einer der ersten tröstlichen Gedanken, als ich am nächsten Tag die Nachricht von seinem Tod erhielt. Er war fünfzehn Minuten, nachdem ich das Spital verlassen hatte, gestorben.

VIELEN DANK, HERR MARIA,
für diese berührende Geschichte, die letztlich ein wunderbares Ende findet. Dass Sie Ihren Vater in den Tod begleiten konnten, ist einer glücklichen Fügung zu verdanken. Dies muss in der Tat ein großer Trost für Sie gewesen sein. Heute wollen wir das Reden und Schreiben bedenken, das sich mit Hilfe Ihrer Geschichte wunderbar deuten lässt.

Sprachlosigkeit und latente Aggression, die ursächlich zusammenhängen, sind zwischen Vätern und Söhnen recht häufig. Da Sie ein Einzelkind blieben, konnte sich der Konflikt auch nicht auf andere verteilen. Im Tierreich, etwa bei Löwen, enden Konkurrenzsituationen dieser Art oft mit dem Tod. Es ist zu vermuten, dass das geschilderte Problem zu einem guten Teil auch biologische Wurzeln hat und in unserer Tiernatur begründet liegt.

Ein Brief – auch wenn er in Ihrem Fall, Herr Maria, Trost und Erleichterung brachte – kann eine gelungene Rede niemals ersetzen. Wir sollten uns bewusst sein, schreibt Platon, »dass in der geschriebenen Rede, und zwar über jeden Gegenstand, notwendig ein gutes Stück Spiel dabei sein muss und dass keine solche Rede (…) es je verdient allzu ernst genommen zu werden«. Allein in gesprochenen Reden könne »etwas Einleuchtendes, Vollkommenes und den Eifer Lohnendes« enthalten sein, weil nur solche »in Tat und Wahrheit in die Seele hineingeschrieben werden«. (Phaidros, 277e)

Jeder Text, meint Platon, werde so lange geschliffen und poliert, bis er schlussendlich für die Zwecke des Verfassers passe. Das ist das »gute Stück Spiel«, das beim Schreiben stets dabei ist. Deshalb gelte es, wichtige

Inhalte, die »einleuchten« sollen, direkt zu vermitteln, am besten im dialogischen Gespräch. Nur auf diese Weise lasse sich die Seele des anderen auch erreichen.

Einen ähnlichen Gedanken hat auch Goethe, der zu dem Schluss kommt, »dass der Mensch eigentlich nur berufen ist, in der Gegenwart zu wirken. Schreiben ist ein Missbrauch der Sprache, stille für sich lesen ein trauriges Surrogat der Rede. Der Mensch wirkt alles, was er vermag, auf den Menschen durch seine Persönlichkeit (…).« (Dichtung und Wahrheit, 10)

Als Sie, Herr Maria, diesen Brief damals verfassten, hatten Sie die Sprachlosigkeit vor Augen, unter der sowohl Sie als auch Ihr Vater litten. In der Hoffnung, sie zu beenden, brachten Sie etwas zu Papier, aber noch nicht zur Sprache. Das, was hätte besprochen werden sollen, wurde erwähnt, aber damit noch nicht angesprochen. Umsonst war der Brief deshalb keineswegs. Er war ein Zeichen des guten Willens. Vielleicht war er auch der Anlass dafür, dass Sie und Ihr Vater letztlich miteinander auskommen konnten, es zumindest kein völliges Zerwürfnis gab. Dass die Verbindung trotzdem tief und eng gewesen sein muss, lässt sich daraus erahnen, dass Sie in seiner Todesstunde pünktlich zur Stelle waren, ein großer Glücksfall, wie ich meine, aber freilich noch kein Verdienst.

Erstaunlich ist, dass Traditionsstifter wie Konfuzius, Sokrates oder Jesus nie geschrieben haben, obwohl sie zweifellos schreiben konnten und gebildete Leute waren. Die enorme Wirkung, die sie zu Lebzeiten hatten, erzielten sie allein durch ihre Reden und Taten. Offenbar konnten sie die Seelen ihrer Schüler und Schülerinnen derart stark berühren, dass diese das Gehörte und

Erlebte schriftlich festhielten und es als ihr Lebenswerk betrachteten. So entstand eine Vielzahl an Büchern, die in unterschiedlichen Schulen über Generationen hinweg gelesen, besprochen und interpretiert wurden. Stets ging man davon aus, dass sich das Verstehen eines Buches nicht lesend, sondern im Gespräch mit einem Lehrer ergab, der die Rolle der mündlich fundierten Wegweisung übernahm.

Andererseits: Auch wenn das Gesprochene vielleicht im Moment mehr Eindruck macht, so ist es am Ende doch das Geschriebene, das bleibt. Ihr Vater konnte besagten Brief mehrmals lesen und wie einen Schatz hüten. Von der Philosophie, die uns beide, Herr Maria, bald fünfzig Tage lang begleitet, wäre nichts geblieben, hätte sich niemand die Mühe gemacht, sie auch schriftlich festzuhalten. Sokrates, der womöglich ein großer Faulpelz war, hatte schlichtweg das Glück, einen Meisterschüler zu haben, der ihm über Jahrzehnte an den Lippen hing. Ohne Platon, Xenophon und andere Gelehrte wäre Sokrates bald in Vergessenheit geraten.

So wurde die Schrift auch zum Medium des Wissens, weil sie den Gedanken zu Sorgfalt, Systematik und Genauigkeit verhalf. Im Zuge der Verschriftlichung konnte das Denken aus seiner situationsbedingten Bestimmtheit, aus seiner Abhängigkeit vom Sprechenden befreit und im Ausdruck präzise werden, konnte gleichsam »mathematische« Eindeutigkeit gewinnen, sodass sich nun erstmals eine Chance auf Objektivität und damit Wissenschaftlichkeit ergab. »Die gesprochenen Worte«, schreibt Aristoteles, »sind Zeichen von Vorstellungen in der Seele und die geschriebenen Worte sind Zeichen von gesprochenen Worten. So wie die

Schriftzeichen nicht bei allen Menschen dieselben sind, so sind auch die Worte nicht bei allen Menschen dieselben, aber die Vorstellungen in der Rede, deren unmittelbare Zeichen die Worte sind, sind bei allen Menschen dieselben und eben so sind die Gegenstände überall dieselben, von welchen diese Vorstellungen die Abbilder sind.« (Peri hermeneias, 16a)

Eine Rede wäre in Ihrem Fall, Herr Maria, allein deshalb wirksamer gewesen, weil sie wahrscheinlich eine Gegenrede zur Folge gehabt und damit ein Gespräch provoziert hätte. Ob es auch in die Tiefe gegangen wäre, angehalten und Wirkung gezeigt hätte, ist eine andere Frage. Um einen Anfang zu setzen, wäre jedenfalls viel Mut vonnöten gewesen, den Sie als Jugendlicher noch nicht hatten, den Ihr Vater aber ebenso nicht hatte, denn sonst hätte er seinerseits das Gespräch gesucht. Die Schwierigkeit bestand ja auch in der paradox anmutenden Forderung, die Situation der Sprachlosigkeit selbst zur Sprache zu bringen. Aber wen trifft die Schuld? Wer ist in diesem Fall zur Verantwortung zu ziehen?

»Wovon man nicht sprechen kann, darüber muss man schweigen«, heißt es im letzten Satz des *Traktatus* von Ludwig Wittgenstein. Aber warum muss man schweigen? Weil Gefahr droht, dass Unsinn gesprochen wird? Zweifellos liegt die Qualität einer Rede in ihrer Eloquenz, ob man auch wortgewandt genug ist, das tiefste Innere des Herzens ans Licht und in die Öffentlichkeit zu bringen. Aber gesetzt den Fall, man fasst den Mut: Wie könnte das, was tatsächlich aus dem Herzen kommt, jemals Unsinn sein? Selbst wenn die Worte noch fehlen, ist doch allein schon der Wille ein richtiger Weg. Wenn man Glück hat, folgen die richtigen Worte von selbst.

»Der Begriff«, den das Denken im Sprechen bildet, »erreicht seine Bestimmtheit und Klarheit erst durch das Zurückstrahlen aus einer fremden Denkkraft«, wie Wilhelm von Humboldt bemerkt. (Über Denken und Sprechen) Immer ist es die Beziehung auf ein Du, das jedes Sprechen von Anfang an bestimmt. Erst in der Wirklichkeit der Sprache, die ein Dialog von Individuen ist, bilden sich Gedanken und Gegenstände heraus, über die gesprochen wird und die möglicherweise zu gemeinsamen Objekten der Bezugnahme werden.

Verständnis ist möglich, wenn echtes Interesse am anderen besteht. So wie es scheint, waren Sie am Leben Ihres Vaters nicht wirklich interessiert. Doch ich gehe davon aus, dass er Ihnen im Augenblick seines Todes verziehen hat. Nun liegt es an Ihnen, auch ihm zu vergeben.

Lange war Herr Maria in die Ausführungen des Philosophen vertieft gewesen, hatte dessen Gedanken sorgfältig abgewogen, hatte auch die eine oder andere seiner eigenen Geschichten noch einmal gelesen, als es an der Haustür läutete. Nachdenklich stand er auf und konnte schon die Himbeeren vor sich sehen, die er bei dem freundlichen Studenten am Vortag bestellt hatte. Doch vor der Tür sah er bloß die Amtsärztin, die ihm Blut abnehmen wollte. Die Himbeeren standen im Korb zu ihren Füßen.

Das Abnehmen von Blut war für Herrn Maria stets ein Gräuel gewesen. Deshalb wollte er die Prozedur rasch hinter sich bringen. Zwar machte die

Beamtin Anstalten ins Haus zu kommen, doch Herr Maria verwehrte ihr den Weg, blieb vor der Tür stehen, naschte von den Himbeeren und bat sie in höflichstem Tonfall, ihr Geschäft auf der Stelle durchzuführen. Als er sein Blut durch den Plastikschlauch wandern sah, nahm er gleich drei Himbeeren auf einmal in den Mund und zerdrückte sie langsam auf der Zunge.

Obwohl die Beamtin vermummt bis über die Ohren war, konnte Herr Maria deutlich sehen, dass sie Angst hatte. Das war an ihren Augen zu erkennen. Auch zitterte ihre Hand. Als sie zum Stift griff und etwas notieren wollte, nannte er laut seinen Namen, sodass sie erschrocken zusammenfuhr. »Ich weiß«, sagte sie, »Influenza orangutaniensis.« – »Nein!«, erwiderte er. »Verdacht auf Influenza orangutaniensis.« – »Ja, ja«, meinte sie, »wir werden sehen. Sie hören von uns, vielen Dank.« Rasch eilte die Frau vom Amt davon. Als sie sich noch einmal zu ihm umwandte, spielte ihr Herr Maria den Orang-Utan vor. Verwundert sah sie ihm dabei zu. Doch als er eindrucksvoll zu hüpfen und laut zu schnaufen begann, drehte sie sich auf dem Absatz um und ging.

Eine geraume Weile blieb Herr Maria noch an der Haustür stehen und keuchte, weil ihm der Affentanz zu Kopf gestiegen war. Als ein dem Tod Geweihter konnte er sich solche Ausbrüche erlauben. Doch andererseits war es nicht seine Art, derart körperlich und aggressiv zu reagieren. Im Grunde war er entsetzt über sich selbst. Im Haus saß ihm die Angst dann derart im Nacken, dass er sogleich in die Küche eilte und eine große Kanne schwarzen Tees zubereitete, in den er den Saft von zwei Limetten presste. Dazu gab es die doppelte Portion Medizin sowie ein französisches Baguette mit Butter, Camembert und Preiselbeeren. Noch war das Spiel nicht verloren.

Im Wohnzimmer nahm er wieder den Kommentar »Reden und Schreiben« zur Hand. Er hatte ihm, so war sein Eindruck, die Augen geöffnet, auch über die Schuld, die ihn traf, die Versäumnisse, die er begangen hatte. Alles in allem hatte der Prozess des Schreibens sowie das Lesen der philosophischen Einlassungen sein Empfinden erheblich verändert. Der Unterschied war, dass sich alles viel leichter anfühlte als zuvor. Anderes war zum ersten Mal angesprochen und dadurch klarer geworden. Lange noch dachte Herr Maria an seinen Vater. Dann schlief er am Sofa ein – und hatte einen Traum.

In seinem Traum wachte er allerdings sofort wieder auf. Als er sich umsah, hatte sich das Zimmer verwandelt. Auch hing ein modriger Geruch in der Luft, der von den Wurzeln ausging, die von der Decke hingen. Als er eines der Büschel zu fassen bekam, zog es ihn sogleich hinauf auf den Dachboden. Der war um ein Vielfaches größer als in Wirklichkeit und doppelt so hoch. Da gab es Pflanzen, die er noch nie gesehen hatte. Andere Exemplare, die er seit vielen Jahren schon gepflegt hatte, waren groß und prächtig geworden. Erstaunlich war, dass sich alle bewegten, teils durch den Wind, der durch die geöffneten Scheiben wehte, teils schien es, als würden die Pflanzen sich räkeln und ihre Blätter und Zweige der Sonne entgegenstrecken. Noch nie hatte er diese Bewegungen wahrnehmen können.

Als ihm eine große, wunderbar cremeweiße Blüte ins Auge fiel, die ihm mit ihren langen Hüllblättern freundlich zuwinkte, schwebte er rasch auf sie zu, steckte die Nase in ihren Kelch …

… und war plötzlich in einer ihm fremden Stadt. Auf lang gezogenen, kreisförmig geordneten Stufen, die zu einer weiß getünchten Kirche führten, saßen von der Sonne gegerbte Frauen und Männer, die in großen Körben Obst und Gemüse, aber auch zu Kränzen geflochtene Blumen anboten. Eine jüngere Frau, die ihr Kind in einem bunten Tuch auf dem Rücken trug, kam freundlich auf ihn zu und bot ihm ein Holzspielzeug an, das wie ein fliegender Engel aussah.

Da ihm ein vertrauter Wind in den Nacken blies, drehte er sich rasch um. Vor ihm stand Flora, die Beschützerin allen Lebens. Sie war die Schönheit und Stärke in Person. Ihr Blick war so ausdrucksvoll, dass Herr Maria andächtig in die Knie sank. Als er sich wieder erhob, sah ihn Flora lächelnd an und legte ihm einen Kranz duftender Blüten um den Hals. Dann küsste sie seine Stirn und neigte sich langsam an seine Seite: »Chichicastenango, hältst du mir die Treue, so werden sie dir blühen.«

Im nächsten Moment stand er erneut auf seinem Dachboden. Viele Freunde waren gekommen. Der gesellschaftliche Kreis, für den er inmitten seiner Sammlung stets Platz gelassen hatte, war deutlich größer geworden. Gerührt ergriff Herr Maria das Wort: »Dieses wunderbare Stück, liebe Freunde, stammt aus den Wäldern Guatemalas und wurde mir von Flora persönlich ans Herz gelegt. *Epiphyllum*

Epiphyllum crenatum ‚Chichicastenango'
Durchmesser der Blüte: 12 cm

crenatum ‚Chichicastenango‘ ist der Name, den die Sterblichen ihr gaben. Ihren himmlischen Namen verriet Flora nicht.«

Als Herr Maria aufwachte, war es schon spät in der Nacht. Lange noch blätterte er in seinen Büchern, staunte über die Vielfalt der Epiphyten und ging erst im Morgengrauen zu Bett. Und er war traurig, weil er die Kluft, die zwischen ihm und seinem Vater bestand, nicht hatte überwinden können.

Am nächsten Morgen wurde Herr Maria jäh aus dem Schlaf gerissen. Entgegen seiner Gewohnheit hatte er das Telefon auf dem Nachttisch liegen lassen und auf volle Lautstärke gestellt. Rasch hob er ab und konnte eine schnarrende Stimme hören, die ihn um etwas Geduld bat. Gleich werde er mit der Leiterin des städtischen Amts für Viruserkrankungen verbunden. Dann war der Donauwalzer zu hören. Sanft zog ihn die Musik zurück in den Schlaf, er kippte langsam zur Seite und zog die Knie vor Angst bis dicht an seine Brust.

In seinem Traum meldete sich Flora wieder zu Wort. Strahlend nahm ihn die Göttin bei der Hand und gab ihm zu verstehen, dass sein Blut analysiert worden war. Ein Ausbruch der Krankheit sei nicht mehr zu befürchten. Der Fall könne abgeschlossen und die verhängte Quarantäne mit dem heutigen Tag beendet werden. Er, Herr Maria – und jetzt war es eindeutig wieder das Gesundheitsamt – habe nun alle Rechte wie zuvor und könne sich nach Belieben frei bewegen. Alles in allem – jetzt verblasste Floras Bild – bedanke man sich für die gute Kooperation, müsse das Gespräch aber rasch beenden, da ein schwieriger

Fall aus Chichicastenango zu bearbeiten sei. Man wünsche noch einen guten Tag!

Todmüde und verwirrt stand Herr Maria auf, kochte schwarzen Tee, in den er den Saft einer besonders quietschgrünen Limette presste, und setzte sich weitaus früher als sonst an seinen Schreibtisch. Was gab es jetzt noch zu schreiben? Herr Maria wusste es nicht. So ging er hinauf in seine Sammlung, um nachzudenken.

Oben war alles gut im Wuchs. *Adenium swazicum* stand in voller Blüte, selbst der überaus heikle *Adromischus marianae f. herrei* hatte kräftige Blütenstände angesetzt. Schon von Weitem konnte Herr Maria ein hellgelbes Leuchten sehen, das ihn besonders freute. Es war einer der Sämlinge von *Uncarina roeoesliana*, der zur Blüte gekommen war. Als er die samtweichen Blätter befühlte, die im Sommer recht viel Wasser verlangen, konnte er sich erinnern, dass er diesen Zwergbaum aus Madagaskar zum ersten Mal im Botanischen Garten von Graz gesehen hatte. Unter Hunderten von leuchtenden Blüten, die in Büscheln auf armdicken Ästen und über großen, hellgrünen Blättern saßen, hingen auch einige kurios geformte Samenkapseln. Damals beging er den Fehler, sie mit bloßer Hand zu berühren. Die Folge war, dass sich krumme Widerhaken derart in seine Finger bohrten, dass er sich, trotz aller Behutsamkeit, tiefe Fleischwunden zuzog. Es waren die heimtückischsten Samenkapseln, die ihm je untergekommen waren. Jetzt wusste er, dass man die Widerhaken zuerst mit einer scharfen Zange abzwicken musste, um die Samen zu ernten, und dabei lederne Handschuhe zu tragen waren.

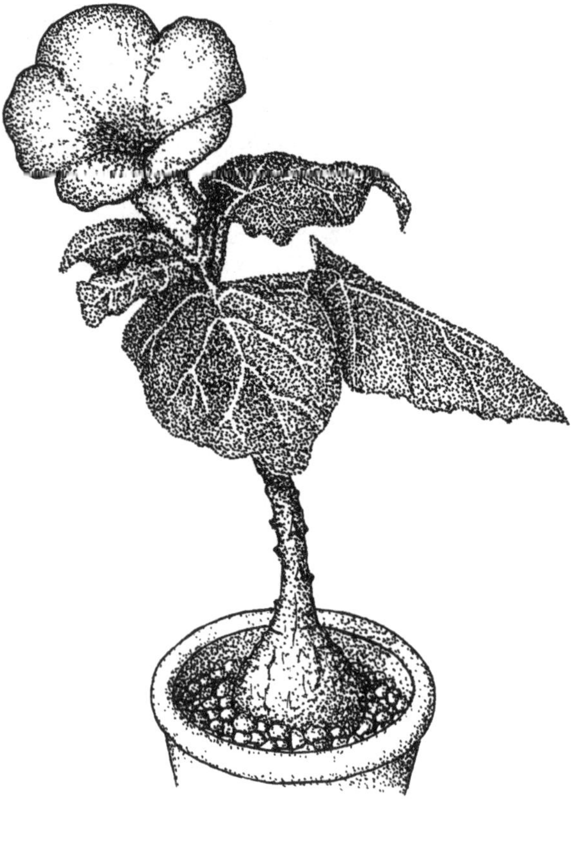

Uncarina roeoesliana
Höhe des Sämlings: 13 cm

Reichlich verloren saß er inmitten seiner Pflanzen, war dankbar für das geschenkte Leben und fasste dann seine Zukunft ins Auge. Er dachte an botanische Expeditionen, den Besuch berühmter Glashäuser und Terminvereinbarungen mit renommierten Händlern und Züchtern. Weiters zog er den Verkauf seines Hauses und die Vergrößerung seiner Sammlung in Erwägung. Schließlich stand er auf und ging schnellen Schritts hinunter in sein Arbeitszimmer. Eine letzte Geschichte, so meinte er, wolle er noch schreiben, damit auch sein künftiger Lebensweg klar zu erkennen sei.

Begonnen hatte alles mit einer Reise nach Kapstadt, in den dortigen Frühling. Die Hänge des Tafelbergs und die umliegenden Hügel, auch die felsigen Klippen an den Küsten waren überwachsen mit kuriosen Pflanzen, die in voller Blüte standen. Es war Liebe auf den ersten Blick. Noch nie hatte ich Derartiges gesehen. Im Botanischen Garten Kirstenbosch hatte ich dann deren Namen erfahren und konnte sogar Sämlinge von diesen wunderbaren Aloen, Haworthien, Gasterien und Euphorbien erwerben. Eine junge *Dioscorea elephantipes* und ein paar seltene Zwiebeln waren ebenso dabei.

Vor der Heimreise besorgte ich mir eine Ausfuhrgenehmigung, holte die Pflanzen aus ihren Töpfen, packte sie mit Holzwolle in etliche Weinkisten und nahm sie mit nach Hause. Nicht alle überlebten, weil ich ja damals noch zu wenig Erfahrung hatte. Auf einem botanischen Raritätenmarkt jedoch entdeckte ich sie wieder und bekam überdies Auskunft: Die ungewöhnlichen Formen sukkulenter Pflanzen rührten daher, dass sie in ihren Stämmen oder Blättern große Mengen Wasser speichern und dadurch lange Trockenzeiten überstehen können. Sie brauchten sehr viel Licht, steinige Erde und sollten nur während des Wachstums gegossen werden, in der Ruhezeit kaum.

Nach ein, zwei Jahren konnte ich erste Erfolge erzielen. Neue Triebe wuchsen und Blüten stellten sich ein, die mir enorm viel Freude bereiteten. Gemeinsam mit einem Freund entdeckte ich in einem Nachbarland das Glashaus eines alten Gärtners, der gerade im

Begriff war, seine wertvolle Sammlung aufzulösen. Mehrmals transportierten wir größere Mengen dieser Kostbarkeiten unter abenteuerlichen Umständen über die Grenze. Jetzt gab es viel zu tun: umtopfen, beschneiden, Stecklinge bewurzeln und die passenden Erden mischen. Ich war ganz in meinem Element.

Die Folge war ein akutes Platzproblem. Alle meine Fensterbänke mussten vergrößert werden. Dann wurde der Dachboden ausgebaut und in eine Art Glashaus verwandelt. In der Zwischenzeit hatte ich auch schon eine Spezialbibliothek angelegt, in der ich jeden Tag ein wenig blätterte. Ich lernte die wertvollen Zuschlagstoffe kennen, die der Erde die nötige Fruchtbarkeit verleihen. Ich begann Wasser zu entkalken und mit nützlichen Mineralien und Huminstoffen zu versehen. Speziallleuchten zur Überbrückung der finsteren Jahreszeit wurden montiert. Langsam lernte ich auch die maßgebenden Händler und Sammler kennen – durchwegs sympathische Menschen.

Heute habe ich an die tausend Pflanzen. Meist beginnen sie erst nach vielen Jahren zu blühen, dann klopft mir das Herz bis zum Hals. Warum? Weil sie gesund geblieben sind und zeigen, was in ihnen steckt, was genetisch bei optimalen Bedingungen möglich ist. Das ist aufregend und birgt jede Menge Überraschungen. Pflanzen sind letztlich Individuen. Das wird besonders in ihrem Alter deutlich. Jeder Gärtner, der seine Sache gut gemacht hat, wird in einzigartiger Weise für seine Arbeit belohnt.

In nächster Zukunft möchte ich drei wichtige Reisen unternehmen: Die erste nach Zürich, wo sich die umfangreichste Sukkulentensammlung Europas befindet, die zweite zu Kakteen-Haage nach Erfurt, wo schon Goethe und Liszt ihre Pflänzchen erstanden, und die dritte nach Kirstenbosch, in den schönsten Garten Afrikas. Darüber hinaus werde ich mich auf die Suche nach einem geräumigen Glashaus machen. Eventuell übernehme ich eine aufgelassene Gärtnerei, die sich auch für Wohnzwecke eignet und bei der sich zusätzlich noch kleinere Anzuchthäuser und Frühbeete befinden. So könnte ich nicht nur meine Sammlung vergrößern, sondern auch Kräuter, Salat sowie Orangen- und Limettenbäume ziehen. So stelle ich mir mein künftiges Leben vor.

Meiner Leidenschaft den bestmöglichen Raum zu geben, scheint mir jetzt der richtige Weg zu sein. »Große Leidenschaft«, das haben Sie, mein lieber Philosoph und Seelentröster selbst geschrieben, »ist unbeherrschbar, sodass ihr der Betroffene verfällt. Der Leidenschaftliche kann und will sich nicht beherrschen. Das heißt, dass die Leidenschaft nicht vom Verstand beherrscht werden kann, sondern sich ihrerseits die Schärfe des Verstands für ihre Zwecke unterwirft.« So möge es denn sein.

Gemeinsam mit seinem letzten Bericht, den Herr Maria für einen passenden Abschluss hielt, weil er Vergangenheit, Gegenwart und Zukunft in einer einzigen harmonischen Bewegung zeigen konnte, setzte er den Philosophen vom Ende seiner Quarantäne in Kenntnis und bedankte sich herzlich für die persönliche Anteilnahme, Zuverlässigkeit und fachliche Mühe. Noch nie habe er in so wenigen Wochen so viel Nutzbringendes für und über sein Leben lernen können. Die Zeit sei wie im Fluge vergangen und die Philosophie ein großer Trost für ihn gewesen. Nicht auszudenken, was gewesen wäre, wenn er völlig allein und ohne geistigen Beistand hätte durchhalten müssen.

Was die Entstehungsgeschichte seiner botanischen Leidenschaft betreffe, sei ein analytischer Kommentar nicht weiter notwendig. Der gefasste Plan sei der einzig richtige. Immerhin gebe es an die vierhunderttausend unterschiedliche Pflanzen bzw. Spezies, von denen zweihundertfünfzigtausend Blüten und Samen bildeten. Selbst in dem kleinen, von ihm gewählten Bereich der Sukkulenten gebe es derart viel zu entdecken, dass sein Leben bei Weitem nicht ausreicht. Langweilen werde er sich jedenfalls nie. Vermutlich müsse er sogar einen zuverlässigen und freundlichen Gärtner einstellen, damit die Arbeit zu bewältigen sei.

Philosophisch betrachtet, fügte Herr Maria hinzu, sei völlig klar, dass die Bevorzugung pflanzlichen Lebens durchaus auch einer Flucht vor der menschlichen

Lebensrealität gleichkomme. Dessen sei er sich bewusst und deshalb wolle er auch seine alten Freundschaften pflegen, neue Bekanntschaften suchen und eventuell noch eine Partnerschaft mit einer Frau eingehen, wenn es ihm denn vergönnt sein sollte. Die Philosophie wolle er jedenfalls weiterhin an seiner Seite haben. Deshalb ersuche er um eine Liste der zitierten Literatur. Diese Quellen würden ihm in den nächsten Jahren zur Vertiefung der kennengelernten Gedanken dienen.

Schließlich teilte er dem Philosophen mit, dass sein Honorar für die laufende Woche plus zusätzlichen Bonus bereits überwiesen sei und sein besonderer Dank dessen Frau gelte, deren Medizin ihm vielleicht das Leben gerettet, zumindest aber viel Hoffnung und Überlebenswillen gegeben habe.

PS: Mit einem Boten übersende ich Ihnen heute noch – als Geschenk für Ihre hochverehrte Frau – eine rund fünfzehnjährige *Dioscorea elephantipes*, die sich auf jeder sonnigen Fensterbank bei einfacher Pflege zur Zufriedenheit entwickelt. Sie hat die Eigenart, im Winter zu wachsen und im Sommer völlig trocken und blattlos zu stehen. Ihr Blütenduft ist angenehm süß, das Blattwerk romantisch verzweigt und der Caudex dem Panzer einer Schildkröte ähnlich. Zu gießen wäre erst dann, wenn im Spätherbst ein Trieb erscheint. Da dieser viele Meter lang werden kann und mit der Ausreifung verholzt, sollte er nach und nach auf ein Klettergerüst gebunden werden. Bei guter Pflege kann *Dioscorea elephantipes* enorme Ausmaße annehmen und zu einem wertvollen Erbstück werden. Im Wuchs ist die Pflanze alle drei

Dioscorea elephantipes
Caudexdurchmesser: 10 cm

Wochen zu düngen (ein kleines Fläschchen wird mitgeliefert, 1 ml auf einen Liter Wasser).

PPS: Falls ich an diesem Virus gestorben wäre, hätte ich Sie zu meinem Leichenredner bestimmt, zumindest habe ich dies testamentarisch schon vor Wochen festgesetzt. Wer könnte mich jetzt besser kennen als Sie … Für den Fall der Fälle komme ich jedenfalls auf Sie zurück, auch wenn ich Fragen zur philosophischen Literatur habe, in die ich mich nach meinen Reisen vertiefen werde. Ich würde mich freuen, Sie und Ihre Frau im nächsten Jahr in meinem neuen Glashaus zu begrüßen. Herzlichen Dank für diese letztlich doch sehr gute Zeit!

Überblick über Herrn Marias Geschichten und ihre philosophischen Themen

Quellen/Weiterführende Literatur

Arendt, Hannah	Vita activa oder Vom tätigen Leben
Aristoteles	Nikomachische Ethik
	Politik
	Über die Seele
Barthes, Roland	Fragmente einer Sprache der Liebe
Bataille, Georges	Die Erotik
	Die Tränen des Eros
Beauvoir, Simone de	Das Alter
	Das andere Geschlecht
Buber, Martin	Schuld und Schuldgefühle
Cicero, Marcus Tullius	Gespräche in Tusculum
	Laelius über die Freundschaft
	Über das höchste Gut und das größte Übel
	Über die Pflichten
Congreve, William	Concerning Humour in Comedy
Demokrit	Überlieferte Schriften und Fragmente
Diogenes Laertius	Leben und Meinungen berühmter Philosophen
Epikur	Überlieferte Schriften und Fragmente
Evola, Julius	Metaphysik des Sexus
Frankl, Viktor E.	Das Leiden am sinnlosen Leben
	Über den Sinn im Leben

Freud, Sigmund	Das Ich und das Es
	Drei Abhandlungen zur Sexualtheorie
Goethe, Johann W. v.	Dichtung und Wahrheit
	Urworte. Orphisch
Hartmann, Nicolai	Ethik
Hayek, Friedrich A.	Freiburger Studien
Hegel, G. W. F.	Fragmente über Volksreligion und Christentum
	Vorlesungen über die Geschichte der Philosophie
Heidegger, Martin	Sein und Zeit
	Gelassenheit
Heraklit	Überlieferte Fragmente
Hippokrates	Überlieferte Schriften und Fragmente
Humboldt, Wilhelm v.	Über Denken und Sprechen
Kant, Immanuel	Grundlegung zur Metaphysik der Sitten
	Kritik der praktischen Vernunft
	Metaphysik der Sitten
Kierkegaard, Søren	An einem Grabe
	Der Begriff Angst
	Entweder – Oder
Krafft-Ebing, Richard v.	Psychopathia Sexualis
La Mettrie, Julien O. de	Über das Glück oder das höchste Gut (Anti-Seneca)
Lukrez	Über die Natur der Dinge
Montaigne, Michel de	Essais
Natorp, Paul	Sozialpädagogik
Nietzsche, Friedrich	Also sprach Zarathustra

Ortega y Gasset, José	Über die Liebe
Pestalozzi, Johann H.	Die Abendstunde eines Einsiedlers
Platon	Apologie
	Gorgias
	Laches
	Lysis
	Phaidros
	Politeia
	Symposion
	Theaitetos
	Timaios
Rilke, Rainer M.	Das Stunden-Buch
Schopenhauer, Arthur	Die Welt als Wille und Vorstellung
	Parerga und Paralipomena
	Preisschrift über die Freiheit des Willens
Seneca	Briefe an Lucilius
	Über Wohltaten
Tönnies, Ferdinand	Gemeinschaft und Gesellschaft
Voltaire	Candide
Xenophanes	Überlieferte Fragmente
Xenophon	Erinnerungen an Sokrates

Bettina Mertz
2021

Der bisher gründlichste Versuch, Österreich mit den Augen eines Fremdlings zu sehen

Österreich produziert nicht nur die humorvollsten Skifahrer, sondern auch eine Skurrilität namens Mozartkugel. Seine Hauptstadt besitzt den einzigen Friedhof, wo es niemals regnet, und wird trotzdem regelmäßig zu den lebenswertesten Orten der Welt gewählt.

Der furchtlose Neuankömmling Radek Knapp stellt sich dem aussichtslosen Kampf, den Wiener Dialekt zu verstehen, und ergründet genauso die Tücken hiesiger Paragrafen wie den Zuckergehalt eines »Mohren im Hemd«. Am Ende findet er Antworten auf fast alles, um uns mit der Frage zu entlassen: Ist der Ort, an dem wir leben, auch der Ort, wo wir für immer bleiben möchten?